Wolfgang Rechtien
Angewandte Gruppendynamik

W0088559

Wolfgang Rechtien

Angewandte Gruppendynamik

Ein Lehrbuch
für Studierende und Praktiker

3., überarbeitete Auflage

BELTZ
PsychologieVerlagsUnion

Anschrift des Autors:
Dr. Wolfgang Rechtien
Kurt Lewin Institut für Psychologie
FernUniversität Hagen
Fleyer Str. 204
58084 Hagen

Lektorat: Karin Ohms

Wissenschaftlicher Beirat der Psychologie Verlags Union:

Prof. Dr. Walter Bungard, Lehrstuhl Psychologie I, Wirtschafts- und Organisationspsychologie,
  Universität Mannheim, Schloß, Ehrenhof Ost, 68131 Mannheim
Prof. Dr. Dieter Frey, Institut für Psychologie, Ludwig-Maximilian-Universität München, Leopoldstr. 13,
  80802 München
Prof. Dr. Ernst-D. Lantermann, Universität Kassel, GH, FB 3, Psychologie, Holländische Straße 56,
  34127 Kassel
Prof. Dr. Rainer K. Silbereisen, Friedrich-Schiller-Universität Jena, Institut für Psychologie, Lehrstuhl für
  Entwicklungspsychologie, Am Steiger 3, 07743 Jena
Prof. Dr. Hans-Ulrich Wittchen, Max-Planck-Institut für Psychiatrie, Kraepelinstraße 10, 80804 München

1. Auflage 1992 Quintessenz, München
2., durchgesehene Auflage 1995 Quintessenz, München
3., überarbeitete Auflage 1999 Psychologie Verlags Union, Weinheim

Besuchen Sie uns im Internet:
http://www.beltz.de

Das Werk einschließlich aller seiner Teile ist urheberrechtlich geschützt. Jede Verwertung außerhalb der engen
Grenzen des Urheberrechtsgesetzes ist ohne Zustimmung des Verlags unzulässig und strafbar. Das gilt insbesondere für Vervielfältigungen, Übersetzungen, Mikroverfilmungen und die Einspeicherung und Verarbeitung in
elektronischen Systemen.

© 1999 Psychologie Verlags Union, Weinheim

Umschlaggestaltung: Dieter Vollendorf, München
Satz: Reproduktionsfähige Vorlagen des Autors
Druck und Bindung: Druckhaus Thomas Müntzer, Bad Langensalza
Printed in Germany
Gedruckt auf säurefreiem Papier

ISBN 3-621-27426-X

Inhalt

Zum Autor

Dr. Wolfgang Rechtien, geb. 1944

1973 Promotion über *Einstellungs- und Verhaltensänderung durch Kommunikation in der Gesprächspsychotherapie.*

Ausbildung in *Klientenzentrierter Gesprächspsychotherapie* und *Integrativer Gestalttherapie.*

Weiterbildung in *Verhaltenstherapie.*

Ausbildung als *Supervisor* (Fritz Perls Institut/Europäische Akademie für Psychosoziale Gesundheit)

1973 bis 1975 freiberufliche Tätigkeit in der Erwachsenen- und Lehrerbildung, u.a. im Bereich der angewandten Gruppendynamik, Lehraufträge für Interaktionstraining am Psychologischen Institut der Universität Münster.

1975 bis 1979 wissenschaftlicher Angestellter an der Gesamthochschule Duisburg; Forschungen zur Interaktion im Hochschulunterricht.

1979 bis 1988 wissenschaftlicher Assistent am Arbeitsbereich Psychologie der Fernuniversität, Lehraufträge an den Universitäten Köln und Wuppertal.

Seit 1989 Vorstandsmitglied und Geschäftsführer des Kurt Lewin Institutes für Psychologie an der Fernuniversität.

Beratender Herausgeber der Zeitschrift „Gruppendynamik. Zeitschrift für angewandte Sozialpsychologie".

Mitherausgeber der Zeitschrift "OSC. Organisationsentwicklung, Supervision, Clinical Management".

Veröffentlichungen u.a. zur Klinischen Psychologie, Sozialpsychologie, Beratung und zur Geschichte der Psychologie.

1 Die Entwicklung der angewandten Gruppendynamik

Lehrziele

Nach der Bearbeitung dieses Kapitels sollten Sie

○ wichtige Grundbegriffe der angewandten Gruppendynamik kennen und voneinander abgrenzen können,

○ die soziale Situation sowie

○ den wissenschaftlichen Kontext für die Entstehung der angewandten Gruppendynamik in den USA kennen und beschreiben können,

○ die Beiträge der beteiligten Personen, insbesondere von Kurt Lewin und Jacov Moreno kennen,

○ die Entwicklung von den Experimenten zu Führungsstil und Gruppenatmosphäre bis hin zu den verschiedenen Ansätzen der gruppendynamischen Laboratoriumsarbeit nachvollziehen können,

○ den Prozeß der Adaption gruppendynamischer Arbeit in der BRD

○ und schließlich einige der wichtigsten Kritikpunkte zur angewandten Gruppendynamik kennen und beschreiben können.

Studierhinweise

Dieses Buch ist für das Selbststudium angelegt. Ich empfehle Ihnen jedoch, wenn Sie irgendwie die Möglichkeit dazu haben, die Bildung von Arbeitsgruppen, in denen Sie den bearbeiteten Stoff besprechen und diskutieren können.

Die folgenden Punkte können Ihnen Hinweise für Ihre Arbeit in solchen Gruppen geben:

○ Aus Erfahrung rate ich Ihnen davon ab, das Buch arbeitsteilig zu behandeln, also selbst nur bestimmte Kapitel durchzuarbeiten und sich andere Teile vortragen zu lassen. Dies erschwert die aktive Aneignung der referierten Teile und die kritische Auseinandersetzung damit. Außerdem ist es unvermeidlich, daß Referate die Informationen selektiv verarbeiten und Schwerpunktverschiebungen vornehmen.

○ Empfehlen möchte ich allerdings, innerhalb der Arbeitsgruppe Zusammenfassungen oder Kurzberichte zu einzelnen Kapitel mit eigenen Stellungnahmen anzufertigen, sich gegenseitig vorzutragen und diese durchaus auch kritisch zu diskutieren. Wenn Sie selbst das entsprechende Kapitel intensiv durchgearbeitet haben, sollte es Ihnen leicht fallen, Berichte der anderen Gruppenmitglieder mit Ihrem eigenen Verständnis und mit Ihrer eigenen Interpretation des Textes zu vergleichen und zur Diskussion zu stellen.

○ Sinnvoll ist es auch, die Lösungen zu den Übungsaufgaben in Ihrer Gruppe zu diskutieren und eventuell unterschiedliche Standpunkte zu vergleichen.

○ Arbeitsteilig vorzugehen kann jedoch sinnvoll sein, wenn Sie sich in Ergänzung zum Buchinhalt mit weiterer Literatur beschäftigen möchten. So entwickeln Sie durch Literaturberichte in Ihrer Arbeitsgruppe vielleicht Interesse für das eine oder andere Werk, das Sie selbst dann noch lesen möchten.

○ Wegen der besonderen Art der Übungsaufgaben gibt es keine Lösungshinweise. Den inhaltlichen Teil der Aufgaben können Sie dadurch überprüfen, daß Sie diesen mit den entsprechenden Teilen des Textes vergleichen.

1.1 Einführung

Obwohl die Zeit des sog. *Psychobooms* vorbei zu sein scheint, bilden Trainingsmaßnahmen im Bereich der beruflichen und sozialen Weiterbildung nach wie vor ein wichtiges Gebiet der Anwendung psychologischen Wissens. Wenn diese in Form und Anzahl nicht mehr so spektakulär in Erscheinung treten, so kann das ein Zeichen dafür sein, daß die durch sie gegebenen Möglichkeiten realistischer eingeschätzt und auch selbstverständlicher genutzt werden. Allerdings ist das Wissen um diese Interventionsverfahren keineswegs so verbreitet, wie es im Interesse derjenigen zu wünschen ist, die an solchen Maßnahmen teilnehmen oder die sie für die Weiterbildung der Mitarbeiter ihrer Institution oder ihres Betriebes nutzen wollen.

Zu den wichtigen sozialpsychologisch fundierten Trainingsmaßnahmen im nicht-therapeutischen Bereich gehört die *angewandte Gruppendynamik*. Die Wünsche, Ziele und Bedürfnisse ihrer potentiellen Nutzer erstrecken sich über ein breites Spektrum, das von der Optimierung betrieblicher Arbeits- und Kooperationsabläufe über die Erhöhung zwischenmenschlicher Durchsetzungsfähig, über Selbsterfahrung, Befriedigung von Kontakt- und Erlebniswünschen bis hin zu solchen Zielsetzungen reicht, die eigentlich eines psychotherapeutischen Rahmens bedürfen. Dabei sind diese Kunden – seien es nun Einzelpersonen, die sich beispielsweise zu einem Encounter-Seminar anmelden, oder Organisationen, die Mitarbeiter zu einem gruppendynamischen Laboratorium schicken – häufig kaum in der Lage, die Qualität und Zweckmäßigkeit dessen zu beurteilen, was ihnen angeboten wird. Auch ein Blick in die Literatur schafft hier nicht ohne weiteres Klarheit; schon die verwendete Terminologie ist nicht immer einheitlich und daher geeignet, Verwirrung und Mißverständnisse hervorzurufen: gelegentlich wird *Gruppendynamik* als Oberbegriff für so unterschiedliche Dinge wie *Organisationsentwicklung*, *Managerial Grid Training* und *Basic Encounter* gebraucht, anderswo werden *Management Training* und *Gruppendynamik* als Gegensätze einander gegenübergestellt; psycho*therapeutische* Verfahren (mit kurativem Anspruch) und psychologische *Trainings*maßnahmen werden miteinander verwechselt oder als Gegensätze bezeichnet usw.

So ist es nicht verwunderlich, wenn aus der Zeit des Psychobooms mit ihrem unübersehbaren und nicht immer qualifizierten Angebot an „Psycho-Workshops" und aus der nach wie vor bestehenden terminologischen Unklarheit heraus eine gewisse Unsicherheit und eine Reihe von Vorurteilen in der Einschätzung dessen, was „Gruppendynamik" denn eigentlich *ist* und wo ihre Möglichkeiten und Grenzen liegen, resultieren.

Übungsaufgabe 1

*Bitte stellen Sie einmal Ihre Assoziationen zum Begriff „Gruppendynamik"
zusammen:*

*1. Was verstehen Sie unter „Gruppendynamik" und was würden Sie jeman-
dem sagen, der Sie um eine Erklärung bittet?*

*2. Was sind Ihre gefühlsmäßigen und bewertenden Reaktionen auf den Begriff
„Gruppendynamik": Ablehnung? Neugierde? Angenehme Vorstellungen?
Angst? ... oder ein Gemisch aus mehreren Gefühlen und Bewertungen? Aus
welchen?*

*Bitte notieren Sie diese Assoziationen und besprechen Sie sie in Ihrer Arbeits-
gruppe. Gibt es unterschiedliche Definitionen und unterschiedliche emotionale Reaktionen? Worauf gehen diese zurück?*

Für eine Klärung ist es in dieser Situation hilfreich, einen Blick auf den
sozialen und wissenschaftlichen Hintergrund zu werfen, in welchem die
Verfahren der angewandten Gruppendynamik entwickelt wurden, der diesen Verfahren ihre Probleme und Anwendungsbereiche vorgab und in dem
sich Gruppendynamik zu dem entwickelte, was sie heute darstellt.

1.2 Begriffsklärung

„Gruppendynamik" und eine Reihe anderer Begriffe, die in Zusammenhang mit der Thematik dieses Buches auftreten, werden häufig gebraucht, ohne daß bei den Benutzern immer Einigkeit über ihre Bedeutung besteht – und oft auch ohne daß diese potentielle Begriffsvielfalt bewußt ist. Es ist daher notwendig, einige dieser Bezeichnungen näher zu betrachten, bevor wir uns der Entstehung und Entwicklung der Gruppendynamik als sozialpsychologischer Teildisziplin zuwenden.

Gruppe

Unter einer Gruppe im sozialpsychologischen Sinne wird im allgemeinen eine Anzahl von miteinander in Beziehung stehenden Menschen verstanden, die durch die folgenden Merkmale charakterisiert ist:

○ Relative Kleinheit (drei bis ca. 25 Personen). Eine *Dyade*, also eine Gesamtheit von zwei Personen, wird gelegentlich ebenfalls als (Zweier-) Gruppe bezeichnet, unterliegt aber hinsichtlich der Beziehungskonstellationen, die in ihr möglich sind, besonderen Bedingungen. So gibt es z.B. nicht die Möglichkeit der Bildung von Untergruppen oder wechselnden Paarbeziehungen, die in Gruppen ab drei Personen möglich sind. Dyaden werden daher meist von Gruppen unterschieden.

○ *Unmittelbarer* (face-to-face-) Kontakt zwischen den Gruppenmitgliedern, im Gegensatz zu vermitteltem Kontakt etwa durch Briefe, Telefon oder andere Medien.

○ Gemeinsame Ziele und Werte der Gruppenmitglieder.

○ Rollen, Funktionen und Positionen, die aufeinander bezogen sind und die die Prozesse in der Gruppe und bis zu einem gewissen Grad auch das Verhalten der Gruppenmitglieder steuern.

○ Relatives Überdauern. So etwas wie ein Mindestzeitraum kann dabei allerdings nicht angegeben werden; die für Gruppen typischen Phänomene treten jedoch bei längerem Bestehen deutlicher zutage.

Gruppendynamik

Wenn Sie sich in der Literatur zur Sozialpsychologie umsehen, wird Ihnen der Begriff *Gruppendynamik* zumindest in drei unterschiedlichen Bedeutungen begegnen:

„Gruppendynamik" als ...

○ zum einen als Bezeichnung für die in jeder Gruppe ablaufenden Prozesse,

○ zum zweiten als die **wissenschaftliche Beschäftigung mit diesen Prozessen**

○ und schließlich als Bezeichnung für die **Verfahren, mit deren Hilfe Gruppenprozesse beeinflußt werden sollen.**

... Wechselspiel der sozialpsychologischen Kräfte

(a) *Gruppendynamik* ist eine Bezeichnung für die Kräfte, durch die sog. Lokomotionen, d.h. alle Arten psychologisch beschreibbarer Veränderungen, hervorgerufen werden. Solche Lokomotionen können darin bestehen,

„daß Individuen einander näher durch Kommunikation kommen, durch Angleichungen von Haltungen und Meinungen oder daß Gruppen sich ihren Zielen nähern, soziale Hindernisse beseitigt werden oder dergleichen" (Lewin 1936, S. 49).

So fallen Phänomene wie Gruppenbildung, Rollenentwicklung, Führung, Macht, Beeinflussung usw. unter diese Begriffsbedeutung.

... sozialpsychologischer Forschungsbereich

(b) Der Begriff *Gruppendynamik* wird weiter zur Bezeichnung eines Bereiches innerhalb der Sozialpsychologie verwendet, dessen Anliegen die Erforschung der Natur von Gruppen, der in ihnen ablaufenden Prozesse, die Erforschung ihrer Entwicklungsgesetze, der Interdependenzen zwischen den Gruppenmitgliedern und der Beziehungen zwischen Gruppe und einzelnem Mitglied, der Beziehungen zu anderen Gruppen und zu übergeordneten sozialen Zusammenhängen wie z.B. Institutionen, Gesellschaft usw. ist. So schreibt Heigl-Evers:

„Gruppendynamik ist eine primär im Bereich der Sozialpsychologie entwickelte, gruppenzentrierte Beobachtungs- und Denkmethode, die später auch tiefenpsychologische Aspekte einbezog. Die für diese Methode spezifische Wahrnehmungseinstellung ist ausgerichtet auf

a) die in der Pluralität von (Klein-)Gruppen gelegenen Determinanten für das Verhalten des Individuums in der Gruppe;

b) die im Individuum gelegenen Determinanten für den Gruppenprozeß (der Gruppenprozeß resultiert aus den Verhaltensweisen aller Gruppenmitglieder und deren Wechselwirkungen);

c) die Interdependenzen zwischen Einzelverhalten und Gruppenprozeß." (1973, S. 25)

und Dorst formuliert:

„Gruppendynamik beschäftigt sich damit, das Miteinander von Menschen als einen dynamischen Prozeß zu analysieren, zu beschreiben, zu begreifen und zu verändern. Diese Prozesse durchlaufen regelhaft bestimmte Phasen, bilden Strukturmuster und funktionale Rollen aus. Die gruppendynamischen Phänomene sind jedoch aufgrund der Komplexität der menschlichen Interaktion nicht eindeutig vorhersagbar und in einfachen Modellen abbildbar … " (Dorst 1981, S. 47).

„Das Erkenntnisinteresse ist die Überprüfung der Verhaltensmuster im Hier-und-Jetzt im Hinblick auf ihre Relevanz und Veränderungsbedürftigkeit für Alltags- und Berufssituationen.

Gruppendynamik ist eine methodische Anleitung zur Überprüfung von Erfahrungszusammenhängen in sozialen Situationen. Das bestimmt den Selbsterfahrungsanteil der angewandten Gruppendynamik." (ebda)

Die Bezeichnung *Kleingruppenforschung*, die Ihnen wahrscheinlich häufig begegnen wird, resultiert aus einer Einengung auf den Forschungsgegenstand „kleine Gruppe". Spezielle Themen dieser Kleingruppenforschung sind u.a.

○ Erfassung von Gruppenstrukturen und ihrer Veränderung,

○ Entstehen und Veränderung von Gruppennormen,

○ Herausbildung und Funktion von Rollenstrukturen wie Führer- oder Außenseiterrolle,

○ Bedeutung von Kommunikationsstrukturen

○ Zusammenhänge von Gruppenproduktivität mit Struktur und Größe der Gruppe,

○ Bedeutung von Interaktionshäufigkeit für die Gruppe und ihre verschiedenen Merkmale usw. (vgl. Sader 1972).

(c) Die umgangssprachlich gebräuchlichste Bedeutung von *Gruppendynamik* bezieht sich auf eine Reihe verschiedener Techniken zur Verdeutlichung und Beeinflussung des Geschehens in Gruppen. Gruppendynamische Methoden wie Prozeßanalyse, Brainstorming, Rollenspiele, Soziogramm, Kommunikationsübungen usw. haben in erster Linie pragmatischen Charakter.

... als Methodeninventar zur Steuerung von Gruppenprozessen

Der Zusammenhang zwischen gruppendynamischen Methoden und den Erkenntnissen der Kleingruppenforschung ist nicht immer so eng, wie es wünschenswert wäre. Oft „handelt es sich eher um Ad-hoc-Erfindungen von gruppendynamischen Praktikern als um Übertragungen gesicherter Erkenntnisse aus der Kleingruppenforschung" (Sader 1972, S. 114).

Gruppendynamisches Laboratorium

Das gruppendynamische Laboratorium stellt eine psychosoziale Lernsituation dar, deren Teilnehmer durch Erfahrungslernen ihre Kenntnis individueller, institutioneller und gruppenbezogener Gegebenheiten erweitern und so ihre soziale Kompetenz verbessern wollen.

Der Begriff des Laboratoriums betont den Werkstatt- und Experimentiercharakter gruppendynamischer Arbeit, die sich je nach Zielsetzung über einen Zeitraum von einigen Tagen bis zu mehreren Wochen erstrecken kann, währenddessen die Teilnehmer außerhalb ihres alltäglichen Umfeldes zusammen sind.

Innerhalb eines Laboratoriums gibt es meist mehrere kleine Gruppen, die kontinuierlich zusammenarbeiten und sich mehr oder weniger häufig im Plenum, also der Gesamtheit der Laboratoriumsteilnehmer zusammenfinden.

> Diesen Begriff des Laboratoriums als *Lernsituation* sollten Sie auf keinen Fall mit dem des Laboratoriums als eines *Raumes* (im materiellen Sinne), *in welchem z.B. psychologische Experimente durchgeführt werden*, verwechseln.

T-Gruppe

T-Gruppen oder Trainingsgruppen sind Kleingruppen von meist acht bis 15 Teilnehmern innerhalb einer gruppendynamischen Veranstaltung. Diese T-Gruppen werden in der Regel von ein bis zwei Trainern geleitet und haben die Aufgabe, die augenblickliche Situation zu diagnostizieren, die laufenden Gruppenprozesse zu reflektieren und neue Verhaltensformen in sozialen Situationen zu erproben. Ein anderes Thema als das, was „Hier-und-Jetzt" geschieht, ist in T-Gruppen nicht zugelassen.

T-Gruppen sind nur wenig vorstrukturiert. Durch weitestgehende Zurückhaltung der Trainer und deren Weigerung, Führung zu übernehmen, Aufgaben zu stellen usw. wird eine Art sozialen Vakuums hervorgerufen, welches bei den Gruppenmitgliedern Spannung und das Bedürfnis hervorruft, dieses Vakuum zu füllen. Bradford, Gibb und Benne definieren die T-Gruppe als

„eine heterogene Ansammlung von Individuen, die sich zusammenfinden, um die interpersonalen Beziehungen und die Gruppendynamik zu untersuchen, die sie selbst durch ihre Interaktionen erzeugen" (1972, S. 337).

> Das, was in einer T-Gruppe geschieht, läßt sich durch solche Beschreibungen allerdings kaum vermitteln.

Encounter-Gruppe

In der Encounter-Gruppe soll dem Einzelnen die Möglichkeit gegeben werden, sich im Kontakt mit anderen selbst zu entfalten und als Person zu verwirklichen. Die Bezeichnung wurde vor allem durch die Arbeit von Carl Ransom Rogers bekannt (z.B. 1974, 1970). In der Bundesrepublik findet man diese Trainingsform auch unter den Bezeichnungen Begegnungsgruppe, Kontaktgruppe und – bei fließenden Übergängen zum Sensitivity-Training – als Selbsterfahrungsgruppe. Von den Selbsterfahrungsgruppen des Sensitivity Trainings unterscheidet sich die Encounter-Gruppe durch einen weniger hoch gesteckten Anspruch.

Mit dem Ziel offener und ehrlicher Begegnung ohne „Alltagsmaske" soll im Gruppenprozeß der Ausdruck von Gefühlen und Erfahrungen in der zwischenmenschlichen Interaktion im Vordergrund stehen.

Sensitivity Training, Selbsterfahrungsgruppe

Die Arbeit in Selbsterfahrungsgruppen zentriert sich auf die aktuellen Vorgänge in der Gruppe und in den einzelnen Teilnehmern, um den Mitgliedern Erkenntnisse über sich selbst und ihr Verhalten in Gruppen zu ermöglichen. Der Schwerpunkt liegt dabei auf den *individuellen* Erlebens- und Verhaltensprozessen. Je nach Zielsetzung der Gruppe geht es um Einstellungsänderungen, um Verhaltensänderungen oder sogar um Persönlichkeitsveränderungen.

Mit ‚Sensitivity' ist keine außergewöhnliche Verhaltensweise, sondern die „normale Fähigkeit des adäquaten Aufnehmens von Kommunikationssignalen gemeint. …

Sensitivity bezieht sich im weitesten Sinne auf Informationsaustausch, insbesondere auf die Bedingungen, unter denen Zeichen und Äußerungen aufgenommen bzw. … ausgesendet werden. …"

Es erstreckt sich „auf drei Bereiche, die sich naturgemäß überschneiden:

1. Der sozial-kognitive Bereich, der die Wahrnehmung, Beurteilung und Kenntnis des anderen, einschließlich der Täuschungs- und Vorurteilsquellen, umfaßt;

2. der motivationale Bereich, besonders die Fähigkeit, individuelle Beweggründe in vielfältigen Situationen aufzufassen und auf dem Hintergrund dispositioneller Gegebenheiten zu verstehen;

3. der expressive Bereich mit der feinen Abstufung der spontanen Ausdrucks-
mittel und der Abstimmung sprachlicher Äußerungen auf die Mentalität
des Partners, ohne dabei an natürlicher Emotionalität einzubüßen, d.h.
unecht zu werden" (Däumling 1973, S. 7-8).

Wie Sie sehen, haben Selbsterfahrungsgruppen und Sensitivity-Trainings teilweise recht hohe Ansprüche. Die Einschätzung, wie realistisch solche Ziele
sind, hat sich im Laufe der wachsenden Erfahrung mit Trainingsverfahren
und ihren Möglichkeiten mehrfach verändert; wir werden diese Frage an späterer Stelle betrachten.

Interaktions- bzw. Kommunikationstraining

Unter Interaktions- oder Kommunikationstraining versteht man eine in
Laboratoriumsform organisierte Lernsituation zur Verbesserung der Interaktionskompetenz.

Die Begriffe *Interaktion* und *Kommunikation* werden hier zunächst synonym
gebraucht, obwohl häufig zwischen ihnen unterschieden wird und eine solche
Unterscheidung auch sinnvoll erscheint. Im Zusammenhang dieser Begriffsklärung kann dies jedoch vernachlässigt werden. Wenn Sie sich über diese
Begriffe informieren wollen, können Sie dies u.a. bei den folgenden Autoren
tun: Watzlawick, Beavin & Jackson (1969), Graumann (1972). Kurze Zusammenfassungen finden sich in Lück (1987) und Rechtien (1988).

Interaktionskompetenz Unter *Interaktionskompetenz* wollen wir die Fähigkeit verstehen, eigene Wünsche, Vorstellungen und Bedürfnisse zu artikulieren, dem Gegenüber die
Artikulation zu ermöglichen und zu erleichtern, Interaktionsschwierigkeiten
zu thematisieren und dabei die sozialen und emotionalen Anteile angemessen zu berücksichtigen, eingespielte Interaktionsmuster zu erkennen und
gegebenenfalls in Übereinkunft mit dem Partner zu verändern und so zu
einer befriedigenden Kommunikation in einer Gruppe beizutragen.

Organisationstraining, Organisationsentwicklungstraining

Eine Weiterentwicklung aus der klassischen Form des Trainings ist das
Organisationsentwicklungstraining. Es unterscheidet sich von personorien-
tierten Maßnahmen wie z.B. dem Sensitivity Training vor allem durch die
Wahl der behandelten Themen und die Gruppenzusammensetzung. Das eigentliche Ziel eines Organisationsentwicklungstrainings besteht in erster
Linie darin, das im Unternehmen vorhandene Problemlösepotential zu aktivieren und (nicht immer offen zugegeben) darin, Einstellungsänderungen
des Führungsstabes und der Mitarbeiter im Hinblick auf das Unternehmens-
ziel zu bewirken. Themen sind u.a. Institutionalisierungsprozesse, Umgang
mit Macht und Abhängigkeit, Kooperation, Konkurrenz und Teamarbeit.

Aktionsforschung

Die Aktionsforschung (engl.: action research, deutsch auch Handlungsforschung) läßt sich in zweierlei Hinsicht bestimmen: durch die Art des Vorgehens, also die Arbeitsweise selbst, und durch die Art der von ihr bevorzugt behandelten Probleme.

Bei den Aufgaben handelt es sich überwiegend um solche Themen und Probleme, deren Behandlung und Lösung dringend ist. Aktionsforscher gehen dorthin, wo diese Themen und Probleme aktuell sind, also in den Betrieb, die Schule usw. Das heißt, sie suchen den sozialen Kontext, in welchem der Forschungsgegenstand praktisch relevant ist, auf und analysieren die Problemlage dort, indem sie sich soweit wie möglich in diesen sozialen Kontext mit seiner Dynamik und seinen Strukturen einfügen. Die Problemanalyse selbst wird nicht ohne die Beteiligten und auch nicht *für* diese, sondern möglichst *mit* diesen gemacht, so daß es auch zu einer Art Selbstanalyse kommt. Auf den gemeinsam erarbeiteten Erkenntnissen basieren Maßnahmen, die an Ort und Stelle durchgeführt werden und deren Verlauf und Ergebnisse registriert und – wiederum auch von den Betroffenen - geprüft werden. Die Ergebnisse dieser Prüfung und Bewertung gehen wiederum in weitere Maßnahmen ein usw. Es geht also um sozialverantwortliche Intervention, Training und Forschung.

Übungsaufgabe 2

Bitte nehmen Sie jetzt Ihre Aufzeichnungen zur Übungsaufgabe 1 zur Hand.

1. Wie verhalten sich Ihre Definitionen und Assoziationen zum Begriff „Gruppendynamik" zu dem, was Sie in diesem Kursabschnitt erfahren haben? Wo gibt es Übereinstimmungen, wo müssen Sie Ihre Definitionen verändern?

2. Hat sich die Begriffsklärung auf Ihre bewertenden Reaktionen ausgewirkt? Sind diese positiver oder negativer geworden? In welchen Bereichen?

1.3 Die Hinwendung zur Gruppe in den Vereinigten Staaten

Wie Sie im vorhergehenden Abschnitt erfahren haben, ist *Gruppendynamik* sowohl ein Forschungs- als auch ein Anwendungsgebiet innerhalb der Psychologie – genauer: der Sozialpsychologie. Für das Verständnis des Ursprungs dieses Forschungs- und Anwendungsgebietes und für die Richtung, die seine Entwicklung genommen hat – und damit letztendlich auch dafür, was Gruppendynamik heute „ist", möchte ich Ihre Aufmerksamkeit auf drei wesentliche Bedingungskomplexe richten: auf die gesellschaftlichen Bedingungen, den wissenschaftlichen Kontext und die maßgeblich beteiligten Personen.

1.3.1 Die soziale Situation

Entstanden ist die Gruppendynamik, so wie wir sie heute als Teilbereich der Sozialpsychologie verstehen, in den Vereinigten Staaten, und zwar im Jahre 1946.

Mit der Explosion der ersten Atombombe etwa ein Jahr zuvor hatte – zumindest nach Ansicht vieler Amerikaner – das Atomzeitalter begonnen. Die Ära des Krieges und der wirtschaftlichen Depression ging dem Ende zu. Zwei Jahrzehnte lang hatte die amerikanische Gesellschaft in einer ständigen Krise gelebt, die hauptsächlich durch das Versagen der sozialen und ökonomischen Beziehungen hervorgerufen worden war, eine Krise, die ihren Höhepunkt mit dem Ausbruch des Zweiten Weltkrieges erreichte.

Andererseits gab es gleichzeitig einen ungeheuren Aufschwung in der wissenschaftlichen Entwicklung: die Naturwissenschaft brachte die Atombombe hervor, und obwohl es in den Sozial- und Gesellschaftswissenschaften keine so spektakulären Ereignisse gab, gab es auch hier eine durch den New Deal und die Unterstützung von Seiten des Staates geförderte Aufbruchstimmung, die sich insbesondere auch in der Erwachsenenbildung, aus der heraus die Gruppendynamik entstand, auswirkte.

Leland Bradford, der an der Entwicklung der Gruppendynamik wesentlichen Anteil hatte, beschreibt diese Situation (in einem Interview mit Back):

> „Early in the adult education movement, there was a lot of work on group discussion; it wasn't on group process, it was just on group discussion ... which in a sense, I suppose, implied kind of working things out together in groups rather than unilateral decisions. The second thing that seemed to be an impact, for me anyway, was the New Deal days, where we were facing social problems not too dissimilar from the times here: extreme poverty, people on relief, need to have made work, the need to develop educational systems. So ... we set up adult education programs, nursery school programs, workers' education programs, housekeeping programs, all kinds of things. The problem then came, how do you pick people who haven't done that sort of work, and who were in a sense

psychologically demolished by being on relief and so on, and almost revive them and give them skills they didn't have in a very short period of time? How do you do things which aren't done in the normal tradition of training people in skills?" (Back 1972, S. 48-48)

So gehörten zu den Bedingungen, die die Entwicklung neuer Möglichkeiten im Bereich der Sozialwissenschaften und ihrer Anwendung forderten, Arbeitslosigkeit, Armut, der Strom der Einwanderer, und in der Folge Veränderungen in den Anforderungen an Ausbildung und Beruf.

1.3.2 Die Personen

Neben vielen anderen, die an der Entstehung der Gruppendynamik unmittelbar beteiligt waren und deren Rolle wir noch betrachten werden, waren es vor allem zwei Personen, deren wissenschaftliche und praktische Arbeit viele Elemente dessen schuf, was später als Voraussetzung in die Gruppendynamik einging. Beide waren aus Europa in die USA emigriert, der eine aus Österreich, der andere aus Deutschland. Beide hatten ihr Interesse auf Gruppen und Gruppenprozesse gerichtet, der eine bereits in Österreich, der andere nach seiner Auswanderung, und beide waren um die praktische Anwendung der Erkenntnisse ihrer jeweiligen Disziplin bemüht: Jacov Levi *Moreno* als Psychiater aus einer klinisch-therapeutischen Perspektive, Kurt *Lewin* als (Sozial-)Psychologe aus einer sozialwissenschaftlichen Perspektive.

1.3.2.1 Jacov Moreno Levi

Jacov Moreno (1889-1974)

Der Wiener Psychiater J.L. Moreno wurde am 18.5.1889 in Bukarest geboren. Er war der Sohn eines reisenden jüdischen Kaufmannes und einer reichen Kornhändlerstochter, das älteste von sechs Kindern. Als er fünf Jahre alt war, zog seine Familie wegen besserer Ausbildungsmöglichkeiten für die Kinder von Bukarest nach Wien, blieb dort jedoch nur kurze Zeit und zog in eine kleine sächsische Stadt. Da Moreno mit dem deutschen Schulsystem nicht zurechtkam, kehrte er im Alter von 13 Jahren allein nach Wien zurück und arbeitete dort als Hauslehrer.

Seine eigene Ausbildung setzte er an einem humanistischen Gymnasium fort. Er studierte zunächst an der Philosophischen Fakultät, später wechselte er zur Medizin, spezialisierte sich auf Psychiatrie und wurde zum Begründer der Gruppenpsychotherapie. Außerdem betätigte er sich im Bereich des Theaters, zunächst indem er als Student mit Kindern in den Wiener Anlagen Stegreifspiele inszenierte. 1922 gründete er das Stegreiftheater in Wien, das für die spätere Entwicklung des Psychodramas entscheidende Bedeutung hatte.

1915 bis 1917 arbeitete er als medizinischer Betreuer eines Flüchtlingslagers in Mitterndorf, 1918 bis zu seiner Auswanderung in die USA im Jahre 1925 als Werksarzt in Vöslau. In den Vereinigten Staaten führte er als Gefängnispsychiater psychotherapeutische und mikrosoziologische Interventionen ein.

Psychodrama als Psychotherapie in der Gruppe entstand in den dreißiger Jahren und führte zur Gründung des ersten Psychodramatheaters und einer psychodramatisch orientierten Klinik in Beacon (1935) und des New Yorker Psychodramainstitutes 1942. Eine ausführliche Darstellung der Entwicklung des Psychodramas finden Sie bei Petzold (1984).

Für Morenos Entwicklung, vor allem wohl für seine philosophisch-theologischen Neigungen, waren eine Reihe von Kindheitseinflüssen prägend. So soll er im Alter von neun Monaten durch die Kunst einer Zigeunerin von einer schweren Erkrankung geheilt worden sein. Seine Religiösität beruhte auf seiner Erziehung durch einen Rabbiner und seiner Teilhabe an den Gemeindefesten.

Durch die Unfähigkeit des Vaters, an einem Ort wirklich Wurzeln zu schlagen, war die Ehe der Morenos stark belastet. Mit 14 Jahren versuchte Moreno, seine Eltern zu versöhnen, was nach seinen eigenen Aussagen zu seinem „ersten therapeutischen Fehlschlag" (vgl. Boria 1983) führte.

Moreno starb am 14.5.1974 in Beacon.

1.3.2.2 Kurt Lewin

Kurt Lewin (1890-1947)

Lewin wurde am 9.9.1890 in Mogilno in der damaligen westpreußischen Provinz Posen als Sohn eines jüdischen Kaufmanns und Landwirtes geboren. Er besuchte das Gymnasium in Posen und – nach der Umsiedlung der Familie im Jahre 1905 – in Berlin.

Ab 1909 studierte Lewin kurze Zeit in Freiburg, München und Berlin, zunächst Medizin, Philosophie und Biologie, wandte sich aber dann der Psychologie zu. Zu Lewins Lehrern gehörte Ernst Cassirer; sein Doktorvater war der Tonpsychologe Carl Stumpf, dessen vielseitiges Werk und dessen Rolle als früher Initiator der Gestaltpsychologie nicht übersehen werden sollte.

Am Berliner Psychologischen Institut wurde Lewin durch die dort von Wolfgang Köhler, Kurt Koffka und Max Wertheimer vertretene Gestalttheorie beeinflußt. Diese sog. *Berliner Schule* wurde Lewins geistige Heimat, wenngleich er sich mit seinen frühen Arbeiten zur Willens- und Affektpsychologie und mit seiner späteren Feldtheorie von der Gestalttheorie entfernte. 1927 wurde er zum außerordentlichen Professor für Philosophie und Psychologie ernannt.

In der Folge eines USA-Aufenthaltes anläßlich des Internationalen Psychologenkongresses 1929 erhielt Lewin eine sechsmonatige Gastprofessur an der Stanford University (1932). Nach seiner Rückkehr erkannte er, daß ihm als Jude im Nazi-Deutschland keine Chancen offenstanden und nahm 1933 eine befristete Professur an der Cornell-University, einer Hauswirtschaftsschule, an. 1935 wurde er Professor für Kinderpsychologie an der Child Welfare Research Station der Iowa State University.

Mit dem Wechsel von einer Kultur in eine andere sind immer massive Veränderungen im Identitätsgefühl, in der Gruppenmitgliedschaft und im eigenen Selbstkonzept verbunden. In Lewins Fall kam dazu noch das Gefühl der Erniedrigung und Vertreibung unter Todesandrohung aus dem Herkunftsland. In der Folge richteten sich seine Interessen verstärkt auf die Sozialpsychologie, auf Gruppenprozesse und die psychologischen Aspekte der Identität von Minderheiten (vgl. Miriam Lewin 1998, S. 13).

Obwohl Lewin in den USA zunächst nur relativ niedrige akademische Positionen erreichte, und obwohl er nicht sehr gut Englisch sprach, gelang es ihm, in den USA Beachtung und Anerkennung zu finden. Offensichtlich trafen seine Untersuchungen in den Bereichen Entwicklungs-, Erziehungs- und Sozialpsychologie aktuelle Bedürfnisse. Seine bereits in Deutschland weit entwickelte Feldtheorie konnte Lewin in den USA ausformulieren. Vor allem durch die bahnbrechenden Experimente über den Einfluß verschiedener Führungsstile auf die Gruppenatmosphäre (vgl. dazu Miriam Lewin 1998, S. 13-15) zeigte Lewin die Möglichkeiten einer experimentellen Sozialpsychologie auf. In den vierziger Jahren arbeitete Lewin verstärkt im Bereich der Sozialarbeit und suchte in seiner Aktionsforschung (Handlungsforschung) soziale Intervention, Forschung und Training zu integrieren. Auf seine Initiative hin wurde am Massachusetts Institute of Technology (MIT) nach langer Vorarbeit ein Forschungszentrum für Gruppenarbeit, das Research Center for Group Dynamics, gegründet (1945); nach seinem Tod wurde dieses an die Universität von Michigan in Ann Arbor verlegt. Die Arbeitsbereiche dieses Zentrums spiegelten Lewins Forschungsinteressen: Kommunikation und Beeinflussung, soziale Wahrnehmung, Gruppenproduktivität, Mitgliedschaft in Gruppen, Beziehungen zwischen Gruppen, Führung und Führungstraining.

Zusammen mit Bradford, Lippitt und Benne machte er kurz vor seinem Tod in einem Seminar für leitende Gemeindeangestellte die überraschende Erfahrung, wie motivierend und lernintensiv die unmittelbare Rückmeldung über eigenes Verhalten durch andere sein kann (vgl. unten, 1.4.2.1).

Lewin starb unerwartet am 14. 2.1947 im Alter von nur 56 Jahren – kurz nachdem er erstmals die Möglichkeiten der Selbsterfahrung in Gruppen erkannt und zum Bestandteil des Trainings gemacht hatte. Lewin wirkte nicht einmal 14 Jahre lang in den USA, sein Einfluß auf die amerikanische – und damit auf die gesamte – Psychologie ist jedoch beträchtlich. Zentrale

Lewinsche Begriffe wie *Anspruchsniveau, Aufforderungscharakter, Lebensraum, Gruppendynamik* und *Aktionsforschung* sind in der Psychologie inzwischen zum Allgemeingut geworden, ohne daß beim Gebrauch dieser Begriffe stets an Lewin gedacht wird.

1.3.3 Der wissenschaftliche Kontext

Neben den sozialen und den durch die Personen von Lewin und Moreno gegebenen Faktoren lassen sich auch wissenschafts- und disziplinimmanente Bedingungen nennen, die es möglich machten, daß sich die Gruppendynamik in den Vereinigten Staaten – und zwar gerade dort – entwickeln konnte.

Obwohl die Anfänge der modernen Psychologie meist in Europa (Leipzig, Berlin, Göttingen, Breslau) lokalisiert werden (vgl. die „klassische" Geschichte der experimentellen Psychologie von Boring, 1929), erreichte sie den Status einer *selbständigen* Disziplin zuerst in den USA. Dort orientierte sie sich stärker an anwendungsbezogenen Fragen, als dies in Europa der Fall war, wo sie lange als Teil der Philosophie betrieben wurde.

Diese Anwendungsbezogenheit der amerikanischen Psychologie hing unter anderem damit zusammen, daß der Erhalt und die Vergabe von Forschungsgeldern nicht zentral gesteuert wurde, sondern Sache der Universitäten war, was einerseits Konkurrenz und Innovation förderte und andererseits die Notwendigkeit mit sich brachte, gegenüber potentiellen Geldgebern die eigene Nützlichkeit nachzuweisen.

Es waren vor allem zwei Bereiche innerhalb der Psychologie, deren Entwicklungsstand für die Gruppendynamik relevant war: die *Sozialpsychologie* und die *Aktionsforschung.*

1.3.3.1 Sozialpsychologie und Kleingruppenforschung

Während sich die *Sozialpsychologie* als der Bereich innerhalb der Psychologie, der sich u.a. mit dem Geschehen in und zwischen Gruppen befaßt, zunächst als ein Gebiet akademischer Wissenschaft entwickelte, sah die *Gruppentherapie* ihre Aufgabe primär in der klinischen Behandlung von Klienten. Dennoch ist es zu einer weitgehenden Annäherung zwischen Gruppentherapie und angewandter Sozialpsychologie gekommen, die sich personal in J.L. Moreno, dem Begründer der Soziometrie und einem der Initiatoren therapeutischer Gruppenarbeit, repräsentiert.

Psychotherapeutische Arbeit in Gruppen kann auf eine lange Geschichte zurückblicken. Wo dabei ihre Anfänge gesehen werden, hängt auch von ihrer Definition ab – mit einer Begriffsbestimmung, die die *Anwendung psychologischer Methoden zur Problembewältigung gleichzeitig mit mehreren Personen* umfaßt, kommt man zu Ansätzen, die z.T. vor den von Lewin inspirierten sozialpsychologischen Entwicklungen liegen. Dazu zählen die Gruppengespräche von Pratt mit Tuberkulosepatienten (vgl. Pratt 1907), das Stegreiftheater Morenos, die Gruppengespräche Adlers mit Gymnasialschülern (vgl. Slavson 1966) u.a.m.

Die andere Entwicklung im Bereich der Psychologie der kleinen Gruppe ist die der Sozialpsychologie. Als empirische Disziplin entwickelte sie sich als eine im wesentlichen amerikanische Wissenschaft. Die Gründe dafür sind sowohl im gesellschaftlichen Kontext der USA als einer multikulturellen Gesellschaft als auch in der wissenschaftlichen Tradition der Psychologie zu finden (vgl. dazu Lück u.a. 1987; Rechtien 1997). Wesentlich bestimmt wurde sie durch Soziologen wie Frederick Thrasher und William F. Whyte, die sich mit Jugendbanden befaßten, aber auch durch Sozialpsychologen wie Floyd Allport und Muzafer Sherif, allen voran aber durch die Arbeiten Kurt Lewins und seine Feldtheorie. Hier ging es zum einen um eine Art Selbsterforschung von Gruppen – oder besser: um die Erforschung des Verhaltens in Gruppen durch eben die Träger dieses Verhaltens selbst – zu dem Zweck, die Bedingungen des eigenen „Funktionierens" in Gruppen besser zu erkennen und durch bewußtere Gestaltung von Gruppenaktivitäten die Fähigkeiten zur Mitbestimmung zu verbessern und damit Demokratisierungsprozesse zu fördern. Wenn auch der große Elan der Initiatoren der Gruppendynamik inzwischen vergangen ist, sind doch gruppendynamische Begriffe und Methoden in Institutionen, v.a. der Bildung, aber auch der Wirtschaft und Verwaltung eingegangen und dort wirksam.

Akzeptiert man die gebräuchlichen Einteilungen der psychologischen Interessensbereiche in Teilgebiete wie z.B. Entwicklungspsychologie, Klinische Psychologie usw., dann gehört die Gruppendynamik sicher in das Gebiet der Sozialpsychologie. In der Tat läßt sich ihre Entwicklung nur vor dem Hintergrund der Entwicklung der Sozialpsychologie in der ersten Hälfte unseres Jahrhunderts richtig verstehen.

Für die Entwicklung der modernen Sozialpsychologie kamen seit dem Ende des 19. Jahrhunderts entscheidende Anstöße aus der amerikanischen Soziologie, die das Problem der Beziehung zwischen Individuum und Gesellschaft als ihr zentrales Thema begriff. Eine besondere Bedeutung hat dabei Charles H. Cooley, der Individuum und Gesellschaft als komplementäre Aspekte der gleichen Sache betrachtete. Individuelle Identität entsteht danach im Prozeß interindividueller Wahrnehmungsprozesse, allerdings hat nicht jeder soziale Kontext die gleiche Bedeutung. Primär in ihrer Bedeutung für die soziale Persönlichkeitsentwicklung sind subjektiv bedeutsame Bezugsgruppen, die Cooley als *Primärgruppen* bezeichnet, zu denen v.a. die Familie, die Nachbarschaftsgruppe, die Spielkameraden und die Arbeitskollegen gehören. Primärgruppen sind durch engen unmittelbaren Kontakt (intimate face-to-face association) und durch kooperative Interaktionen (co-operation) gekennzeichnet.

Individuum und Gesellschaft als komplementäre Seiten derselben Sache

Zum vorherrschenden Paradigma der ersten zwanzig Jahre der experimentellen Sozialpsychologie wurde der behavioristische Ansatz von Floyd Allport. In dieser Sicht stellen andere Personen lediglich eine besondere Kategorie von Reizen dar, die sich im Prinzip nicht von nicht-sozialen Stimuli unterscheiden. Soziale Situationen werden so auf die körperliche Anwesenheit anderer reduziert.

Gruppe als Ansammlung von Individuen Außerdem bezweifelte Allport, daß Gruppen Eigenschaften besitzen könnten, die sich von den individuellen Eigenschaften der Mitglieder unterscheiden. Gruppen sind für ihn Abstraktionen, nur Individuen sind wirklich. Einzelpersonen verhalten sich in Gruppen genauso, wie sie es auch allein tun würden, „only more so" (Allport 1924, S. 296).

Diese – wissenschaftstheoretisch dem Elementarismus zuzurechnende – Sichtweise bestimmte die Auffassung der Sozialpsychologen zu der Zeit, als Lewin begann, sich mit der Gruppendynamik zu befassen und dabei gestaltpsychologische Positionen vertrat. So besteht die Bedeutung Lewins weniger in eigenen Experimenten zur Gruppendynamik – auch die Zahl seiner Publikationen zu diesem Thema blieb wegen seines frühen Todes gering – als darin, daß er den in der Soziologie selbstverständlichen Begriff der Gruppe als eines überindividuellen, realen und ganzheitlichen Systems für Psychologen akzeptabel machte.

Das 1945 gegründete *Research Center for Group Dynamics* wurde zur treibenden Kraft einer betont kognitiv orientierten Kleingruppenforschung. Vor allem in den fünfziger Jahren wurde die Untersuchung kleiner Gruppen zum Brennpunkt der gesamten sozialpsychologischen Forschung (vgl. French 1956). Die außerordentlich weit gespannten Erwartungen, die sich an diese Kleingruppenforschung richteten, wurden allerdings nur zu einem Teil erfüllt. Dennoch bildet die Kleingruppenforschung auch heute noch einen bedeutsamen Teilbereich sozialpsychologischer Forschung.

Das Research Center for Groups Dynamics hat bei der Entwicklung der gruppendynamischen Laboratorien eine wesentliche Rolle gespielt. Der im folgenden wiedergegebene programmatische Aufsatz[1] von Lewin beschreibt Aufgabe und Zielsetzung dieses Forschungszentrums.

---

[1] Ich danke Frau Miriam Lewin für die Genehmigung zum Abdruck.

Kurt Lewin:

Das Forschungszentrum für Gruppendynamik am Institut für Technologie von Massachusetts

Das Forschungszentrum für Gruppendynamik ist aus zwei Bedürfnissen oder Erfordernissen, einem wissenschaftlichen und einem praktischen, hervorgegangen. Die Sozialwissenschaft verlangt nach der Integration von Psychologie, Soziologie und Kulturanthropologie zu einem Instrument zum Studium des Gruppenlebens. Die moderne Gesellschaft fordert ein tieferes Verständnis und eine wirksamere und vorurteilsfreiere Behandlung der Gruppenprobleme. Ich bin überzeugt, daß in der Demokratie dieses Bedürfnis besonders akut und besonders wesentlich ist.

I

Das wissenschaftliche Verlangen, Psychologie, Kulturanthropologie und Soziologie zum Studium des Gruppenlebens zu integrieren, hat verschiedene Ursprünge:

(a) Die Entwicklung der *experimentellen Psychologie* hat von der Untersuchung der Empfindung an bis hin zur Untersuchung der Motivation das Bewußtsein von der Bedeutung sozialer Faktoren für praktisch alle Aspekte des psychologischen Lebens verstärkt. Solche Themen wie Zielsetzung, Bedürfniskonflikte, Anspruchsniveau, Spiel, Produktivitätsniveau wurden der systematischen experimentellen Untersuchung und der allmählich schärfer werdenden begrifflichen Fassung nacheinander zugänglich. Immer mehr wurden soziale Aspekte einbezogen – wie zum Beispiel Freundschaft, Führerschaft, soziale Atmosphäre, soziale Realität, Gruppennormen. Obwohl das philosophische Vorurteil die Unmöglichkeit kontrollierter Experimente mit sozialen Gruppen „erwiesen" hatte, ist es heute – wie ich glaube – gerechtfertigt zu sagen, daß die Möglichkeit solcher Experimente demonstriert worden ist. Das Studium der Persönlichkeit und der Persönlichkeitsentwicklung würde zu ziemlich begrenzten Verfahrensweisen verurteilt sein, wenn es unmöglich wäre, beispielsweise die Wirkung der Führungsposition oder der sozialen Isolierung auf das Verhalten und den Charakter einer Person unter kontrollierten Bedingungen zu untersuchen. Glücklicherweise können solche Experimente durchgeführt werden; und die diesbezüglichen Faktoren können durchaus erfaßt und unter bestimmten Bedingungen mit dem gleichen Grad von Zuverlässigkeit gemessen werden, der in der Psychologie auch anderswo gefordert ist.

Folglich liegt einer der historischen Ursprünge für die Entwicklung von Gruppenexperimenten in dem Bedürfnis der individuell orientierten Psychologie nach der experimentellen Untersuchung gewisser Aspekte der Motivation, des Charakters und der Persönlichkeitsentwicklung begründet.

(b) Eine andere Quelle besteht in der neueren Entwicklung der *Kulturanthropologie*. In den letzten Jahren hat sich die Anthropologie von der Spezialisierung beim Studium „primitiver" Kulturen zu einem breiten Interesse an allen kulturellen Unterschieden einschließlich der Differenzen zwischen „modernen" Kulturen gewandelt. Sie hat sich vom klassischen Interesse für die Geräte und für die institutionellen Aspekte der Kultur zu einem Versuch hin umgewandelt, alle Aspekte des kulturellen Lebens zu erfassen. Sie hat sich von den Kulturen mit den „großen" Anfangsbuchstaben auf die begrenzten kulturellen Realitäten kleinerer Gruppen umgestellt. Sogar solche spezifischen „Kulturen"[1], wie die einer Stadt der Südstaaten oder der „Geschäftsfrauen" können jetzt als ein legitimes Thema der Forschung angesehen werden. Die Kulturanthropologie ist genetisch geworden: Sie ist sich des Problems der Übertragung von Kulturen und des Vorgangs der Kulturaneignung sehr bewußt geworden.

Die Kulturanthropologie hat ferner im großen und ganzen immer mehr mit den Problemen der Soziologie und der Kinderpsychologie Kontakt gefunden. Ihre Fragestellungen haben sich allmählich verändert und es scheint überhaupt nicht weit hergeholt, von einem Bedürfnis nach einer experimentellen Kulturanthropologie zu sprechen, das heißt nach experimenteller Erzeugung und nach experimenteller Änderung von Ideologien. Einige der neueren Versuche zum Beispiel über Führerschaftstraining oder Gruppenatmospäre können als ein Schritt in diese Richtung angesehen werden[2].

(c) Schließlich hat die Entwicklung der *Soziologie* jetzt einen Problemstand erreicht, der Gruppenexperimente zu verlangen scheint. Das Studium der Struktur und der Dynamik umfassender sozialer Systeme, bei dem die Anwendung vorliegender historischer Daten und Statistiken durch Regierungen und andere Organe angestrebt wurde, hat eine große Rolle gespielt. Erst in neuerer Zeit werden solche Daten berücksichtigt, die aus gründlichen Untersuchungen von Kleingruppen stammen, wobei die Wechselwirkung

zwischen ihren Mitgliedern erfaßt und typische Einstellungen der Individuen in typischen Rollen untersucht wurden.

Diese beschreibenden Niederschriften und ihre statistische Behandlung sind zum Erkennen dessen, „was ist", unentbehrlich. Die entscheidenden Fragen der sozialen Dynamik sind: Welche Kräfte halten diese Art von Gruppenleben aufrecht? Welche Art von Veränderung wird durch welche Handlungsart zustandegebracht? Welche Kräfte leisten welchen Wandlungen Widerstand? Unter welchen Bedingungen bleibt eine Veränderung dauerhaft bestehen und wann wird das Gruppenleben relativ rasch zu den vorherigen Zuständen zurückkehren? – Alle diese Fragen der sozialen Dynamik verlangen dringend, daß die experimentellen Verfahren in der vollen Bedeutung des Wortes zu einem integrierenden Bestandteil der Soziologie gemacht werden.

II

Wie dringend notwendig ein besseres Verständnis des Gruppenlebens zur Lösung der alltäglichen praktischen Probleme in der modernen Gesellschaft ist, braucht kaum im einzelnen dargelegt zu werden. Es ist als ein Gemeinplatz anzusehen, daß eine Hauptursache für zahlreiche Katastrophen in der modernen Gesellschaft in der Diskrepanz besteht, die zwischen unserer Fähigkeit, die physikalische Natur zu beherrschen, und unserer Unzulänglichkeit, mit den sozialen Kräften umzugehen, gegeben ist. Der zweite Weltkrieg stellt besonders eindrucksvoll die überragende Macht des Menschen über

---

[1] Es scheint unter den Anthropologen ein Wunsch zu bestehen, zu einer genaueren Definition von „Kultur" zu gelangen. Ich habe nicht die Absicht, mich an dieser Diskussion zu beteiligen. Doch glaube ich, daß die Definition sowohl auf kleine wie große Gruppen wird Anwendung finden müssen, wenn sie vom Standpunkt der Systematik bedeutungsvoll sein soll.

[2] In der Kulturanthropologie werden häufig die Versuche den einen oder anderen Aspekt der Kultur behandeln müssen, übrigens in der gleichen Weise, wie die Experimente in der individuell orientierten Psychologie in der Regel nicht gleichzeitig versuchen, sich allen Aspekten des individuellen Lebens zuzuwenden.

die Natur unter Beweis. Das Ausmaß der Anstrengung, das auf die Forschung gerichtet ist, gibt den Umfang zu erkennen, in dem sich diese Macht auf dem wissenschaftlichen Verständnis der Natur gründet. Doch genau die gleiche Verbesserung der physikalischen Aspekte der sozialen Kanäle hat unseren Mangel an Fertigkeit bei der Behandlung des sozialen Lebens und hat unseren Mangel an wissenschaftlichem Verständnis für die soziale Dynamik nur um so quälender und offenkundiger unterstrichen.

Auf welche Größeneinheit des Gruppenlebens wir uns auch konzentrieren mögen: Ob wir an Nationen und an die internationale Politik denken, an das ökonomische Leben innerhalb einer Nation und an die Beziehungen zwischen Geschäftsgruppen oder zwischen Produzenten und Konsumenten, an Rassen oder an religiöse Gruppen und an ihre Beziehungen in der Gemeinschaft, ob an eine Fabrik und an die Beziehungen zwischen der Spitze der Geschäftsleitung, dem Vorarbeiter und dem Arbeiter – ganz gleich auf welche Ebene wir auch blicken, wir finden stets ein kompliziertes Geflecht von Problemen und widerstreitenden Interessen. Ihr Komplikationsgrad scheint nur mit unserem Mangel an Klarheit über die wahre Natur der Probleme zu wetteifern. Das soziale Handeln gründet sich auf jeder Stufe auf einem starken Ausdruck von Meinung und Tradition und nicht auf dem rationalen Verständnis der möglichen Alternativen oder auf einer klaren Voraussicht dessen, worin die Auswirkungen verschiedener sozialer Handlungen bestehen.

Die meisten von uns haben ihren Glauben an die Weisheit des sogenannten „Praktikers" verloren, der durch den ganz tückischen Grundsatz von den „vergangenen Erfahrungen" geleitet wird, welcher das Beibehalten einer Methode sogar dann unterstützt, wenn sich die Umstände geändert haben. In der Technik ist dieser Grundsatz längst

abgelöst worden und zwar durch eine Kombination von zwei Grundregeln:
(a) dem wissenschaftlichen Verständnis der Gesetze der Natur;
(b) einer sorgfältigen Diagnose aller Aspekte der vorliegenden Situation in einer solchen Weise, daß sie die Anwendung der allgemeinen Gesetze gestattet.

Der Techniker hat Flexibilität, Wirksamkeit und daher Macht dadurch erlangt, daß er seinen Glauben an diese Kombination der Untersuchung des allgemeinen Gesetzes und der Diagnose der spezifischen Situation näher bestimmte.

Auf dem Gebiet der sozialen Führung sind wir uns soeben der Tatsache bewußt geworden, daß wir ein besseres Wissen, als uns die tägliche Erfahrung, die Tradition und das Gedächtnis des Individuums oder der sozialen Gruppe zur Verfügung stellen kann, benötigen, daß wir ein Verständnis auf wissenschaftlichem Niveau brauchen. Der Beschreibungsüberblick hat sich, auch wenn er „Tendenzen" aufzeigt, als Grundlage für die Planung als nicht ausreichend erwiesen. Der Regierungsbeamte, der Fabrikleiter oder irgendein anderer Verantwortlicher für die soziale Führung kleiner oder großer Gruppen stellt fest, daß er ein kompliziertes Wechselspiel von Faktoren berücksichtigen muß, das im Regelfall von Fachmännern sehr unterschiedlicher Gebiete behandelt wird. Um beispielsweise die Stärke der Tendenzen voraussagen zu können, die auf Inflation gerichtet sind, und um Anregungen geben zu können, was in dieser Beziehung zu tun ist, genügt es nicht, die Gesetze der Anforderung und des Bedarfs zu kennen. Die Machtverhältnisse der Gruppen, die Ideologie der Verwaltungskörperschaften und das Wertsystem eines jeden Bürgers sind ebenso wichtige Faktoren. Um eine Fabrik leiten zu können, genügt es nicht, die Buchführung zu kennen oder zu wissen, wie wirksame Produktionsrichtlinien aufzustellen sind. Die kulturellen

Gewohnheiten der Arbeiter im gegebenen Verwaltungsbezirk, die Führungstechniken und die soziale Atmosphäre in der Fabrik sind nicht weniger wichtig. Die Veränderung von Nahrungsgewohnheiten kann nicht dadurch erreicht werden, daß der Ernährungschemiker die gewünschten Kalorien und Vitamingehalte bestimmt, so wenig wie dadurch, daß genügend Geld zur Verfügung gestellt wird, damit die Lebensmittel gekauft werden können. Man muß auch die kulturellen Gewohnheiten, die Statusfragen, die Beziehungen innerhalb der Familie und viele andere Aspekte des Gruppenlebens in Betracht ziehen.

Wir wissen, daß alle diese menschlichen Faktoren eng mit der Art und Weise zusammenhängen, wie unsere Kinder in Schule und Familie aufgezogen werden, ebenso mit der Art und Weise, wie die Erwachsenen sie beisammen oder getrennt halten. Dies hängt sodann wieder von den Statusbeziehungen ab, die wir in unserer Familie unterhalten, sowie von den Stereotypen, die wir anwenden, wenn wir uns unsere Nachbarn und die Menschen vorstellen, die wir als unsere Polizisten auswählen. Jeder einzelne Aspekt des Gruppenlebens ist einbezogen: Die Machtpolitik und die individuellen Bedürfnisse nach Sicherheit, Religion und Erziehung, Liebe und ökonomische Abhängigkeit, Führerschaft und Gehorsam, Charakter und Fertigkeiten, Gruppenbeziehungen ebenso wie die Produktionsanforderungen.

III

Es gibt in zunehmendem Maße Symptome dafür, daß sich die führenden Praktiker in der Regierung, in der Landwirtschaft, in der Industrie, im Gemeinschaftsleben der Tatsache bewußt werden, daß ein wissenschaftliches Niveau des Verständnisses notwendig ist, daß die Aussage „Nichts ist praktischer als eine gute Theorie"

auch für das Gebiet der sozialen Führung zutrifft.

Außerdem wünscht eine immer größer werdende Gruppe von Laien Aufklärung über die alltäglichen sozialen Probleme und zwar nicht auf der Grundlage irgend einer Meinung, sondern auf der Basis von objektiver Einsicht. Viele von uns spüren, daß wir sozial in einem Nebel leben. Dieses Gefühl besteht beispielsweise in Bezug auf Minderheitsprobleme, wo die Ungewißheit darüber, was sich ereignen könnte, sehr groß ist. Könnte unsere soziale Sichtweise[3] verbessert werden und könnte der Durchschnittsbürger weiter nach vorn blicken und deutlicher wahrnehmen, würde sich unser soziales Klima ändern, würden sich Furcht und Spannung vermindern.

Nach meiner Auffassung erreichen die Sozialwissenschaften jetzt einen Punkt, an dem sie beginnen können, die Bedürfnisse des an sozialer Führung interessierten Praktikers und des Durchschnittsbürgers zufrieden zu stellen. Es sind Instrumente entwickelt worden, die eine Feststellung des Sachverhalts in einer Art gestatten, daß sie für die soziale Planung Bedeutung besitzt. Richtig ist, daß sich die entscheidende Frage der experimentellen Untersuchung von Veränderungen im Gruppenleben noch in einem Pionierstadium befindet. Es ist jedoch möglich gewesen, zumindest in bestimmten Situationen wesentliche Faktoren einer experimentellen Über-

---

[3] „Soziale Sichtweise" wird generell in einem engeren Sinne verwendet, indem sie sich auf eine gute Sichtbarkeit bestimmter sozialer Eigenschaften – wie etwa Neger zu sein – bezieht. Hier wenden wir den Ausdruck in einem breiteren Sinne an, der in einer Situation verschiedene Ausprägungsgrade guter oder schlechter Wahrnehmbarkeit von sozialen Eigenschaften unterscheidet. Auf diese Weise ändert sich die soziale Sichtweise mit der Eigenart der wahrgenommenen sozialen Fakten, mit dem Charakter der Situation und des wahrnehmenden Individuums.

prüfung zu unterwerfen. Sogar die schwierigen Probleme der Gruppenhandlung sind experimentell angegangen worden. Zum Beispiel sind die Wirkungen des Vortrags, der individuellen Unterweisung, Aufforderung, Gruppendiskussion und Gruppenentscheidung auf das nachfolgende Handeln miteinander verglichen worden. Die Probleme des Führerschaftstrainings und der Schulung von Ausbildern sind untersucht worden.

Zweifellos wird sich das Feld der Probleme und der Situationen, die dem Experiment zugänglich sind, rasch ausweiten. Sie werden die Fragen der sozialen Wahrnehmung und den Zusammenhang zwischen der sozialen Wahrnehmung, der Ideologie und dem Handeln einschließen.

IV

Man kann eine Reihe spezieller Schlußfolgerungen erwähnen, die die Planung des Forschungszentrums beeinflußt haben.

(a) Das Studium des Gruppenlebens sollte über das Beschreibungsniveau hinausgehen. Es sollten die Bedingungen des Gruppenlebens und die Kräfte erforscht werden, die eine Veränderung zustandebringen oder die der Veränderung widerstehen. Der Ausdruck „Dynamik" weist auf diese Kräfte hin.

(b) Die Forschung kann nicht in befriedigender Weise durchgeführt werden, wenn sie sich mit einem speziellen Aspekt des Gruppenlebens zufrieden gibt. In welcher Weise auch die Arbeit des Zentrums abgegrenzt wird, innerhalb dieser Grenzen werden alle Aspekte des Gruppenlebens in betracht gezogen werden müssen.

(c) Da das Erlangen von wissenschaftlicher Einsicht von der Behandlung des Problems gemäß seiner speziellen Eigenart abhängt und nicht von der Anwendung einer künstlichen Klassifikation, sollte das Studium des Gruppenlebens unabhängig von der Art vorsichgehen, wie die Gesellschaft gewöhnt ist, das besondere Gruppenphänomen zu klassifizieren. Anstatt die Führerschaft in der Industrie als ein Industrieproblem und die Führerschaft bei den Pfadfindern als ein Erholungsproblem zu betrachten, sollten die Probleme der Führung als ein allgemeiner Aspekt des Gruppenlebens anerkannt werden. Deshalb sollten alle Führerschaftsprobleme als Teil eines Themas angesehen werden, und die wirklichen und gewünschten Unterschiede in der Führerschaft bei verschiedenen Organisationen sollten als eine Funktion der Abweichungen im Gruppenleben verstanden werden. Nur auf einer solch breiten Grundlage können wir hoffen, den Ablauf eines spezifischen Phänomens richtig zu verstehen.

Die systematische wissenschaftliche Untersuchungsmethode wird deshalb vergleichenden Richtlinien folgen müssen. Um nur ein Beispiel zu geben: Die Untersuchung der Minderheitsprobleme sollte so verschiedenartige Typen von Minderheiten wie nur möglich umfassen. Es sollten die Wechselbeziehungen zwischen Blinden und Sehenden oder zwischen Kindern und Erwachsenen ebenso wie die Beziehungen zwischen Negern und Weißen, Katholiken und Protestanten oder Albaniern und Griechen in den verschiedenen Teilen der Vereinigten Staaten und anderswo einbezogen sein. Die Probleme der Minderheit werden bloß als Beispiel für die Auswirkungen des Gruppenstatus auf das Gruppenleben angesehen. Eine solche Methode verbindet die Probleme der Statusunterschiede in der Gemeinschaft mit Statusunterschieden in der Fabrik oder in anderen Gruppensituationen und verknüpft die Probleme und Daten, die sonst getrennt gehalten werden, in einer ganz natürlichen und notwendigen Weise.

(d) Das Forschungszentrum plant, all die qualitativen oder quantitativen psychologischen, soziologischen oder anthropologischen Methoden anzuwenden, die auch immer für die Forschung benötigt werden. Das methodologische Interesse wird jedoch in der Hauptsache der Entwicklung von Gruppenexperimenten und besonders von Veränderungsexperimenten gelten. Solche Experimente können ebenso im Laboratorium wie im Feld ausgeführt werden. Es ist noch zu früh, um die Möglichkeiten überblicken zu können, die die Betriebe oder die Gemeinschaft für jenes Maß von Kontrolle zur Verfügung stellen werden, das beim experimentellen Vorgehen erforderlich ist; auch können zur Zeit die Grenzen solcher Feldexperimente noch nicht festgelegt werden. Die Arbeit der vergangenen Jahre zeigt jedoch, daß Feldexperimente in einem größeren Ausmaß, als es früher möglich zu sein schien, durchgeführt werden können.

Die Arbeitsmöglichkeiten vor unseren Türen genügen für den Start. Unsere Hauptsorge wird in der Entwicklung von Instrumenten für die Messung bestehen, die zuverlässig sind und die in den gegebenen Situationen technisch anwendbar sind.

(e) Es ist von ganz wesentlicher Bedeutung, daß die Entwicklung in bezug auf Begriffe und Theorien Schritt und beim Datensammeln zum Teil einen Vorsprung hält. Die Sozialwissenschaft kann nur dann darauf hoffen, jenen Reifegrad zu erreichen, der für die physikalische Wissenschaft seit Beginn ihres raschen Fortschritts so charakteristisch gewesen ist, wenn das gleiche Ausmaß von gegenseitiger Beeinflussung zwischen Theorie und Experiment erreicht wird. Das bedeutet nicht, daß die Sozialwissenschaft physikalische oder chemische Begriffe übernehmen soll. Tatsächlich ist es von großer Bedeutung, daß die Sozialwissenschaft ohne philosophisches Vorurteil die Begriffe entwickelt, die durch die besondere Eigenart ihres Gegenstandes gefordert sind. Es ist eine der schwierigsten Aufgaben, die vor uns steht, adäquate Theorien zu entwickeln, um die Allgemeingültigkeit mit der Wirksamkeit im Konkreten zu kombinieren. Doch es ist viel gewonnen, wenn man erkennt, daß weder wissenschaftliche noch praktische Ergebnisse ohne die adäquate Entwicklung des theoretischen Aspekts der Arbeit zu erwarten sind.

(f) Bis zu einem gewissen Grade hängt alle wissenschaftliche Arbeit von den sozialen Umständen ab. Ohne ausreichende ökonomische Mittel und ohne einen befriedigenden sozialen Status wäre die physikalische Forschung zu ihrem raschen Fortschritt nicht in der Lage gewesen.

Die Experimente mit Gruppen und besonders die Feldexperimente zeigen eine ähnliche Abhängigkeit von der sozialen Situation, nur noch in einem viel stärkeren Grade. Gewöhnlich kann ein Feldexperiment nur dann in einer Fabrik oder einer anderen Institution vorgenommen werden, wenn die Institution dazu bereit ist. Zum Glück beginnen die Führer auf zahlreichen Gebieten zu erkennen, daß für das Gruppenleben Laboratorien nicht weniger wichtig sind, als es die Forschungslaboratorien für Physik und Chemie sind.

(g) Das enge Band, das zwischen der sozialen Forschung und der sozialen Wirklichkeit besteht, ist einer der Gründe, warum den praktischen Voraussetzungen für Feldexperimente und den Bedingungen, unter denen die Sozialforschung zur praktischen Anwendung hinübergeführt, besondere Aufmerksamkeit geschenkt werden sollte. Es scheint schwierig zu sein, den Praktikern auch eine gute soziale Forschung zu „verkaufen". Gewöhnlich gelangen die Praktiker zur Einsicht und zum Interesse, das für soziales Handeln erforderlich ist, nur dann, wenn sie selbst in die Planung und Durchführung zur Feststellung des Sachverhalts einbezogen sind. Die Frage, wie der Fachmann für die Faktenfeststellung Laiengruppen organisieren und fördern kann, besitzt deshalb eine sehr große praktische und theoretische Bedeutung.

(h) Man mag sich fragen, ob diese Wechselbeziehung zwischen theoretischer Sozialwissenschaft und den praktische Bedürfnissen der Gesellschaft das wissenschaftliche Niveau nicht auf das der „angewandten Psychologie" herunterschrauben wird. Die Psychologen haben die Notwendigkeit einer theoretischen Betrachtung erst relativ spät erkannt, und es ist die Befürchtung zum Ausdruck gebracht worden, daß diese Entwicklung mit der Inanspruchnahme durch die praktischen Probleme des Krieges verlangsamt werden würde.

Der Erforscher des Gruppenlebens sollte sich dieser Gefahr bewußt sein, und auch der noch größeren Gefahr, der Dienstbote sehr einseitiger sozialer Interessen zu werden. Wir sollten jedoch nicht versuchen, die Uhr zurückzustellen und einen wissenschaftlichen Gang aufhalten, der bereits vollzogen ist. Wir werden vorwärts schauen müssen, und ich bin davon überzeugt, daß das enge Band mit der Praxis für die Theorieentwicklung ein Segen sein kann, wenn der Wissenschaftler richtig vorangeht. Der Praktiker ist nach allem an Veränderungsexperimenten interessiert, weil er bestimmte Ziele zu erreichen wünscht. Auf die Dauer gesehen wird sich die Scharfsinnige theoretisch-experimentelle Analyse als das praktische Verfahren erweisen, so wie es von den physikalischen Wissenschaften unter Beweis gestellt wird.

(i) Ein letzter Punkt: Das Experimentieren mit Gruppen hat nicht nur philosophische Vorurteile und technische Schwierigkeiten zu überwinden. Es hat sich selbst als rechtschaffene und sozial notwendige Verfahrensweise zu rechtfertigen. „Gruppenmanipulation" ist ein Ausdruck, der zumindest in einem demokratischen Land gefürchtet ist. Sie scheint der grundsätzlichen Würde des Menschen zu widersprechen.

Ich möchte dieses Gefühl nicht geschwächt sehen wollen. Das Verhältnis zwischen dem legitimen und dem nichtlegitimen Umgang mit Gruppen muß geklärt werden. Es sollte jedoch ein Punkt ganz klar und scharf gesehen werden. Es gibt kein Individuum, das nicht bewußt oder unbewußt versucht, seine Familie, seine Gruppe von Freunden, seine Berufsgruppe usw. zu beeinflussen. Führung ist nach allem legitim und ist eine der wichtigsten Funktionen in jedem Bereich des sozialen Lebens.

In dieser Beziehung werden manche Aspekte genauso wie das Problem der Führerschaft und der Macht in der Demokratie im Verstand vieler sehr mit Dunkelheit umhüllt. (Ich habe guten „Liberalen" zugehört, die die Frage diskutierten, ob die Verabschiedung von Gesetzen, die der Verbesserung von Minderheitsbeziehungen dienen sollen, nicht notwendigerweise ein undemokratisches Vorgehen sei.) Wir müssen uns klar vor Augen führen, daß die Macht selbst einen wesentlichen Aspekt in jeder Gruppe darstellt, und daß die Gefühle gegenüber der „Machtpolitik" und der „Propaganda" nicht selten von Machtgierigen als ein Mittel verwendet werden, um eine Gruppe zu beeinflussen.

Es ist nicht der schlechteste Dienst, den die Sozialforschung an der Gesellschaft leisten kann, die Einsicht in die legitimen und nichtlegitimen Aspekte der Macht zu verbessern. Das konstruktive Handeln verlangt hier wie in anderen Bereichen des sozialen Lebens sowohl eine hohe Bewertung der Normen wie auch eine Beachtung der Tatsache, daß der Realität ins Gesicht zu sehen ist. Allein auf dieser Grundlage kann ein Kodex für „Gruppenführung" entwickelt werden, der redlich und wirksam ist und keine „Manipulation" darstellt.

V

Die Organisation des Zentrums versucht, folgenden Zielen zu dienen:

Ich bin gefragt worden, warum das Forschungszentrum am *Institut für Technologie von Massachusetts* und nicht an einer Universität untergebracht ist. Natürlich stellt die Gründung eines solchen Unternehmens das Ergebnis zahlreicher Faktoren dar. Ich möchte jedoch zu diesem Punkt einige Überlegungen anstellen.

Es ist die Hauptabsicht der Technik, menschliche Energien freizusetzen und die Macht des Menschen, der sich mit der Natur beschäftigt, zu vergrößern. Die Entwicklung von Maschinen ist das Grundmittel zu diesem Endzweck gewesen. Das menschliche Element ist selbst in der Technik nicht übersehen worden, doch besitzt im ganzen die Technik vielleicht die Tendenz, dieses Element auf ein Mindestmaß zu reduzieren. Die automatische Maschine hat die Menschen ersetzt. Dort, wo der Techniker die Menschen studiert hat, hat er es mit dem Ziel getan, Individuen „auszuwählen", welche fähig sind, die Maschinen zu bedienen, und indem er das menschliche Sein selbst als eine Maschine ansah. Das Studium der Zeitbewegung ist ein markanter Ausdruck für diesen Gesichtspunkt.

Es gibt jedoch andere Aspekte in der Beziehung zwischen Mensch und Maschine, die immer stärker in den Vordergrund getreten sind. Die Leitung einer Fabrik bedeutet ja nicht nur das Aufstellen von Produktionsrichtlinien. Sie bedeutet die Schaffung einer neuen Gruppe mit bestimmten Führerschaftsmustern, mit einer bestimmten Gruppenmoral und Gruppenproduktivität. Wir haben in den vergangenen Jahren gelernt, wie wichtig diese Faktoren für den wirksamen Ablauf sind. Wir haben ferner gelernt, daß es entschieden zu einfach ist, anzunehmen, die Leitung brauche nur die ökonomischen Motive des Fabrikarbeiters zu beachten. Dieses Motiv ist nur eines von vielen und ist keineswegs immer das stärkste. Eine gute Führung muß die gesamte „Kultur" und alle Aspekte des Gruppenlebens in Erwägung ziehen.

Das Bindeglied zwischen Technik und der gesamten Kultur des Volkes ist immer stärker in Augenschein getreten, während sich die Technik-Unternehmen in gigantische Dimensionen entwickelt haben. Die Planierraupe schneidet nicht nur auf der Südsee-Insel tief in jeden Bereich des Lebens. Wie dies die TVA oder jedes große Flußprojekt augenscheinlich werden läßt, ist die moderne Kultur von der Technik so sehr durchdrungen, daß der Techniker nicht mehr in der Lage ist, jeden einzelnen Aspekt des Gruppenlebens durch sein Handeln und durch seine Versäumnisse zu beeinflussen.

Im großen und ganzen scheint es deshalb für eine technische Schule, die die grundsätzliche Aufgabe der Technik in einem progessiven Geist wahrnimmt, durchaus angemessen, das wissenschaftliche Studium des Gruppenlebens zu einem Bestandteil seines Unternehmens zu machen. Verbunden mit diesen Auspizien könnte die „Zähigkeit" der Anforderungen ihrerseits wieder von großem Nutzen sein, in der Gruppendynamik zu forschen. Das Forschungszentrum wird die Freiheit besitzen, das Studium des Gruppenlebens ohne irgendwelche künstlichen Beschränkungen in bezug auf die Art der Gruppe oder des Altersniveaus, das zu untersuchen ist, zu betreiben:

Das Forschungszentrum wird in der Abteilung für Ökonomie und Sozialwissenschaft als Teil der Schule für Graduierte eingerichtet. Die Sozialwissenschaften sind am Institut für Technologie von Massachusetts nicht getrennt worden. Die Abteilung vereinigt Ökonomie, Soziologie und Psychologie. Sie schließt eine Sektion für die Beziehungen zwischen Arbeitgebern und Arbeitnehmern ein, mit der das Forschungszentrum eng zusammenarbeitet. Das Lehrprogramm des Zentrums wird mit dem der Abteilung vereinigt. Es werden Vorlesungen und Experimentalkurse über allgemeine und spezielle Fragen der Gruppendynamik und der sozialen Wahrnehmung angeboten. Die Unterweisung in der theoretischen Psychologie wird mit Nachdruck betrieben und wird mit Kulturanthropologie, Soziologie und Ökonomie kombiniert. Die Themen, die auf diesen Gebieten vom Institut für Technologie von Massachusetts nicht angeboten werden, können durch eine Austauschvereinbarung mit der Harvard-Universität für den graduierten Studenten zur Verfügung gestellt werden, besonders mit ihren Abteilungen für Soziologie, Anthropologie und Psychologie einschließlich der psychologischen Klinik. Es gibt am Institut für Technologie von Massachusetts umfassende Möglichkeiten für das Studium einer außergewöhnlichen Kombination und Zahl von Themen, wie etwa Schiedsgerichtsverfahren, Betriebsführung und Geschäftsverwaltung, Arbeitsprobleme, Regierungskontrolle, Städteplanung, Ökonomie der technologischen Veränderung, Statistik für Fortgeschrittene.

Das Forschungszentrum bietet den Erwerb des Doktorgrades in Gruppenpsychologie an. Seine Bildungsarbeit ist dafür vorgesehen, Forscher auf den theoretischen und angewandten Gebieten des Gruppenlebens auszubilden und die Schulung von Praktikern zu unterstützen. Der Student erhält Gelegenheit zur Feldarbeit in der Industrie, in der Gemeinschaft und in anderen Bereichen des Gruppenlebens.

Bezüglich der Forschung besteht die Hauptaufgabe des Zentrums in der Entwicklung von wissenschaftlichen Methoden für das Studium und die Veränderung des Gruppenlebens und die Entwicklung von Begriffen und Theorien der Gruppendynamik. Hauptbereiche der Untersuchungen sollen sein: die Industrie, Minderheitsprobleme und das Verhältnis zwischen Ökonomie und Kultur.

Das Zentrum hat sich seinerseits mit einer Reihe von „Feldmitarbeitern" in diesen Bereichen zusammengetan; das heißt: mit verschiedenartigen Organisationen, die bereit sind, bei den Feldexperimenten zusammenzuarbeiten, und die den Studenten Gelegenheiten für die Feldarbeit anbieten. Eine Anzahl von Stipendien und Stellen für Forschungsassistenten können an die graduierten Studenten vergeben werden. Der Lehrkörper des Zentrums umfaßt gegenwärtig die folgenden Personen, wobei jedoch einige von ihnen noch in der Armee oder in der Regierungsarbeit tätig sind: John Arsenian, Dorwin Cartwright, Leon Festinger, Charles Hendry, Ronald Lippitt, Marion Radke und Kurt Lewin.

Übungsaufgabe 3

Der Aufsatz von Kurt Lewin ist an dieser Stelle noch nicht zu Ende. Um Ihnen die Möglichkeit zu geben, Ihr Wissen um Voraussetzungen, Ziele und Aufbau des Zentrums für Gruppendynamik zu vertiefen und zu festigen, unterbreche ich den Abdruck und schlage Ihnen vor, im folgenden freien Kasten eine kurze Zusammenfassung des Aufsatzes im Hinblick auf diese drei Punkte anzufertigen.

Bitte lesen Sie die Zusammenfassung, die Lewin selbst gegeben hat, erst nach der Fertigstellung Ihres eigenen Resumées.

Und hier der Schluß des Aufsatzes von Lewin mit dessen eigener Zusammen-
fassung.

Zusammenfassung

Ziele

Forschung

Das Zentrum widmet sich der Entwicklung wissenschaftlicher Begriffe, Methoden und Theorien über das Gruppenleben, die zu einem tieferen Verständnis der sozialen Probleme in kleinen und großen Situationen führen und eine verständnisvollere Anleitung ermöglichen sollen. Es wird die Betonung auf Laboratoriums- und Feldexperimente gelegt, damit die Kräfte systematisch studiert werden können, die das Gruppenleben und die Veränderungen im Gruppenleben bestimmen.

Deshalb ist das Zentrum an allen Aspekten des Gruppenlebens interessiert, wie zum Beispiel an:

Gruppenstruktur und Funktionieren von Gruppen, einschließlich Führerschaft, Verfahrensfestlegung, Gruppenwirksamkeit, Ideologie.

– *Wechselbeziehungen zwischen den Gruppen*, einschließlich Statusbeziehungen, Minderheitsproblemen und der Verschmelzung und Aufspaltung von Gruppen.

– *Gruppenökologie*, einschließlich der Abhängigkeit des Gruppenlebens von den Produktionsanforderungen und von der sozialen, kulturellen oder physikalischen Situation.

– *Beziehungen zwischen dem Individuum und der Gruppe*, einschließlich Loyalität, Zugehörigkeit zu vielen Gruppen und Randständigkeit.

Die Forschungsprojekte werden entsprechend den Anforderungen des systematischen und vergleichenden Studiums von Gruppen ausgewählt. Es wird der Versuch unternommen, zu diesem Zweck die relevanten Aspekte der Psychologie, Soziologie und Kulturanthropologie zu integrieren, indem sie in der Industrie, im kommunalen Leben und bei jeder anderen Art von Gruppenaktivität Anwendung finden.

Ausbildung

Das Zentrum bildet in der Forschung und in der sozialen Diagnose graduierte Studenten für akademische oder angewandte Gebiete aus. Es beteiligt sich an der Schulung von Praktikern auf den verwandten Gebieten wie zum Beispiel in den Beziehungen zwischen Arbeitgebern und Arbeitnehmern, in angewandter Psychologie, Gruppenarbeit, öffentlichem Gesundheitssystem, Regierungs- und Gemeinschaftsarbeit.

Organisation

Forschung

Zur Durchführung kontrollierter Feldexperimente arbeitet das Forschungszentrum aktiv mit Industrieunternehmen und mit Organisationen auf dem Gebiet der Gemeindearbeit, der Erziehung und der Minderheitsprobleme innerhalb und außerhalb von Boston zusammen. Die Bibliothek der Sektion Beziehungen Arbeitgebern und Arbeitnehmern und Räume für Laboratoriumsexperimente stehen zur Verfügung.

Lehre

Das Zentrum bietet ein Programm für Promotionsstudium und -forschung für den Doktorgrad der Philosophie in Gruppenpsychologie am Institut für Technologie von Massachusetts an. Es ist Teil des allgemeinen Lehrprogramms der Abteilung für Ökonomie und Sozialwissenschaft und wird in enger Zusammenarbeit mit ihrer Sektion für die Beziehungen zwischen Arbeitsgebern und Arbeitnehmern durchgeführt. Zusätzlich zu den Kursen in Anthropologie, Psychologie und Soziologie wird dem Studenten die Gelegenheit zu praktischer Feldarbeit geboten.

Neben Lewin ist der aus der Türkei stammende Muzafer Sherif zu nennen, der bereits vor Lewin die Unhaltbarkeit des Allportschen Elementarismus aufzeigte und sich mit „Gruppenqualitäten" wie Bezugssystem, Normen u.a. befaßte (1936). Seine originelle Untersuchung (1935), in der er das Entstehen von Gruppennormen für Wahrnehmungs- und Beurteilungsprozesse nachwies, gehört zweifellos zu den Höhepunkten der sozialpsychologischen Kleingruppenforschung der dreißiger Jahre.

Normbildungsexperimente
von Muzafer Sherif

Auch auf dem Gebiet der Felduntersuchungen hat Sherif wesentliche Beiträge geleistet; berühmt geworden sind seine Ferienlager-Untersuchungen (Sherif & Sherif 1953; Sherif u.a. 1961). Diese gelten zu Recht als Meilensteine moderner Kleingruppenforschung .

Mit den Ferienlager-Untersuchungen gelang es erstmals, die Entstehung und Veränderung von Gruppen, von gruppenspezifischen Norm- und Wertsystemen, von Intergruppenkonflikten und Gruppenspannungen unter experimentelle Kontrolle zu bringen. Insofern kann man mit Recht sagen, daß die Entwicklung einer *echten* Kleingruppenforschung mit Muzafer Sherif und Kurt Lewin sowie dessen Mitarbeitern und Schülern begann.

1.3.3.2 Aktionsforschung

Obwohl Lewin mit Sicherheit ein bedeutender, vielleicht sogar der bedeutendste Pionier der Aktionsforschung war und diese ihm sowohl dem Begriff als auch der Sache nach traditionsgemäß immer wieder zugeschrieben wird (so zum Beispiel, aber keineswegs nur bei Horn 1979), gehen beide – der Terminus „action research" und der sozialwissenschaftliche Ansatz, für den er steht – aller Wahrscheinlichkeit nach auf Moreno zurück (vgl. Petzold 1980).

Moreno prägte übrigens nicht nur diesen Terminus sowie die Begriffe „Gruppentherapie" und „Gruppenpsychotherapie", sondern benutzte auch den Begriff „group dynamics" vor Lewin: 1938 bezeichnet er den „sociometrist" als einen „student of group dynamics" (Moreno & Jennings 1938, S. 343).

In Lewins Forschungspraxis wurde die Aktionsforschung seit Beginn der 40er Jahre mehr und mehr zu einem eigenständigen methodischen Ansatz. Aber erst 1946 erscheint der Begriff „action research" in einer seiner Arbeiten (Lewin 1946).

Bei Moreno findet sich das Aktionsforschungskonzept bereits 1937:

Morenos
Aktionsforschungskonzept

„Der teilnehmende Beobachter des sozialen Laboratoriums, das Gegenteil des wissenschaftlichen Beobachters im sozialwissenschaftlichen Laboratorium, muß sich einer profunden Veränderung unterziehen … Die beobachteten Personen werden zu den offenen Promotoren des Projektes. Das Projekt wird eine gemeinsame Sache (cooperative effort). Sie werden Teilnehmer der Probleme von anderen genau sogut wie ihrer eigenen." (S. 209-210)

Morenos Anspruch auf Urheberschaft besteht allerdings lediglich in einer zeitlichen Priorität und im Erkennen der neuen Fragestellung. Betrachtet man die Inhalte, dann stellt man fest, daß Lewins Verständnis dieser Konzepte sich wesentlich von dem Morenos unterscheidet:

„Meine persönliche Überzeugung ist, daß ... der kritische Punkt die Verschiedenheiten und nicht die Gemeinsamkeiten zwischen ihnen betrifft. Lewins wichtige Beiträge, so scheint mir, entsprangen der Struktur seiner Konzeptionalisierungen und seinem Erfindungsreichtum im Entwickeln von Situationen, in denen mit genauen experimentellen Tests die Angemessenheit sozialen Verhaltens untersucht werden konnte. Morenos Beitrag ist ein anderer. Sein konzeptueller Ansatz ist eher intuitiv als streng formal, seine Untersuchungen sind eher ‚natürlich' als experimentell in Sinne einer Laboruntersuchung. Sein Erfindungsreichtum – und der war beträchtlich – zeigt sich am besten in der Entwicklung von Techniken, Handlungsstrategien und neuen Verfahren, traditionelle Bahnen des Denkens zu durchbrechen ... Es ist meine persönliche Überzeugung, daß Lewin den Sozialwissenschaften nicht bringen konnte, was Moreno ihnen gegeben hat. Aber auch das Umgekehrte gilt. Moreno dachte nicht in den gleichen Konzepten wie Lewin." (Blake 1954).

Was die Aktionsforschung angeht, ist Morenos Beitrag unverdientermaßen aus dem Blickfeld geraten. So bemerkt Moreno nicht ganz zu unrecht, daß die Ankündigung des Research Centers for Group Dynamics (1945) bewußt oder unbewußt derjenigen des Sociometric Institutes (1942) folgt (Moreno 1955, S. 95).

Moreno kündigte die Einrichtung dieses Institutes so an:

„Soziometrie ist an erster Stelle eine Theorie und erst an zweiter Stelle eine Methode, eine Methode, wie man die wirklich wichtigen Fakten über die interindividuellen Beziehungen zwischen Menschen, die in sozialen Gruppen leben, sammeln kann und wie man unmittelbar die Spannungen zwischen ihren Mitgliedern mit einem Minimum an Aufwand beseitigen kann. Eines ihrer hervorstechenden Merkmale war von Anfang an, daß sie sich auf tatsächliche Personen richtete, auf wirkliche Situationen und nicht auf irgendwelche Abstraktionen, z.B. auf Heime, Schulen, Fabriken oder Gemeinden, also nicht auf abgehobene oder verallgemeinerte Situationen. Es geht ihr um Situationen in der Gegenwart und nicht um die Korrektur vergangener oder zukünftiger Situationen.

Soziometrie

Ein anderes herausragendes Charakteristikum der soziometrischen Methode besteht darin, daß die Menschen, die den Gegenstand der Forschung bilden, nicht als Versuchskaninchen gebraucht werden: Es sind ihre Initiative, ihre Spontaneität, ihr Urteil und ihre Entscheidung, die höher als irgendetwas anderes in den Verfahren zählen, die zusammen mit ihnen angewandt werden. Es ist offensichtlich, daß die wesentlichen Daten über die zwischenmenschlichen Beziehungen (human interrelations) in der Gruppe nicht von einem teilnehmenden Beobachter (participant observer) mit einigem Grad an Sicherheit gefunden werden kann. Das Maximum möglicher Sicherheit wird jedoch gewährleistet, wenn jedes Gruppenmitglied ein teilnehmender Beobachter der anderen und seiner selbst wird. Dieses versucht das soziometrische Vorgehen, wenn es korrekt ausgeführt wird, zu Wege zu bringen.

Eine der bedeutsamsten Qualitäten der Soziometrie ist ihr direkter Ansatz. Prinzipiell geht sie jede neue Situation ganz konkret an und stimmt ihre Werkzeuge auf jede spezifische Situation wieder neu ab. Was als etwas Rigides aufgrund seiner Besonderheit und Konkretheit beginnt, stellt sich nach und nach als die flexibelste und ausgearbeitetste Methode dar, die man sich vorstellen kann.

Da die Soziometrie darüber hinaus sich mit allen möglichen menschlichen Situationen befaßt mit der Absicht, Störungen und Konflikte aufzudecken, vorauszusagen und beizulegen, muß sie alle Elemente, die mit diesen Situationen verbunden sind, in Betracht ziehen – die ökonomischen, religiösen, kulturellen, biologischen und psychiatrischen Faktoren. Sie ist deshalb darauf bedacht, jedwede Information, die aus diesen Bereichen kommt, aufzugreifen und mit ihren eigenen Bemühungen zu koordinieren. Die wissenschaftliche Grundlage, auf der die Soziometrie aufbaut, ist vorurteilsfrei und deshalb neutral im Hinblick auf jede Art von sozialer Richtung oder sozialer Phänomene. Sie selbst ist keine eigene soziale Bewegung. Sie hat auch keinen Plan anzubieten – wenigstens keinen ‚Plan' im üblichen Sinne des Wortes – außer dem, die dynamischen Bedingungen jeder sozialen Situation aufzudecken und dieses Wissen dazu zu benutzen, um in ihnen ein besseres Gleichgewicht herzustellen. Als Wissenschaft strebt sie nach keinen Privilegien und enthält sich jeder Wertentscheidung, sondern befaßt sich objektiv mit allen sozialen Situationen." (Moreno 1942).

Morenos Ausführungen beinhalten zentrale Prinzipien der Aktionsforschung wie Interdisziplinarität, Situationsbezogenheit, Einbeziehung der Beforschten in den Prozeß, teilnehmende Beobachtung des Forschers und der Beforschten, Entwicklung von Forschungsinstrumenten aus der Situation, Umgestaltung bzw. Veränderung der beforschten Situation. Die Vorstellung wertfreier Forschung teilt er mit Lewin – eine Vorstellung, die heute nach langjähriger wissenschaftstheoretischer Diskussion nicht nur für die Psychologie als illusionär erscheint.

Die von Moreno entwickelten Verfahren der Interventionssoziometrie wie Rollenspiel, Rollentausch usw. wurden bei der Durchführung des ersten gruppendynamischen Laboratoriums angewandt (vgl. Blake 1958); immerhin hatten Lippitt, Bradford und Benne bei Moreno Workshops besucht.

Die ersten Ansätze zur Aktionsforschung sind in Morenos gruppendyna-mischen und gruppentherapeutischen Projekten zu sehen. In diesen „interaction research" (Moreno 1943) Situationen richtete sich die Aktivität auf die Interaktionen der Teilnehmer. Die erste dieser Aktivitäten waren die Gesprächsgruppen mit Wiener Prostituierten 1913. Ebenfalls im Vorfeld lagen die Experimente mit dem therapeutischen Theater zu Beginn der zwanziger Jahre in Wien. Petzold (1980) sieht als das erste wirkliche Aktions-forschungsprojekt das sog. Hudson-Projekt an der Hudson School für schwer erziehbare Mädchen an.

Das Wesentliche an den Veränderungsstrategien seiner Aktionsforschung sieht Moreno in der Förderung der individuellen und kollektiven Kreativität und Spontaneität. Methoden, die dies erreichen sollen, können nicht an Be-troffenen als *Objekten* eingesetzt werden, sie erfordern ihre aktive Mitbetei-ligung. Dieses Prinzip verfolgt Moreno konsequent bei der Entwicklung sei-ner Interventionssoziometrie:

„Unser Leitprinzip in der Forschung war von Anfang an, … die Richtung und Ausdehnung der Forschungsarbeit aus der Situation erwachsen zu lassen. Deshalb wurde das Vorgehen nicht im voraus festgelegt." (Moreno 1934, S. 91)

Eine Mitbeteiligung aller Betroffenen, die durch dieses Prinzip möglich wurde, vermindert die Gefahr der Manipulation. Dies betrifft die in der Aktionsforschung zentrale Frage nach dem Verhältnis zwischen Forscher und Beforschtem. Das soziometrische Vorgehen und damit auch das der Lewinschen Aktionsforschung zielt darauf ab, die Betroffenen selbst in eine Haltung des Experimentierens und Erforschens der gegebenen Möglichkei-ten zu bringen.

Außerdem ist Aktionsforschung auf Situationsdiagnose *und* Situationsver-änderung gerichtet und lehnt Forschung als Selbstzweck ab. Daher muß der Aktionsforscher auch Aktionsspezialist sein und entsprechende Verände-rungsmethoden zur Verfügung haben: Psychodrama, Soziodrama, Rollen-spiel usw. Diese behält er nicht als Expertenwissen für sich, sondern stellt sie als Methoden den Teilnehmern des Prozesses zur Verfügung. Zwischen den am Forschungsprozeß Beteiligten besteht ein *egalitäres* Verhältnis.

Soziometrie ist für Moreno

„1. ein Forschungsverfahren, das auf die Untersuchung der Organisation von Gruppen abzielt, 2. ein diagnostisches Verfahren, um die Position von Individuen in Gruppen und die Position von Gruppen in der Gesellschaft zu bestimmen, 3. therapeutische und politische Vorgehensweise, um Individuen und Gruppen zu helfen, sich besser einzurichten und schließlich 4. das vollständige soziometrische Vorgehen, in dem all diese Schritte synthetisch verbunden sind und in eine einzige Operation transformiert werden, wobei eine Vorgehensweise von der anderen abhängt" (Moreno 1937, S. 210).

Lewins Auffassung von der Aktionsforschung sieht anders aus. Für ihn besteht ein *komplementäres* Verhältnis zwischen Handeln und Forschen, Forscher und Beforschten.

„Die für die soziale Praxis erforderliche Forschung läßt sich am besten als eine Forschung im Dienste sozialer Unternehmungen oder sozialer Technik kennzeichnen. Sie ist eine Tat-Forschung (‚action research'), eine vergleichende Erforschung der Bedingungen und Wirkungen verschiedener Formen des sozialen Handelns und eine zu sozialem Handeln führende Forschung. Eine Forschung, die nichts anderes als Bücher vorbringt, genügt nicht" (Lewin 1946, zit. nach 1953, S. 280).

Aktionsforschung ist Forschung im Feld, die sich an einer vorgefundenen Aufgabe orientiert und eine von außen geplante Veränderung anstrebt. In Lewins Verbindung zwischen Aktionsforschung auf der einen und dem Ideal des experimentellen Vorgehens auf der anderen Seite, an dem er weiterhin festhält, besteht eine nicht vollständig aufgelöste Diskrepanz:

„Forschung über eine Aktion, Forschung, die die Aktion ergänzt und zu einer kontrollierten experimentellen Untersuchung der Aktionstechniken führt – oder aber Forschung in der Aktion, die demokratisch gemeinsam mit den Veränderungsagenten durchgeführt wird und vielleicht zu einer wirklichen Identität von Forschung und Aktion führt: das sind die beiden Ideen, die Lewin andeutete, ohne indessen ihre Zusammenhänge oder ihre Vereinbarkeit zu klären" (Pagés 1974, S. 249).

Chein, Cook und Harding (1948) unterscheiden folgende Typen Lewinscher Aktionsforschung:

1. Diagnostische Aktionsforschung, die eine Bestandsaufnahme der Situation und Veränderungsentwürfe erarbeitet,

2. empirische Aktionsforschung, durch die festgehalten wird, was während eines Handlungsablaufes geschieht,

3. teilnehmende Aktionsforschung, bei der der Forscher am Handlungsgeschehen teilnimmt und diese durch seine Interaktion zu erhellen versucht.

Die letztgenannte Variante wurde nicht mehr von Lewin selbst, sondern vor allem von Lippitt ausgearbeitet:

„Will man, daß die Ergebnisse einer Untersuchung zu Handlungskonsequenzen führen, so besteht eine der am meisten erfolgversprechenden Kommunikationstechniken darin, die einzelnen Schritte im Forschungs- und Beratungsprozeß so zu organisieren, daß die Gruppe, für die man arbeitet, – die Konsumenten der Forschungsergebnisse also -, an der Planung der Untersuchung, an der Erhebung der Meßdaten, an der Analyse und Interpretation der Ereignisse mitwirkt" (Lippitt 1949, S. 7).

Die mit Moreno vertrauten Lewin-Schüler (Lippitt, Benne, Bradford) entwickelten diesen Ansatz im Rahmen der National Training Laboratories (die wir noch ausführlich behandeln werden) weiter, während Festinger, Cartwright und Schachter die experimentell orientierte Aktionsforschung weiterführten.

Lewin selbst hat im Hinblick auf seine gruppenpsychologischen Forschungen niemals einen Anspruch auf Urheberschaft, Priorität oder Originalität gestellt und war sich seiner Quellen wohl bewußt. So gehen solche Zuschreibungen nicht auf ihn, sondern seine Schüler und nachlässig arbeitende, nicht auf Originalpublikationen zurückgreifende Sozialwissenschaftler zurück.

Sein Interesse an Gruppen begann mit seinem Übergang zur Sozialpsychologie nach seiner Übersiedlung in die USA (1935). Die Hinwendung zu einem „aktionalen" Ansatz war in seinen feldtheoretischen Konzepten angelegt, so daß die Anregungen, die er durch Morenos Arbeiten erhielt, in die ohnehin eingeschlagene Richtung wiesen.

1.3.4 Zusammenfassung

Wir haben uns in diesem Kapitel mit dem Kontext befaßt, in welchem die Gruppendynamik als Forschungs- und Anwendungsgebiet der Psychologie entstand und dessen Qualität die Ausgangsbedingungen für ihre Entwicklung darstellte.

Es waren im wesentlichen zwei Persönlichkeiten, deren Tätigkeit in den Jahren zuvor wichtige Konzepte für die Arbeit und die Erforschung von Gruppen und ihren Prozessen erbracht hatte. Moreno hatte als Psychiater bereits in Österreich klinisch orientierte Arbeit mit Gruppen geleistet, Lewin begann, sich nach seiner Emigration mit der Sozialpsychologie und der Kleingruppenforschung zu beschäftigen. Beide Orientierungen, die gruppentherapeutische und die sozialpsychologische, finden sich übrigens in der späteren Differenzierung der Gruppendynamik wieder.

Sowohl Lewin als auch Moreno hatten - in unterschiedlicher Weise – an einem Anwendungskonzept ihrer Disziplin gearbeitet, nämlich an der Aktionsforschung. Der Standpunkt des Aktionsforschers, als (psychologischer oder auch pädagogischer) Fachmann die Betroffenen nicht zu *Objekten* von Forschung und Veränderung, sondern so weit wie möglich zu *Subjekten*, d.h. Mitarbeitern in diesem Prozeß zu machen, ist ein wesentliches Element der Gruppendynamik – und war sicher eine wesentliche Voraussetzung für ihre Entstehung.

Unter anderem wohl auch durch die drängenden gesellschaftlichen Probleme bedingt, die einer Lösung bedurften, hatte sich in der Psychologie die Kleingruppenforschung entwickelt und in Experimenten und Felduntersuchungen neue, zum Teil überraschende Ergebnisse über das Zusammenwirken von Gruppe und einzelnen Mitgliedern gewonnen. Die Gestaltpsychologie, die Lewins wissenschaftstheoretischen Hintergrund bildete, hatte es ermöglicht, die Gruppe auch als Ganzes und nicht nur als Ansammlung einzelner Individuen zu betrachten – auch Moreno ging im übrigen von einer ganzheitlichen Sicht der Gruppe aus.

Eingebettet war dies alles in einen gesellschaftlichen Kontext, der gekennzeichnet war von Unruhe und Aufbruchstimmung. In der Mitte der vierziger Jahre ging der Zweite Weltkrieg zu Ende und die ökonomische Entwicklung begann sich zum Positiven zu wenden. Die Bedingungen für Experimentieren und die Suche nach neuen Wegen in den Sozialwissenschaften waren günstig, als Lewin und seine Mitarbeiter in einem kleinen Ort in Connecticut die Weiterbildungsveranstaltung durchführten, die den Impuls für das Entstehen der angewandten Gruppendynamik geben sollte.

1.4 Von der Aktionsforschung zum gruppendynamischen Laboratorium

Der Grundstein für die Entwicklung der T-Gruppe als dem ersten und einem der nach wie vor wichtigsten Verfahren der *angewandten* Gruppendynamik wurde im Jahre 1946 auf dem erwähnten Weiterbildungsseminar in Connecticut gelegt. Die Entwicklung der Gruppendynamik als Gegenstand sozialpsychologischer *Forschung* begann jedoch schon früher. Als der erste bedeutsame Beitrag können das erste sozialpsychologische Experiment von Lewin und Lippitt im Winter und Frühjahr 1937 und die darauf folgenden Arbeiten über die Auswirkungen verschiedener Führungsstile auf die Gruppenatmosphäre und das Erleben und Verhalten der Gruppenmitglieder betrachtet werden. Die Idee entwickelte sich aus Überlegungen zum Dissertationsvorhaben von Ronald Lippitt, der Erfahrungen mit Morenos Soziometrie mitbrachte – auch hier zeigt sich der wenn auch indirekte Anteil Morenos an der Entstehung der Gruppendynamik.

Dieses Experiment ist als Untersuchung über autokratisches und demokratisches Führungsverhalten bekannt geworden.

Wegen seiner Bedeutung als Wegbereiter der theoretischen und der angewandten Gruppendynamik soll das Experiment hier ausführlicher dargestellt werden (vgl. Lewin 1938; Lippitt 1979).

1.4.1 Experimente zu Führungsstil und Gruppenatmosphäre

Gegenstand des Experimentes waren zwei – in der Zusammensetzung vergleichbare – Gruppen von ca. 10jährigen Jungen, denen verschiedene gleichlautende Aufgaben gestellt wurden. Der Unterschied beider Gruppen bestand in der Art, wie sie geleitet wurden.

In der *autoritär* geführten Gruppe bestimmte der Gruppenleiter alles, was zu tun war, ohne dies zu erläutern oder zu erörtern. Insbesondere

autoritärer Führungsstil ...

○ gab er die einzelnen Arbeitsschritte isoliert, ohne Bezug auf Teilziele, weitere Aufgaben usw., bekannt. Dabei gab es keine Möglichkeit, etwa zwischen verschiedenen Vorgehensweisen zu entscheiden.

○ bildete er Untergruppen, ohne dabei auf vorhandene Beziehungen, Sympathien usw. Rücksicht zu nehmen.

○ wurde die Arbeitszuteilung willkürlich vorgenommen.

○ tadelte er oder lobte er, ohne sachliche Begründungen zu geben.

demokratischer
Führungsstil ...

In der *demokratisch* geführten Gruppe gab der Leiter als erstes das Ziel der Tätigkeit bekannt. Für die Arbeit an diesem Ziel gab er Anregungen und Ratschläge, nahm Vorschläge von den Gruppenmitgliedern entgegen, ließ darüber diskutieren und schließlich von der Gruppe beschließen, wie vorgegangen werden sollte.

○ Gemeinsam wurden die zweckmäßigsten Arbeitsgänge festgelegt.

○ Untergruppen wurden durch die Teilnehmer selbst gebildet.

○ Die Verteilung der notwendigen Arbeiten wurde ebenfalls von der Gruppe beschlossen.

○ Lob und Tadel wurden sachlich begründet.

"laissez-faire"-Stil ...

Ein dritter Führungsstil, der ebenfalls zum Gegenstand dieser Untersuchung wurde, entstand eher durch ein Versagen. Einer der Versuchsleiter, der demokratisches Verhalten zeigen sollte, war dazu offensichtlich nicht in der Lage. Vielmehr lief sein Verhalten darauf hinaus, die Gruppe machen zu lassen und nur dann einzugreifen, wenn er dazu aufgefordert wurde (*"laissez-faire-Stil"*).

... und die Auswirkungen

Die Ergebnisse dieses Experimentes lassen sich wie folgt zusammenfassen:

○ Der autoritäre Leiter mußte weitaus häufiger in das Gruppengeschehen eingreifen. Seinen Wissensvorsprung betonte er immer wieder und gab anderen Vorschlägen und Wünschen nur in Ausnahmefällen nach.

○ In der autoritär geführten Gruppe war die Atmosphäre von Streitsucht, Überheblichkeit und herabsetzender Kritik gekennzeichnet; die Mitglieder versuchten, sich gegenseitig den Rang abzulaufen. Statt Zusammenarbeit, gegenseitiger Unterstützung und „natürlich" entwickelten Führungspositionen gab es Prügelknaben und Sündenböcke, die es den anderen ermöglichten, sich selbst höher zu stellen.

○ Für den Laissez-faire-Stil ergaben sich ähnliche Auswirkungen auf die Gruppenatmosphäre.

○ Dagegen war die demokratisch geführte Gruppe durch Kooperation und sich entwickelnde, akzeptierte Führungsverhältnisse gekennzeichnet, die Gruppenatmosphäre durch Lob und konstruktive Anregungen.

○ Dem demokratischen Leiter gegenüber waren die Gruppenmitglieder weniger fügsam, aber bereit, gut begründeten Anregungen zu folgen. Das Bestreben einzelner, mit dem Leiter zweiseitige Beziehungen anzuknüpfen, war in der autoritären Gruppe stärker.

○ Die selbstgegründeten Untergruppen der demokratischen Gruppe waren beständiger.

○ Die demokratische Gruppe identifizierte sich stärker mit dem Gruppenziel und arbeitete auch bei Abwesenheit des Leiters weiter, während das Ziel in der autoritären Gruppe durch den Leiter vermittelt war und die Arbeit unterbrochen wurde, wenn er den Raum verließ.

Der geschilderte Versuch hatte und hat ungeheuren Einfluß auf die Formulierung allgemeiner Aussagen über Führung, besonders auch im Rahmen innerbetrieblicher Führung. Insbesondere was die in solchen Publikationen angeführte positive Wirkung demokratischen Verhaltens von Vorgesetzten auf die Leistung angeht, ist jedoch Skepsis angebracht. Denn: Lippitt und White führten ihre Versuche unter Laborbedingungen durch und ihre Ergebnisse beruhen auf der Beobachtung von *elfjährigen Kindern*, die *Bastelarbeiten* durchführten.

weitere Experimente zu Gruppenprozessen

Zwar spricht dies keineswegs gegen die Untersuchung, wohl aber gegen vorschnelle Übertragung auf die Arbeitswelt von Erwachsenen mit externen Leistungsanforderungen und hoher Relevanz für die Existenzsicherung (Hager 1984).

Nachfolgende Untersuchungen ergaben denn auch ein etwas anderes Bild. Eine unterschiedliche Auswirkung auf die Leistung läßt sich für demokratisches bzw. autokratisches Verhalten nicht nachweisen. Allerdings hat demokratische Führung positive Auswirkungen auf Motivation, Aufmerksamkeit, Einstellungsänderung, soziale Anpassung usw.

In der Folge der Untersuchungen von Lippitt und White sowie der Arbeiten von Alexander Bavelas, Mary M. Gordon, Joan Kalhorn u.a. (vgl. Lippitt 1979) vertiefte sich Lewins Interesse an Gruppenphänomenen. Im Rahmen eines nationalen Programms zur Veränderung der Ernährungsgewohnheiten der US-amerikanischen Bevölkerung, das von Margaret Mead geleitet wurde, wurden Experimente zur Veränderbarkeit individueller Einstellungen und Verhaltensweisen durch Beteiligung an Gruppenentscheidungen durchgeführt. Mit diesen begann eine weitere wichtige Etappe in der Geschichte der Gruppendynamik.

Die Bezeichnung „Gruppendynamik" benutzte Lewin in seinen Veröffentlichungen wohl 1939 zum ersten Mal (vgl. Metzger 1979). In einem Artikel über „Experiments in social space" nennt er als Ziel dieser Experimente, Einsicht in die Dynamik der Gruppe zu gewinnen.

Als Lippitt 1941 Forschungsdirektor des National Council of the Boy Scouts wurde, konnten – wiederum unter der Leitung Lewins – Feldexperimente über effektive und ineffektive Gruppenführung und Gruppenentwicklung bei

Jugendgruppen durchgeführt werden. Hierbei handelte es sich nicht um experimentelle Versuchspläne, sondern um vergleichende diagnostische Untersuchungen von Gruppen hinsichtlich des Erfolgs oder Mißerfolgs ihrer Unternehmungen.

Der letzte Schritt in der Einwirkung Lewins auf die Entwicklung der Sozialpsychologie war zugleich die Geburt der T-Gruppe, über die Rogers (1968) enthusiastisch schrieb, sie sei vielleicht die bedeutsamste soziale Erfindung des Jahrhunderts und eines der am raschesten wachsenden sozialen Phänomene.

1.4.2 Die Vorgeschichte der T-Gruppe

1946 arbeitete die Gruppe um Lewin, darunter Lippitt, Bradford und Benne, an Maßnahmen zur Verbesserung der Beziehungen innerhalb von Gemeinden, insbesondere ging es um den Kampf gegen Vorurteile und die Diskriminierung von Minderheiten sowie um Programme für Arbeitslose. Diese Arbeit ging zurück auf eine Anfrage der Connecticut State Inter Racial Commission, in der es um Unterstützung bei der Ausbildung von Trainern und um die Durchführung von Forschungen über Methoden zur Bekämpfung von rassischen und religiösen Vorurteilen ging.

Der dominierende Leiter des Seminars war Kurt Lewin. Er brachte sowohl seine theoretischen Entwicklungen und Erkenntnisse über Gruppenprozesse und Gruppenstrukturen als auch seinen Aktionsforschungsansatz ein.

Ronald Lippitt, ebenso wie Lewin vom Research Center of Group Dynamics, war sein Schüler und hatte an den frühen Gruppenexperimenten mitgewirkt. Lippitts Interesse in diesem Workshop war vorwiegend, sein Verständnis von Gruppenprozessen zu vertiefen.

Leland Bradford arbeitete in der Erwachsenenbildung, nämlich in der National Education Association, in der die Arbeit mit Gruppendiskussionen bereits einen festen Platz hatte.

Kenneth Bennes Arbeit an der Columbia Universität beinhaltete die Auseinandersetzung mit „educational philosophy".

1.4.2.1 Das „Connecticut Seminar" in New Britain

Die Weiterbildungsveranstaltung, die Lewin, Bradford, Benne und Lippitt im Sommer 1946 am State Teacher College in New Britain (Connecticut) durchführten und in der sie auf die Wirkung der unmittelbaren Thematisierung von Verhalten in einer Gruppe stießen, ist in die Geschichte der

Gruppendynamik unter der Bezeichnung „Connecticut Seminar" eingegangen. Getragen wurde das Seminar von Institutionen, die je eine der beiden Seiten der Aktionsforschung repräsentierten:

Aktionsforschung als Ursprung der T-Gruppe

1. Praxis und Veränderung war das Anliegen des erwähnten Ausschusses für Rassenbeziehungen des Bundesstaates Connecticut. Ziel dieses Ausschusses war die Ausbildung wirksamer lokaler Einflußträger, die die Realisierung des Gesetzes über die gerechte Behandlung von Arbeitsuchenden fördern sollten.

2. Das Research Center for Group Dynamics am M.I.T. wollte verschiedene Hypothesen über die Auswirkungen der Teilnahme an Seminaren, vor allen Dingen im Hinblick auf die Bedingungen erfolgreichen Transfers des Gelernten in den beruflichen und privaten Alltag, testen.

Die Teilnehmer kamen vor allem aus Lehrberufen und aus der Sozialarbeit. Die Arbeit fand überwiegend in Kleingruppen statt und bestand in der Analyse von Problemen der Teilnehmer, die diese einzeln oder als Team aus ihren Alltagssituationen mitbrachten. Methodisch bestand sie in Gruppendiskussionen und Rollenspielen. Die Analyse der Hier-und-Jetzt-Situation, die in der erwähnten Szene stattfand und die später für die T-Gruppe typisch wurde, war nicht vorgesehen. In jeder der drei Kleingruppen gab es einen Beobachter, der die ablaufenden Interaktionen mit Hilfe eines Beobachtungsschemas aufzeichnete. Diese Beobachtungen wurden abends im Stab des Seminars besprochen. Die ungeplante Anwesenheit einiger Gruppenteilnehmer führte dann zur Entdeckung des Effektes von *Feedback*.

Wegen ihrer Bedeutung für die Entwicklung der T-Gruppe und der späteren Laboratoriumstrainings möchte ich diese Szene in der Beschreibung einer der Veranstalter wiedergeben:

Die „Entdeckung" des Feedback

„And on this particular night, three of the trainees, three school teachers who had'nt gone home that evening, stuck their heads in the door and asked if they could come in, sit and observe and listen, and Kurt (Lewin) was rather embarassed, and we all were expecting him to say no, but he didn't, he said, „Yes, sure, come on in and sit down." And we went right ahead as though they weren't there, and pretty soon one of them was mentioned and her behavior was described and discussed, and the trainer and the researcher had somewhat different observations, perception of what had happened, and she became very agitated and said that wasn't the way it happend at all, and she gave her perception. And Lewin got quite excited about this additional data and put it on the board to theorize it, and later on in the evening the same thing happened in relation to one of the other two. She had a different perception of what was being described as an event in that group she was in. So Lewin was quite excited about the additional data, and the three at the end of the evening asked if they could come back again the next night, and Lewin was quite positive that they could; *we* had more doubts about it. And the next night the whole fifty were there and were every night, and so it became the most significant training event of the day as this feed back and review of process of events that had gone on during the work sessions of the day. And as Ken Benne, Lee Bradford, and I discussed this, actually it was at a hamburger joint after one of these evenings, we felt the evidence was so clear that the level of our observations of the phenomena about these sessions were a major basis for reorganizations of perceptions and attitude change and of linking up to some degree attitudes and values with intentions and behavior" (Lippitt in Back 1972, S. 8-9).

1.4.2.2 Das erste National Training Laboratory

Nach dem Erfolg des Workshops in New Britain und den dort gewonnenen überraschenden Erkenntnissen gingen die Mitglieder des Trainingsstabes, also insbesondere Lewin, Benne, Bradford und Lippitt, an die Planung eines weiteren Laboratoriums, das in stärkerem Maße die Gruppen und das Gruppengeschehen in den Vordergrund stellen sollte. Unterstützung erfuhren sie dabei von verschiedenen Institutionen: der *Commission for Community Interrelations*, dem *Office of Naval Research* und der *Carnegie and Field Foundation*.

Die National Training Laboratories in Bethel

Die geplante Veranstaltung sollte alle Methoden vorstellen und erproben, die für die Arbeit mit Gruppen brauchbar erschienen: Auseinandersetzung mit allgemeinen Gruppenproblemen, Arbeit an speziellen Themen und Problemstellungen der Teilnehmer und schließlich sog. „Basic skill training groups", mit denen wir uns noch ausführlicher beschäftigen werden. Da die Veranstalter außerdem versuchen wollten, das Laboratorium als möglichst weitgehende autonome Gemeinschaft zu gestalten, wurde als Veranstaltungsort die Gould-Akademie in Bethel, einem einigermaßen abgelegenen Ort im Norden des Bundesstaates Maine, gewählt. Auch die folgenden Veranstaltungen der National Training Laboratories fanden in Bethel statt, so daß dieser Ortsname zum Synonym für eine bestimmte Ausprägung des Sensitivity Trainings wurde.

Der hochgesteckten und weitgespannten Zielsetzung des Laboratoriums entsprachen der Umfang und die Aufgabenstellung des Forscherteams, das unter der Leitung von John French vom Research Center for Group Dynamics stand – Lewin war während der recht intensiven Vorbereitungen gestorben, so daß er die erste der später unter dem Namen *National Training Laboratories* berühmt gewordenen Veranstaltungen nicht mehr begleiten konnte.

Zu den Forschungsaufgaben gehörten:

1. Beobachtung der „basic skill training groups" und der dort ablaufenden Interaktionen (wobei übrigens u.a. eine Vorform der bekannten Interaktionsprozeßanalyse von Bales eingesetzt wurde);

2. Einschätzung eventueller Persönlichkeitsentwicklungen bei Teilnehmern und Gruppenleitern;

3. Beobachtung der Gesamtgruppe, ihrer „Gruppenkultur" und ihrer Entwicklung.

Sie sehen deutlich, wie die Anfänge der gruppendynamischen Laboratorien der an Lewin orientierten Aktionsforschung verbunden waren.

1.4.2.3 Die „Basic Skill Training Groups"

Benne, einer der Trainingsleiter dieses ersten Laboratoriums, beschrieb die BST-Gruppen und ihre Aufgaben folgendermaßen:

„Eine Gruppe zum Lernen innovatorischer Fertigkeiten und Konzepte

Welches ist der gemeinsame Rahmen, der dem Sozialarbeiter, dem Schulaufsichtsbeamten, dem Personalberater in der Industrie, dem Vorsitzenden eines Elternausschusses, dem Ausbildungsleiter in einer Regierungsbehörde ... hilft, wechselseitig aus ihren Spezialberufen zu lernen? Der Stab glaubte, und die Erfahrung im Laboratorium bestätigte es, daß alle, die anderen Menschen helfen oder sie ausbilden sollen, die Rolle des Innovationsagenten (change agent) miteinander gemeinsam haben. Sie alle ... bemühen sich, Veränderungen in den Einsichten, Einstellungen und Fertigkeiten der Menschen und Gruppen zu erzielen, mit denen sie zu tun haben. Alle müssen z.B. Menschen helfen, ihre Probleme zu diagnostizieren, Pläne für die Lösung dieser Probleme aufzustellen und ihre Pläne zu prüfen und zu bewerten. Diese Hilfeleistungen für einzelne und Gruppen erfordern gewisse Grundfertigkeiten in den Beziehungen zwischen Menschen, die man bestimmen, analysieren und üben kann.

Welches waren nun die Fertigkeiten, die von den fünf BST-Gruppen bestimmt, erörtert und eingeübt wurden? Sie liegen in den folgenden Hauptbereichen:

1. Wie schätzt der Innovationsagent seine persönlichen Motivationen und seine Beziehung zu dem zu Verändernden ein?

Die Zielsetzungen der „Basic Skill Training Groups"

2. Wie hilft man den zu Verändernden, ein Bedürfnis nach Veränderung und nach einem Diagnoseprozeß festzustellen?

3. Gemeinsame Diagnose des Innovationsagenten und des Klienten über ihre Situation im Hinblick auf die zu verändernden Verhaltensweisen, Einsichten und Gefühle.

4. Entscheidung über das Problem, Einbeziehung anderer in den Entscheidungsprozeß, Planung von Handlungen und Einübung des Plans.

5. Erfolgreiche und produktive Ausführung des Plans.

6. Auswertung als Einschätzung des gemeinsamen Fortschritts in Arbeits- und Denkmethoden und in den Beziehungen zwischen Menschen.

7. Fortsetzung, Ausbreitung und Befestigung der erzielten Veränderungen."

(Benne 1948, zit. nach Bradford, Gibb & Benne 1972, S 99)

Als Zeichen für Lernfortschritte in den Basic Skill-Trainingsgruppen wurden angesehen:

Kommunikation
○ gute Kommunikation, sich-Verstehen, Feinfühligkeit, wenig Abwehr usw.;

Objektivität
○ Objektivität der Gruppe gegenüber ihrer Arbeitsweise: Bewertungen und Analysen der Gruppenarbeit;

Verantwortung
○ Akzeptierung der Gruppenverantwortung: Übernahme von Führungsfunktionen und Verantwortlichkeit der Gruppenmitglieder;

Kohäsion und Ich-Stärke
○ Gruppenkohäsion und Ich-Stärke: konstruktive Konfliktlösungen, Integration neuer Mitglieder, Orientierung an langfristigen Zielen;

Informationssuche und -nutzung
○ Fähigkeit zur zielorientierten Informationssuche und -verarbeitung: Nutzen von inneren und äußeren Hilfsmitteln, Irrtümer in Problemlöseprozessen erkennen und korrigieren;

Kontrolle von Leistungszyklen
○ Erkennen und Kontrollieren von Leistungszyklen: Ermüdung, Spannung, Tempo, Erregung;

Soziometrie
○ Fähigkeit, soziometrische Faktoren zu erkennen und zu nutzen;

Verbindung individueller und Gruppenanliegen
○ Fähigkeit, Ideologien, Bedürfnisse und Fähigkeiten der Gruppenmitglieder mit den Ideologien, Zielen und Traditionen der Gruppe zu verbinden;

Umgang mit Untergruppen
○ Fähigkeit der Gruppe, notwendige neue Untergruppen und Funktionen zu schaffen und deren Existenz wieder zu beenden.

Die BST-Gruppen waren im Hinblick auf verschiedene Arten des Lernens angelegt. Einerseits sollten sie Konzepte wie „geplanter Wandel" und die dafür notwendigen Fertigkeiten einführen und verstehen helfen, zum anderen Fertigkeiten wie Beurteilung des Gruppenprozesses vermitteln. Neben diesen Diagnose- und Beinflussungsfertigkeiten sollten sie auch Handlungskompetenzen in der Rolle von Gruppenmitglied und Gruppenleiter entwickeln. Auch der Transfer des in der Gruppe Beobachteten und Gelernten wurde angestrebt, traf in der Praxis des Laboratoriums jedoch eher auf Ablehnung, da die Gruppenmitglieder von der Besprechung des „Hier-und-Jetzt" gefangen waren.

Erwartet wurde auch, daß die BST-Gruppen den Teilnehmern ein konkreteres und klareres Bild demokratischer Werte eintragen würden , daß die Teilnehmer ein klareres Bild von sich selbst und ihrer Art der Beziehungsgestaltung gewinnen würden, und schließlich, daß sie die erworbenen Fähigkeiten als Trainingsleiter auch an andere weiterzugeben lernten.

Wenn Sie sich diese hier nur kurz dargestellten Zielvorstellungen für die BST-Gruppen und den in ihnen enthaltenen Anspruch noch einmal genau ansehen, werden Sie sich, so vermute ich wenigstens, fragen, ob dieser Anspruch wirklich eingelöst werden konnte, oder ob die Teilnehmer nicht überfordert waren. Und genau diese Überlegung hat auch der damalige Trainingsstab nach der Veranstaltung angestellt und ist ebenfalls zu dem Schluß gekommen, daß das Laboratorium mit Lernzielen überfrachtet war. Diese „Überfrachtung" der BST-Gruppen bedeutete nach der Auffassung der meisten NTL-Mitarbeiter eine Störung ihrer eigentlichen Funktion, nämlich der Untersuchung und Analyse des aktuellen Verhaltens.

In der Konsequenz wurden Überlegungen notwendig, welche dieser ursprünglichen Ziele in einer BST- oder einer äquivalenten Gruppe mit Aussicht auf Erfolg angestrebt werden konnten, und welche besser getrennt davon und in einem anderen „setting", einer anderen Trainingsform, zu erreichen seien.

Vor allem auch eine verantwortliche Ausbildung für eine spätere Trainingsleitertätigkeit – das war deutlich geworden – setzte eine psychologisch-verhaltenswissenschaftliche Ausbildung und intensivere praktische Arbeit als lediglich die einmalige Teilnahme an einem gruppendynamischen Laboratorium voraus.

Übungsaufgabe 4

Bitte betrachten Sie die im folgenden noch einmal verkürzt aufgelisteten Fertigkeiten, in denen in den BST-Gruppen Lernfortschritte angestrebt wurden, und versuchen Sie, für die Gruppen, in denen Sie sich im beruflichen und privaten Alltag meist bewegen, eine Einschätzung,

1. in welchem Ausmaß diese Fertigkeiten dort vorhanden sind;

2. für wie wichtig oder unwichtig Sie diese Fertigkeiten halten.

	in den Gruppen meines Alltages vorhanden			für die Gruppen meines Alltages wichtig		
	sehr		gar nicht	sehr		gar nicht
gute Kommunikation, sich-Verstehen, Feinfühligkeit, wenig Abwehr; usw.	☐	☐	☐	☐	☐	☐
Objektivität der Gruppe gegenüber ihrer Arbeitsweise	☐	☐	☐	☐	☐	☐
Akzeptierung der Gruppenverantwortung	☐	☐	☐	☐	☐	☐
Gruppenkohäsion und Ich-Stärke	☐	☐	☐	☐	☐	☐
Fähigkeit zur zielorientierten Informationssuche und -verarbeitung	☐	☐	☐	☐	☐	☐
Erkennen und Kontrollieren von Leistungszyklen	☐	☐	☐	☐	☐	☐
Fähigkeit, soziometrische Faktoren zu erkennen und zu nutzen	☐	☐	☐	☐	☐	☐
Fähigkeit, Ideologien, Bedürfnisse und Fähigkeiten der Gruppenmitglieder mit den Ideologien, Zielen und Traditionen der Gruppe zu verbinden.	☐	☐	☐	☐	☐	☐
Fähigkeit der Gruppe, notwendige neue Untergruppen und Funktionen zu schaffen und deren Existenz wieder zu beenden.	☐	☐	☐	☐	☐	☐

1.4.3 Die Entwicklung der T-Gruppe

In der Folge der Erfahrungen aus diesem ersten Laboratorium gab es eine Phase mit einer Vielzahl von Experimenten, um Trainingsformen und Trainingstechniken für diejenigen Zielkomplexe zu entwickeln, die man in den BST-Gruppen nicht erreichen konnte. Die erwähnte Fokussierung auf das aktuelle Erleben und Verhalten wurde zum Gegenstand der Arbeit in – jetzt *T-Gruppen* genannten – Kleingruppen gemacht.

Diese Abgrenzung verschiedener Zielkomplexe hatte außer realistischeren Ansprüchen an Trainingsverlauf und -ergebnisse auch eine Klärung der Funktion des Trainers zur Folge. In der T-Gruppe besteht diese ja darin, bei der von der Gruppe selbst vorgenommenen Zielfindung, Verhaltens- und Gruppenprozeßanalyse usw. als Helfer und Katalysator zu dienen, was ein weitgehend zurückhaltendes und Führungsfunktionen verweigerndes Trainerverhalten bedeutete. Andere Lerninhalte setzen jedoch mehr didaktisch strukturierende Interventionen voraus, so daß die Trennung verschiedener Lernziele und das Herausnehmen „äußerer Inhalte" aus der T-Gruppe auch eine Verringerung von Dissonanzen zwischen unterschiedlichen Aspekten der Trainerrolle bedeutete.

Schließlich wurde mit der Herauslösung externer Themen aus der T-Gruppe die Verminderung einer weiteren Komplikation in der Arbeit angestrebt. Für die meisten Teilnehmer bedeutet es zwar einerseits eine faszinierende Erfahrung, das eigene Verhalten und das Verhalten der Gruppe zu thematisieren, zugleich stellt dies aber auch eine Bedrohung dar. Zur Verminderung der damit verbundenen Angst werden Widerstände entwickelt, offen über Gefühle zu sprechen und anderen Teilnehmern Feedback zu geben. Diesem Widerstand werden externe Themen absichtlich oder oft auch unabsichtlich dienlich gemacht. Das „Verbot" solcher Inhalte, die nicht aus dem „Hier-und-Jetzt" des Gruppengeschehens stammen, sollte ein solches Ausweichen erschweren und es somit erleichtern, Widerstände und Ängste nicht zu verdecken, sondern zu thematisieren.

> Diese „Illegalität" von Themen der Außenwelt hat auch ihre negative Kehrseite. Sie erschwert es, den Bezug des Erlebens und Verhaltens innerhalb der Gruppe zum persönlichen und gesellschaftlichen Alltag herzustellen und stellt den Transfer des Gelernten in Frage. Der so unter Umständen entstehende Inselcharakter hat der T-Gruppen-Arbeit und dem Sensitivity Training oft und in vielen Fällen nicht ganz zu Unrecht den Vorwurf eingetragen, individualistisch, a–politisch und gesellschaftlich irrelevant oder gar affirmativ zu sein. Da *Gruppendynamik* in der Öffentlichkeit häufig fälschlicherweise mit *Sensitivity Training* gleichgesetzt wird, wird dies oft gegen gruppendynamische Arbeit insgesamt eingewendet.

Marginalien:
Fokussierung auf das „Hier und Jetzt"

Zurückhaltung des Trainers

externe Themen als Widerstand

Mit der Fokussierung auf das interpersonale Geschehen zwischen den Teilnehmern und zwischen Teilnehmern und Trainern verschwanden einige der früheren Ziele weitgehend aus den T-Gruppen. Dazu gehörten v.a. die Verbesserung der Innovationskompetenz, die Bearbeitung der Organisationsstrukturen in der alltäglichen Arbeitswelt sowie die Verbesserung der sog. Grundfertigkeiten, das eigentliche „skill training", das in den BST-Gruppen im Vordergrund gestanden hatte.

Möglicherweise fragen Sie sich, ob die Entwicklung von den Arbeitsgruppen des *Connecticut Workshops* über die BST-Gruppe hin zur T-Gruppe wirklich so gradlinig, zielstrebig und planvoll verlief, wie es in dieser Darstellung erscheint. In der Tat fand diese Entwicklung in einer Stimmung des Umbruchs und der Suche statt (vgl. z.B. Chase 1951) und war das Resultat von verschiedenen Experimenten in unterschiedlichen Richtungen, die mit unterschiedlichem Erfolg verliefen. Insbesondere auch Versuche, die innerhalb des Stabes der NTL vorhandenen Konflikte zu lösen, die durch unterschiedliche Trainingskonzepte und Zielorientierungen entstanden, trugen dazu bei. Nachdem aufürlich mit Fallstudien, Rollenspielen usw. experimentiert worden war, konzentrierte sich die Arbeit auf das "Hier-und-Jetzt", Richtlinien für Feedback und weitere Regeln wurden entwickelt. Obwohl auf diese Art und Weise ein allgemeines Design für T-Gruppen entstand, gab es in der tatsächlichen Arbeit nur geringe Standardisierungen.

So kamen zu der ursprünglichen Trainergruppe neue Fachleute hinzu, die ein Interesse an der Veränderung der bestehenden Strukturen hatten, schon allein deshalb, um ihre Gleichheit mit den „Veteranen" zu sichern.

Aufnahme des klinischen Aspektes

Unter den Neuen war ab 1949 eine beträchtliche Anzahl klinisch-psychologisch oder psychiatrisch orientiert, und zwar sowohl Psychoanalytiker als auch Vertreter des nichtdirektiven Ansatzes von Rogers. Dies führte zu Auseinandersetzungen zwischen den klinisch und den nicht-klinisch orientierten und zusätzlich zwischen den an Freud bzw. Rogers orientierten Stabmitgliedern.

Nicht alle der aus dieser neuen Zusammensetzung des Stabes und den daraus resultierenden Konflikten folgenden Veränderungen wurden von den ursprünglichen Gründern abgelehnt. Die Fokussierung der T-Gruppe auf interpersonale Ereignisse im Hier-und-Jetzt und die stärkere klinische Orientierung wurden im Gegenteil als günstig und realistisch akzeptiert. Besorgnis richtete sich allerdings darauf, daß die Grenzen zwischen Gruppen*dynamik* und Gruppen*therapie* verwischt werden könnten.

Die Herausnahme des skill trainings aus der T-Gruppe bedeutete übrigens nicht, daß das Anliegen, soziale Grundfertigkeiten zu vermitteln, vollkommen aufgegeben wurde. Es wurde vielmehr mit verschiedenen Formen von skill-Gruppen experimentiert, die abwechselnd mit den T-Gruppen im gleichen Laboratorium stattfanden und sich z.B. mit Führungsfertigkeiten, Beratungsaufgaben, Verhalten als Mitglied einer Gruppe oder eines Teams usw. befaßten.

Die Experimente dieser Entwicklungsphase waren keineswegs alle erfolgreich. Wie Benne (1972, 108, S. 110-111) hervorhebt, brachten sie aber den wichtigen Beginn der Entwicklung einer *Trainingstechnologie* zur wirkungsvollen Einübung der Analyse und Verbesserung des Verhaltens in zwischenmenschlichen Situationen.

1.4.4 Die weitere Entwicklung

Dem Versuch, historische Abläufe in der Rückschau in Phasen einzuteilen, haftet immer etwas Künstliches an und nicht zu Unrecht wird ihm vorgeworfen, er führe zu Verzerrungen und falschen Schlüssen, da er einen unzutreffenden Eindruck von Folgerichtigkeit und Gradlinigkeit der Entwicklung hervorrufe, die in Wirklichkeit nicht – oder wenigstens nicht so – vorhanden sei.

Andererseits müssen wir, um in der Fülle historischer Daten nicht orientierungslos zu versinken, deren Komplexität verringern und hierzu kann eine solche Phaseneinteilung dienen.

Im Bewußtsein der mit der Komplexitätsreduktion in Kauf genommenen Informationsveränderung können wir die weitere Entwicklung der angewandten Gruppendynamik in vier Phasen einteilen:

ca. 1946 – 1954	Periode des Experimentierens und Entdeckens	Entwicklungsphasen
ca. 1954 – 1960	Konsolidierung	
ca. 1960 – 1970	Neue Einflüsse, Wandel und Ausdehnung	
ab ca. 1971	Neueinschätzung dieser Entwicklung und der Expansion	

1.4.4.1 Experimentieren und Entdecken

Der Zeitabschnitt von 1946 bis 1954 war gekennzeichnet durch eine Vielfalt experimenteller Versuche, Trainingsmodelle und Trainingstechnologien zugunsten derjenigen Lernziele zu schaffen, die man für außerhalb der spezifischen Möglichkeiten der T-Gruppe gelegen hielt. Wie beschrieben führte dies teilweise zu einer weitgehenden Trennung der auf das aktuelle Erleben und Verhalten bezogenen T-Gruppenarbeit aus den übrigen Prozessen des gruppendynamischen Laboratoriums. Gelegentlich ging man sogar soweit, einen besonderen Trainerstab für T-Gruppen- und Nicht-T-Gruppenaktivitäten zu bilden.

Im Laufe der Entwicklung wurden verschiedene Möglichkeiten erprobt. Die Ergänzung des Trainerstabes durch neue Mitglieder mit Erfahrungen in unterschiedlichsten Gebieten und ebenso Veränderungen in der Zusammensetzung der Teilnehmerkreise hingen mit den unterschiedlichen Zielsetzungen, die erprobt wurden, zusammen.

Differenzierung in den Zielen

So standen beispielsweise in einem Jahr Persönlichkeitsfaktoren im Brennpunkt der Aufmerksamkeit und konsequenterweise wurden zusätzliche Experten aus dem klinischen Bereich und Psychiater als Trainer aufgenommen. Diese Sichtweise, die Laboratoriumsmethode als „Therapie für Normale" zu betrachten, wurde wieder relativiert, als sich herausstellte, daß sich die zugrundegelegte traditionelle psychodynamische Theorie schwer tat, sich auf das eher sozial orientierte Laboratorium einzustellen.

Auf der anderen Seite gab es eine Fokussierung auf Sprache und Kommunikationsprozesse; unter den Trainern gab es daher mehrere Semantiker. Man kann diese Experimente als eine Reihe von Versuchen ansehen, das Laboratoriumsgeschehen mit den vorhandenen Ansätzen der Sozialwissenschaft zu verbinden.

Differenzierung im Teilnehmerkreis

Ähnlich wie die Zusammensetzung der Laboratoriumsleitung variierte auch der Teilnehmerkreis. Die ursprüngliche Annahme in bezug auf den Teilnehmerkreis und seine Zusammensetzung war, daß unterschiedliche Hintergründe in Beruf und Tätigkeit innerhalb eines Laboratoriums die Teilnehmer vor die Notwendigkeit stellen würden, ihre gewohnte Fachsprache, ihr berufliches Image und ihre Vorurteile abzulegen, um überhaupt eine gemeinsame Basis mit anderen Teilnehmern zu gewinnen. Außerdem ging man davon aus, daß eine Gruppe von Fremden mehr Handlungsspielraum zur Entwicklung einer neuen „Gruppenkultur" besitzen würde, als dies bei einer aus Bekannten zusammengesetzten Gruppe der Fall sein würde.

Auch diese Annahmen wurden relativiert und es entstanden berufsbezogene Laboratorien, deren Teilnehmer *gleiche* Berufsrollen innehatten. So wurden z.B. Laboratorien für Priester – auf die weitgehend der Einfluß zurückgeht, den das Sensitivity Training im kirchlichen Bereich der USA gewann – und Laboratorien für Angehörige des mittleren Managements durchgeführt. Aus diesen *berufshomogenen* Gruppen entwickelte sich das sog. „family lab", an welchem Personen teilnahmen, die auch im Alltag zusammenarbeiteten, z.B. in einer Institution, Firma oder Abteilung.

Im nächsten Schritt entstand daraus das „team development", eine Laboratoriumsarbeit mit der gesamten Mitarbeiterschaft einer Abteilung oder z.B. dem Kollegium einer Schule.

Diese Entwicklungen, die auch heute, und auch im deutschen Sprachraum, von großer Bedeutung sind, verknüpften die Arbeit der NTL mit der *Organisationsentwicklung* (OE; im Amerikanischen OD für Organization Development).

Sie sehen, daß der ursprüngliche Ansatz, T-Gruppen und Laboratorien aus Fremden zusammenzustellen, teilweise revidiert wurde, da sich herausgestellt hatte, daß vieles in den zustandekommenden Lernprozessen von der Gruppenstruktur abhing. *Gezielte Veränderung in eine bestimmte Richtung* in Gang zu setzen schien in homogenen Gruppen leichter zu sein; andererseits schien das *Überdauern* solcher Veränderungen und der *Transfer auf alltägliche Arbeitssituationen* eher zu gelingen, wenn die Arbeitsbedingungen in der T-Gruppe und im Laboratorium weitgehend den Bedingungen der Realsituation ähnelte, die Gruppen also nicht homogen waren. Insofern stehen Wandel und Generalisierbarkeit auf der einen und Transfer auf der anderen Seite in einem direkten Konflikt (vgl. dazu z.B. Back 1972, S. 56).

Es gab zumindest drei weitere Basisannahmen aus der ersten Zeit der Laboratoriumsarbeit, die sich in dieser Periode des Experimentierens als revisionsbedürftig herausstellten:

Revision von Basisannahmen

- die Idee des „cultural island", der strikten Trennung der Teilnehmer von ihrem gewohnten Lebensumfeld;

- die Annahme, die Chance des Experimentierens mit Feedback und neuen Verhaltensmustern würde von den Teilnehmern mit dem übergeordneten Ziel ergriffen, die neuen Erfahrungen auf ihren Alltag zu übertragen;

- die Annahme, daß die hauptsächlichen Lernerfahrungen mit Führung und Gruppenfunktionen verbunden sein würden.

Die Revision bzw. Zurücknahme dieser Positionen war gleichzeitig Ursache und Folge eines Bedeutungsschwundes des Transfers der Trainingserfahrungen. Die klassische T-Gruppe war nicht länger die einzige – oder auch nur die vorherrschende – Lernsituation im gruppendynamischen Laboratorium. Das Training der Grundfertigkeiten nahm einen geringeren Raum als zu Beginn der Entwicklung ein. So wurden Theoriesitzungen, oder auch klassischer Unterricht, und Übungen aller Art eingeführt.

Insbesondere drei Bereiche der Theorie wurden für die Arbeit in den Trainingsgruppen als wichtig angesehen: Konzepte über

1. Prozesse der Verhaltensänderungen und die Funktion von Innovationsagenten in solchen Prozessen,

2. Gruppenentwicklung und Funktion von Mitgliedern und Führern,

3. Demokratie in ihrer „operationalen Definition" als methodisches Prinzip
   der Zusammenarbeit zwischen Menschen in Veränderungs-, Erziehungs-
   und Problemlösungsprozessen.

Fragen nach der Autorität von Führung wurden wichtig, in gesonderten
Sitzungen wurden Fälle simuliert und diskutiert, Erfahrungen aus dem
„Hier-und-Jetzt" wurden mit Rekonstruktionen aus dem Alltag der Teilneh-
mer verglichen.

Als wichtiges Ziel solcher Gruppen wurde von den Veranstaltern zwar die
Übertragung auf die Berufspraxis angesehen, diese war allerdings schon vom
Setting des Laboratoriums her problematisch, da dieses eben nicht von den
Zwängen und Normen der Institutionen bestimmt war und Probleme von
Macht und Hierarchie sowie komplizierter Abhängigkeiten aus dem Labora-
torium herausgelöst waren.

Obwohl sowohl Trainer als auch Teilnehmer ausdrücklich an der Übertragbarkeit der Erfahrungen auf die „Back Home"-Situation interessiert waren,
bestand das Hauptproblem solcher zusätzlich eingeführter Gruppen darin,
daß diese dahin tendierten, sich zu T-Gruppen zu entwickeln: die T-Gruppe
entwickelte sich quasi entgegen den Absichten aller Beteiligten. Praktiker
wollten Interventionstechniken erwerben und anwenden, Sozialpsychologen
wünschten Arbeit an der Entwicklung theoretischer Konzepte zur Kleingruppe, klinisch Interessierte wollten eine Entwicklung hin zur Gruppentherapie.
Demgegenüber wirkte die interpersonelle Dynamik aus den T-Gruppen so
machtvoll in die anderen Gruppensitzungen des Laboratoriums hinein und
beeinflußte deren Thematik, so daß auch dort die Gruppe begann, sich ihren
eigenen Problemen, ihren Entwicklungsprozessen und den Beziehungen
unter den Gruppenmitgliedern zu widmen. Ganz offensichtlich entsprach
diese Art der Fokussierung auf den Gruppenprozeß und die interpersonellen
Beziehungen einer starken Bedürfnislage der Beteiligten, so daß die „reine
Erfahrung" über zielorientierte Arbeit siegte.

Wie gesagt, diese Entwicklung war keineswegs das Resultat überlegter
Planung, auch nicht das scharfer Konflikte zwischen verschiedenen An-
schauungen. Im Gegenteil ging sie in einer Atmosphäre des Experimentierens und Entdeckens vor sich.

Insbesondere das Trainingszentrum in Bethel konzentrierte sich auf die so
verstandene T-Gruppenarbeit und wurde nach und nach zu einem Sammel-
platz für diejenigen, die sich mit Fragen des Gruppenprozesses und des
Verhaltens in Gruppen beschäftigten. Die Möglichkeiten und Chancen, die in
Bethel zunächst gesehen wurden, waren emotionales Wachstum, Optimierung von Unterrichtstechniken, neue Wege der Gruppentherapie und eine
allgemeine Verbesserung der Lebensqualität. Aber bald wurde auch die
Gefahr sichtbar, die von der Anziehungskraft des Sensitivity Trainings

ausging, nämlich, daß durch das Bedürfnis nach einer (mystischen) Lösung für die Probleme der Welt und durch den entstehenden Gruppenjargon aus der Laboratoriumsmethode ein Kult entstehen könnte (vgl. Chase 1951, S. 82).

1.4.4.2 Konsolidierung

Zu Beginn der fünfziger Jahre nahmen die NTL eine relativ feste Gestalt an. 1953 fiel die endgültige Entscheidung zugunsten der Konzentration der Arbeit auf Gruppenprozesse und gegen ein Weiterbildungskonzept für erziehende und helfende Berufe. So konsolidierten sich die National Training Laboratories als T-Gruppen- und Sensitivity-Bewegung.

> Back (1972, S. 60) weist darauf hin, daß soziale Bewegungen – und zu diesen rechnet er die Gruppendynamik – eine solche Phase der Konsolidierung zwischen dem Aufbruch der ersten Zeit und der Phase der Ausdehnung brauchen. Zur Konsolidierung trug auch die Entwicklungsphase bei, in der sich die amerikanische Gesellschaft zu dieser Zeit befand. Es war eine Zeit der „silent generation", der *stillen* Konflikte und Reformen und nicht der Experimente und raschen Veränderungen. Dies wirkte sich auch in Form des Ausbleibens finanzieller Unterstützungen für experimentelle Vorhaben der National Training Laboratories aus.

Diese Konsolidierung war jedoch nicht gleichbedeutend mit *Stagnation*. Es gab Bemühungen, die T-Gruppe wieder stärker in das Gesamtlaboratoriums-geschehen zu integrieren. An der Universität von Kalifornien entstand das *Western Training Laboratory*, das *Boston University Laboratory in the Improvement of Human Relations* (1954), das *Pacific Northwest Laboratory* (1954), das *Intermountain Laboratory* in Utah (1955) und das *Southwest Human Relations Training Laboratory* (1955) in Texas wurden gegründet. Viele der Trainer der neuen Zentren gehörten zugleich auch den National Training Laboratories an, so daß ein reger Informationsaustausch stattfand.

weitere Trainingszentren

Mit den Neugründungen an der Westküste begann eine Schwerpunktver-schiebung. Die Konzentration auf die Dynamik der Gruppenprozesse wurde aufgegeben und die individuelle Entwicklung trat in den Vordergrund. Diese Entwicklung verlief zunächst getrennt von der der NTL, nahm durch den regen Informationsaustausch aber doch Einfluß auf die dort gepflegte Arbeit, so daß nach einiger Zeit sowohl der „Ostküsten-" als auch der „Westküsten-stil" in den NTL zu finden war.

> „The Eastern development, the East Coast development, of course, grew out of Kurt's [Lewin] work, and was heavily group-dynamics oriented. When we began our work on the West Coast, after about the first year or two, it very quickly got oriented much toward individual dynamics than group dynamics. And there was a period in around the middle '50's when there was quite a struggle going on between east and west around the individual and the group emphasis. ... as I see it now, there is much more of the individual emphasis in

> sensitivity training now than there is the original group emphasis, although it's a matter of figure and ground rather than either/or." (Tannenbaum in Back 1972, S. 61)

Sie sehen, daß die Entwicklung gruppendynamischer Verfahren auch während der Konsolidierung keineswegs ohne Auseinandersetzungen verlief, daß vielmehr eine Differenzierung stattfand und sogar ein gewisser Gegensatz zwischen der „klassischen" angewandten Gruppendynamik in Lewinscher Tradition und dem Sensitivity Training entstand.

1.4.4.3 Expansion

Das *Esalen Center* in Big Sur (Cal.)

Der Anstoß zum Übergang von dieser Konsolidierungsphase zur Expansion kam von der Westküste. 1962 gründete Michael Murphy, inspiriert durch eine Rede von Aldous Huxley über die menschlichen Möglichkeiten („Human Potentialities"; 1961), auf einer Farm in Big Sur Hot Springs (Cal.) das Esalen Center. Murphy hatte Philsophie und Religion studiert und sich in Indien mit dem Hinduismus befaßt. Dieser persönliche Hintergrund bestimmte die in Esalen vertretene Richtung weitgehend.

Die erste Veranstaltung in Esalen – „The Expanding Vision" – wurde von Huxley, Alan Watts u.a. abgehalten. Innerhalb weniger Jahre wurde Esalen zu einer Institution mit ganzjährigem Programm, einem festen Trainerstab und einem eigenen Forschungsprogramm.

Mit den T-Gruppen der National Training Laboratories teilte das Esalen Center den Gedanken, eine Reihe von Gruppensitzungen ohne einen äußeren thematischen Gegenstand abzuhalten, während derer sich die Teilnehmer auf die Interaktion innerhalb der Gruppe konzentrierten. Allerdings war es nicht das Ziel dieses Ansatzes, die Teilnehmer im Umgang mit und im Verhalten in Gruppen zu trainieren, vielmehr ging es um *personal growth*, *expansion of human potentiality* und *encounter*. So stellten die Gruppenzusammenkünfte in Esalen nur einen Teil der Aktivitäten dar. Es gab z.B. Tanzgruppen, Gymnastik, die Beschäftigung mit religiösen und philosophischen Themen usw.

Ein Teil der neuen Vorgehensweisen wurde von den National Training Laboratories übernommen. Dazu gehörten einige der extremen Encounter-Techniken, in denen es auch zu gewaltsamen Auseinandersetzungen oder zu erotischen Episoden kam. Auf diese Weise wurde der Ansatz von Esalen zu einem Teil des Sensitivity Trainings.

Trotz solcher gegenseitigen Befruchtung achteten die verschiedenen Trainingszentren auf ihre Eigenständigkeit und es gab auch immer wieder Spannungen: so hielten viele Trainer der NTL die Veranstaltungen in Esalen für abenteuerlich und gefährlich.

Neben den National Training Laboratories und dem Esalen Center wurde auch das Western Behavioral Science Institute in La Jolla (Cal.) bekannt, und zwar vor allem durch die Arbeit von Carl Ransom Rogers, dessen Arbeit mit Encounter sowie klientenzentrierter Beratung und Therapie Ihnen möglicherweise bekannt ist.

Das Western Behavioral Sciences Insitute in La Jolla

Eine Darstellung des klientenzentrierten Vorgehens von Rogers und des diesem zugrundeliegenden Menschenbildes finden Sie bei Rechtien (1988).

Carl Ransom Rogers

Rogers trug viel zur Popularität des Sensitivity Trainings und seiner Verbreitung bei. Der Fokus der Arbeit liegt in La Jolla ebenfalls auf der Arbeit mit Encounter- und T-Gruppen, dort wird allerdings mehr Wert auf Anwendbarkeit z.B. im pädagogischen Bereich gelegt. Durch die auch theoretische Arbeit von Rogers behielt das WBSI einen stärkeren Kontakt zu akademischen Welt als dies beispielsweise in Esalen der Fall war.

Ebenfalls an der Westküste entstand die Synanon-Bewegung, die vor allem mit Drogenabhängigen arbeitete und arbeitet (vgl. Yablonski 1965). Die Arbeitsweise von Synanon besteht in der Hauptsache in einer Gruppeninteraktion, in der v.a. Haß und Feindschaft bearbeitet werden. Während die regulären Mitglieder von Synanon die Gruppe als Hilfestellung im Prozeß der Befreiung von Drogen nutzen, kommen auch viele Nichtabhängige, um in den Synanon-Gruppen neue und ungebremste Erfahrungen zu machen.

Die *Synanon*-Bewegung

Zwischen den National Training Laboratories und dem in England entstandenen Tavistock Institute (auf das wir noch zu sprechen kommen) bestanden immer freundschaftliche Beziehungen. Nichtsdestoweniger war in den USA über die Arbeit von Tavistock nur wenig bekannt. Von Tavistock aus wurden zu der hier besprochenen Zeit einige Trainingszentren in den Vereinigten Staaten gegründet, in denen vor allem Gruppenentwicklungslaboratorien für professionell mit Gruppen Arbeitende durchgeführt wurden. Diese Beschränkung auf die Arbeit mit Professionellen ist sicher der wesentliche Grund für die relative Unbekanntheit der Tavistock Seminare in den USA.

Tavistock-Seminare in USA

Auch die Entwicklung innerhalb der National Training Laboratories stand in dieser Zeit nicht still. Die vorhandenen und erprobten Verfahren wurden zu „Techniken" standardisiert und ausgebaut. Die NTL wurden ein formeller Teil der National Education Association mit einer eigenen Leitung und Leland Bradford als Direktor. Man begann mit der Aufarbeitung der eigenen Entwicklungsgeschichte – 1964, fast zwanzig Jahre nach ihrem Entstehen, erschien die erste gründliche Darstellung der Geschichte und Systematik der T-Gruppe in ihrer ursprünglichen Form im Rahmen der NTL – und sicherte so seine Identität.

Entwicklung in den *NTL*

Die Veränderungen in der Zusammensetzung der Zielgruppe in den sechziger Jahren bewirkte eine Ausweitung der NTL-Aktivitäten. 1964 entstanden die „President's Labs" für Vorsitzende und Präsidenten von Institutionen und Gesellschaften. Außerdem gab es Projekte in der Entwicklungshilfe und eine Zusammenarbeit mit dem amerikanischen Friedenscorps und mit der Armenhilfeorganisation.

1.4.4.4 Neueinschätzungen und Differenzierungen

Gegen Ende der sechziger Jahre waren Gruppendynamik und Sensitivity Training zu einer kulturellen Macht geworden, die einerseits durch die in der amerikanischen Gesellschaft wiederentstandene soziale Unruhe gefördert wurde und die andererseits zugleich einen Teil der Mittel und Wege bereitstellten, dieser Unruhe Ausdruck zu geben.

Entwicklungskrisen

Zum Teil bedingt durch die geschilderten unterschiedlichen Entwicklungen innerhalb der Gruppendynamik kam es zu teilweise krisenhaften Spannungen und Differenzen in den National Training Laboratories und in anderen Trainingszentren. In dem Versuch, der Mittelpunkt der gruppendynamischen Entwicklung zu bleiben, absorbierten die NTL jede neue Entwicklungsrichtung, auch wenn diese der eigenen ursprünglichen Ausrichtung nicht entsprach. Während offiziell die T-Gruppen-Arbeit weiterhin auf Veränderung, und ausdrücklich auch auf *soziale* Veränderung zielte, gab es in der Praxis eine Verlagerung auf das individuelle persönliche Training in kleinen Gruppen, wodurch sich anscheinend besonders die oberen Etagen des Managements angesprochen fühlten. Zu dieser Widersprüchlichkeit zwischen offiziellen und praktizierten Zielsetzungen kam hinzu, daß sich die National Training Laboratories im Kontakt mit anderen Organisationen ebenso wie diese in traditionellen Bahnen bewegten, jedoch einen innovativen Anspruch vertraten, so daß auch hier zunehmend ein Widerspruch entstand.

In dieser Situation war das bevorstehende Ausscheiden von Bradford als Direktor der NTL ein Anlaß für eine Neueinschätzung. Mit der zunehmenden Größe der NTL hatte sich eine starke Tendenz zur Verfestigung erprobter Strukturen und Verfahrensweisen eingestellt. Der frühere experimentelle Umgang mit Gruppen und Gruppenprozessen war zugunsten eines Rückzuges auf das Bewährte zurückgedrängt.

1969 wurde Warren Bennis zum Direktor vorgeschlagen. Bennis war als Vizepräsident an der State University of New York in Buffalo tätig, hatte Laboratorien in der Industrie und in der Erziehung durchgeführt und einiges zur Forschung und Philosophie der Gruppendynamik veröffentlicht.

Bennis lehnte das Direktorat ab, da seine Forderungen nach Veränderungen innerhalb der NTL nach seiner Meinung nicht auf hinreichende Zustimmung stießen. Die von Bennis erhobenen Forderungen waren

○ eine stärkere Betonung des sozialen Wandels in den Zielen der NTL,

○ Gruppenverfahren nicht als Selbstzweck, sondern nur problem- und situationsbezogen einzusetzen,

○ eine geringere Orientierung am Markt,

○ der Aufbau eines universitätsähnlichen Institutes in der Nähe von Washington.

Wie gesagt, diese Vorstellungen stießen nicht auf ungeteilte Resonanz, blieben aber dennoch innerhalb der NTL in der Diskussion und führten im Laufe der Zeit zu verschiedenen Revisionen in Organisation und Zukunftsplanung der National Training Laboratories.

Auch im Western Behavioral Science Institute in La Jolla gab es eine Krise. Die Wissenschaftler des Institutes strebten nach Anwendung und Verbreitung sowie nach einer Unterstützung von Seiten des Staates, d.h., sie wollten das Institut wie eine traditionelle Forschungs- und Beratungsinstitution führen. Die humanistisch orientierten Mitglieder hingegen, unter ihnen Carl Rogers, wollten sich nicht auf eingefahrene Prozeduren verpflichten, sondern zogen experimentierendes Verhalten, auch mit unorthodoxen Methoden, vor. Dieser Konflikt führte dazu, daß die letzgenannte Gruppe das Institut verließ und unter der Leitung von Rogers das später berühmt gewordene Center for the Study of the Person in La Jolla gründete.

Das Center for the Study of the Person in La Jolla

1997, fünfzig Jahre nach ihrer Gründung, manifestierte sich in den National Training Laboratories eine Rückbesinnung auf die theoretischen Grundlagen Kurt Lewins und verband sich mit der Feier dieses Jahrestages: Auf einer Tagung zu „Lewin's legacy/Lewin's potential: Next steps for group processes, consultation, and social justice" unter der Leitung von Fred Massarik in Bethel gab es nicht nur eine Rückbesinnung auf Lewins Einflüsse, sondern Grundprinzipien der Lewinschen Feldtheorie wurden auf ihre Fruchtbarkeit für weitere theoretische und praktische Entwicklungen geprüft (vgl. dazu Massarik, 1998, S. 3-4, sowie das gesamte Heft 1/98 der Zeitschrift „Gruppendynamik").

1.4.5 Zusammenfassung

Den unmittelbaren Anstoß zur Entwicklung der angewandten Gruppendynamik gaben Ereignisse auf einer Weiterbildungsveranstaltung für Lehr- und andere soziale Berufe im Jahre 1946 in New Britain, Connecticut. Vorausgegangen waren Arbeiten zu Führungsstil und Gruppenatmosphäre, deren Ergebnisse in dieses Seminar und die folgenden Veranstaltungen eingingen.

Das erwähnte Seminar stand im Zeichen der Aktionsforschung: Die Teilnehmer sollten lernen, wie sie die Realisierung von sozialen Gesetzesvorhaben als Meinungsführer unterstützen könnten, zugleich sollten Hypothesen über den Transfer aus der Lernsituation in die Anwendungssituation geprüft werden.

Im Verlauf dieses Seminars wurden mehr oder weniger zufällig die Auswirkungen von Feedback über das Verhalten und die Ereignisse in der Gruppe entdeckt. Diese Entdeckung führte zu einer Reihe weiterer Veranstaltungen, in denen Feedback zielgerichtet eingesetzt wurde, und damit zur Entstehung der *National Training Laboratories* (NTL).

Die *Basic Skill Training Groups* (BST-Groups) der ersten gruppendynamischen Laboratorien hatten umfangreiche Lehrzielkataloge, die – wie sich bald herausstellte – eine Überforderung aller Beteiligten darstellten. In den folgenden *T-Gruppen* wurde diese Vielzahl reduziert zugunsten einer intensiveren Arbeit an den im „Hier-und-Jetzt" ablaufenden Prozessen.

Die folgende Zeit war gekennzeichnet durch eine Vielzahl von Experimenten mit unterschiedlichen Arbeitsmethoden. So wurden z.B. Meditation, körperbezogene Arbeit u.a. mehr in die Laboratoriumsarbeit einbezogen, es gab neben den T-Gruppen für einander unbekannte Teilnehmer aus *verschiedenen* Tätigkeitsfeldern auch *berufshomogene* Gruppen und Gruppen, die im Alltag ebenfalls zusammenarbeiteten. Eine Vielzahl von Trainingszentren mit eigenen Arbeitsschwerpunkten und -methoden entstand, von denen das Esalen-Center in Kalifornien, die Synanon-Bewegung und das aus dem Western Behavioral Sciences Institute heraus entstandene Center for the Studies of the Person unter der Leitung von Carl Rogers besonders bekannt wurden.

Diese Entwicklung verlief keineswegs gradlinig und konfliktfrei. Die Differenzierung innerhalb der US-amerikanischen angewandten Gruppendynamik ist aber ein Beleg dafür, daß Krisen und Auseinandersetzungen über Zielvorstellungen und Arbeitsmethoden durchaus ein kreatives Potential beinhalten können.

1.5 Angewandte Gruppendynamik in Europa

1.5.1 Das Tavistock Institute of Human Relations

Zu Beginn bis Mitte der fünfziger Jahre erreichte der Einfluß der amerikanischen Gruppendynamik Europa. Allerdings war dieser Einfluß keineswegs einseitig. Der Kontakt mit dem bereits erwähnten Londoner Tavistock-Institute führte zu einem personellen und ideellen Austausch zwischen diesem und den National Training Laboratories. Insbesondere die von dem englischen Psychoanalytiker W.R. Bion zwischen 1948 und 1952 entwickelten Konzepte (vgl. Bion 1961) erwiesen sich als einflußreich. Danach wird das Verhalten der Mitglieder einer Gruppe durch Abhängigkeitsbeziehungen zwischen ihnen und dem Führer, durch Paarbildung, Aggressions- und Fluchttendenzen usw. bestimmt; solange die daraus resultierenden Probleme nicht gelöst und die vorhandenen Tendenzen in einen Gleichgewichtszustand gebracht werden, kann die Gruppe nicht an ihrer eigentlichen Aufgabe arbeiten. Trotz der Aufmerksamkeit, die diese Thesen fanden, blieb ihre Adaption insgesamt jedoch eher eine Randerscheinung in den NTL.

Bion

Das Tavistock Institute of Human Relations wurde 1947 mit Unterstützung der Rockefeller-Stiftung als „Non-Profit-Organisation" an der Tavistock Clinic in London gegründet. Zu den Gründern gehörten Eric Trist (Kliniker und Sozialpsychologe), der erwähnte Psychiater und Psychoanalytiker Wilfred Bion und der Psychologe und Psychoanalytiker Jock Sutherland. Die von ihnen formulierten Ziele sind bis heute wichtig geblieben: „die Untersuchung von zwischenmenschlichen Beziehungen im Zustand von Wohlbefinden, Konflikt und Veränderung, sowohl in der Gemeinschaft, der Arbeitsgruppe als auch in größeren Organisationen und die Förderung der Effektivität von Individuen und Organisationen" (Neumann 1998, S. 20-21). Die vom Tavistock Institut begründete Zeitschrift „Human Relations" wurde bis 1964 gemeinsam mit dem Forschungszentrum für Gruppendynamik am M.I.T. herausgegeben – Lewin, der diese Zusammenarbeit begrüßt und unterstützt hatte, starb vor dem Erscheinen der ersten Ausgabe.

Ziele:

Das Institut wurde mit sechs Arbeitseinheiten gegründet, von denen eine die sog. Tavistock-Konferenzen, auf die ich noch ausführlicher eingehen werde, organisiert. In anderen werden Management-Beratung, Grundlagenforschung usw. durchgeführt. Die Trainingsgruppen werden für Angehörige von Industrie, Handel, Erziehungs-, medizinischen, religiösen und sozialen Einrichtungen sowie von Forschungsinstituten durchgeführt.

Tavistock gehört zu den Ausgangspunkten der Human Relations Bewegung, die davon ausgeht, daß Probleme des menschlichen Arbeitslebens durch Verfeinerung und Anwendung des Wissens über Führung, Autorität und

Human Relations Bewegung

Organisation usw. beseitigt werden können. So ist das Volvo-Experiment der Einrichtung von sich selbst regulierenden Arbeitsgruppen von Tavistock inspiriert worden.

Die erwähnte Tavistock-Konferenz soll ihren Mitgliedern Gelegenheit geben, Lernerfahrungen über die Natur der Autorität und über die interpersonellen Probleme, die Probleme zwischen Gruppen und die Probleme in Institutionen, die bei der Ausübung von Autorität auftreten, zu machen. Berater analysieren das Gruppengeschehen, ohne dabei auf individuelle Probleme einzugehen.

Die Arbeit findet sowohl in *Kleingruppen* von ca. 10-12 Personen als auch in einer *Großgruppe* statt. Die Großgruppe dient dem Studium von Verhalten in einer Gruppe, die nicht auf einen Blick erfaßt werden kann. Sie besteht aus den Teilnehmern der „Subkonferenz A" (Mitglieder ohne Tavistock-Erfahrung) und der „Subkonferenz B" (Mitglieder, die an mindestens einer Tavistock-Veranstaltung teilgenommen haben). Außerdem gibt es *Intergruppen-Veranstaltungen* zur Analyse der Beziehungen zwischen Gruppen, in denen gelernt werden soll, wie man Autorität im Namen anderer ausübt. Dazu werden Delegierte von einer Gruppe zur anderen geschickt, die in Verhandlungen treten.

Die *Institutionsübung* erfaßt alle Teilnehmer und den Stab und fokussiert die Beziehungen zwischen dem „Management" und den Teilnehmern. *Rückblicksgruppen* bieten die Gelegenheit, die verschiedenen Erfahrungen in der Teilnehmerrolle zu reflektieren. In Anwendungsgruppen kommen Teilnehmer mit ähnlichen oder komplementären Berufen zusammen, die über die Anwendung des auf der Konferenz Gelernten im Beruf reflektieren sollen.

Ebenso wie die National Training Laboratories suchte das Tavistock Institute nach Möglichkeiten, die Effizienz der Trainingsarbeit im Sinne des Transfers auf Situationen außerhalb des Laboratoriums zu erhöhen. Dabei ließ es sich von seinem medizinisch-psychoanalytischen Modell leiten. Nach dieser Auffassung wird der Klient – sei es nun eine einzelne Person, eine Gruppe oder eine ganze Institution – als eine Art Patient mit einem ganz bestimmten Leidensdruck angesehen, und die erste Aufgabe besteht darin, diesen Leidensdruck zu vermindern. Ein Trainingsprogramm kann daher mit einem Rezept verglichen werden, das für einen bestimmten Patienten mit einem spezifischen Leiden ausgestellt wird und von dem erwartet wird, daß es so schnell wie möglich auf die besondere Situation dieses Patienten einwirkt. Die Tavistock-Konferenzen dienen in erster Linie der Arbeit an der Gruppenentwicklung. Das Tavistock-Institut betrachtet sich bewußt nicht als der Sensitivity-Bewegung zugehörig, da die Entwicklung von Sensibilität nicht zu seiner Zielsetzung gehört.

Zwar bestand der Kontakt zwischen Tavistock und den NTL weiter, diese Orientierung verhinderte jedoch eine Übernahme der generalisierten Methoden der amerikanischen Trainingsform und die Entwicklung der beiden Institutionen divergierte. Tavistock-Methoden fanden allerdings 1964 durch Margret Rioch einen von den NTL unabhängigen Zugang zu den Vereinigten Staaten.

Zu Beginn der 90er Jahre wurde das Tavistock Institut reorganisiert. Heute bietet es ein Ausbildungsprogramm „systems psychodynamics" an, welches die Arbeit an sozio-technischen Systemen und die Gruppendynamik kombiniert, ferner eines für „Organizational Change and Technological Innovation", es umfaßt eine „Evaluation, Development and Reciew Unit", die sich auf einen partizipativen Ansatz für die Evaluation öffentlicher Politik konzentriert und schließlich gibt es ein Zentrum für Entscheidungsforschung („Center for Decision-Making Studies"), das sich auf Management-Praktiken befaßt (vgl. dazu auch Neumann 1997, deutsch 1998).

1.5.2 Das erste deutschsprachige Laboratorium in Wien

Obwohl mit dem Tavistock Institute bereits ein etabliertes Trainingszentrum in Europa existierte, kam der Anstoß zur weiteren Ausbreitung gruppendynamischer Arbeitsweisen nicht von diesem, sondern durch den direkten Einfluß der amerikanischen Trainer. Unter den in der Ära des Marshall Plans nach Europa gekommenen Fachleuten waren auch Befürworter des gruppendynamischen Trainings. Jedoch blieben diese zunächst einigermaßen erfolglos, da die amerikanische Version des Sensitivity Trainings nicht ohne weiteres auf europäische Verhältnisse übertragbar waren. Dies ermöglichte allerdings eine wenigstens teilweise eigenständige Entwicklung, die zur Einrichtung von Trainingszentren zunächst in Frankreich, den Niederlanden und Skandinavien führte.

Die europäischen Trainingszentren richteten ihre Anstrengungen sowohl auf die individuelle Arbeit als auch auf die Arbeit mit Organisationen. Dies letztere wurde unter der Bezeichnung *Organisationsentwicklung* (OE) bekannt.

Das erste gruppendynamische Laboratorium im *deutschsprachigen* Raum fand im Jahre 1954 in Wien statt. Durchgeführt wurde es von L.P. Bradford und Traugott Lindner. Die auf diese Tradition zurückgehenden Hernstein-Seminare sind selbsterfahrungs- und organisationsbezogen und wenden sich an leitende Angestellte aus Sozialarbeit, Psychotherapie und Industrie. Die Hernstein-Gruppe fühlt sich den Standards der National Training Laboratories verbunden und ist im European Institute for Transnational Studies in Group and Organizational Development (EIT) organisiert.

1.5.3 Die Entwicklung in der Bundesrepublik Deutschland

1.5.3.1 Die Gruppenpädagogik von „Haus Schwalbach"

Ebenso wie die Gruppendynamik kommt auch das Konzept der Gruppenpädagogik aus den USA und ist dort als social group work entstanden (vgl. Konopka u.a. 1963). Nach dem II. Weltkrieg kam es im Zuge der Reedukation nach Deutschland.

1949 wurde von Magda Kelber eine Arbeitsstätte für Gruppenpädagogik, nämlich das „Haus Schwalbach", gegründet. Dieses entwickelte sich zum Zentrum für gruppenpädagogische Lehrgänge und Tagungen, mit denen Führungskräfte aus verschiedenen Bereichen, die in und mit Gruppen arbeiteten, angesprochen wurden.

Ziel d. Gruppenpädg. Das Ziel der Gruppenpädagogik ist die individuelle und soziale Reifung des einzelnen, wobei als Ort und Medium dieser Reifung eine kleine, also überschaubare Gruppe dient. In dieser Kleingruppe werden Gruppenprozesse bewußt gemacht und ausgewertet, wodurch das Verhalten der Gruppenmitglieder sowie die Interaktion und Kooperation innerhalb der Gruppe bei der Lösung einer gemeinsamen Sachaufgabe gefördert werden soll.

Ähnlich wie die Gruppendynamik ist die Gruppenpädagogik also eine Methode, die die Beobachtung und Analyse der Gruppenarbeit, die Planung, Durchführung und Auswertung hilfreicher Schritte (mit Unterstützung eines „Helfers") und das Unabhängigwerden der Gruppe beinhaltet (vgl. Kelber 1971, S. 14; vgl. zur Gruppenpädagogik auch Spangenberg 1969).

Sie sehen, daß Gruppendynamik und Gruppenpädagogik sehr ähnliche Ziele und Vorgehensweisen haben; von einer klassischen T-Gruppe unterscheidet sich Gruppenpädagogik durch Arbeit an einem Sachthema, durch welche sich die Entwicklung der Gruppe und des Einzelnen vollzieht.

1.5.3.2 Das „Schliersee-Seminar"

Fast zehn Jahre dauerte es nach dem ersten österreichischen Laboratorium, bis es zur ersten gruppendynamischen Trainingsveranstaltung im eigentlichen Sinne in der Bundesrepublik kam. Die theoretische Auseinandersetzung mit der Gruppendynamik hatte allerdings schon eher mit Hofstätters „Gruppendynamik – Kritik der Massenpsychologie" (1957) begonnen. Das Werk von Hofstätter, obwohl zumindest in seiner ersten Auflage skeptisch und erst in der zweiten Auflage mit Hinweisen auf die Wirksamkeit dieser Lernform, weckte bei einer breiten Leserschicht Interesse für Gruppendynamik.

Schließlich fand im September 1963 unter Mitwirkung des Frankfurter Sigmund-Freud-Institutes und der NTL in Schliersee (Oberbayern) das erste bundesrepublikanische gruppendynamische Training statt. Es dauerte drei Wochen, seine Teilnehmer waren 30 Lehrer, überwiegend aus Hessen, geleitet wurde es von Ken Benne, Tobias Brocher, Don Nylen (der 1967 das „Handbook of Staff Development and Human Relations Training" veröffentlichte) und Georg Lehner.

> Vor diesem „Ersten Einführungskurs in die Arbeitsweise der Gruppendynamik" in Schliersee gab es einige Veranstaltungen, die man als eine Art Vorläufer der Gruppendynamik in der BRD ansehen kann (vgl. z.B. Spangenberg 1969, S. 100-101).

> 1961 gab es ein mehrmonatiges Einführungsseminar in die Arbeitsweise der T-Gruppe mit wöchentlichen Sitzungen, durchgeführt in der Pädagogischen Arbeitsstelle Berlin. Die Arbeit verlief jedoch nicht entsprechend den für Trainingsgruppen typischen Gruppenprozessen und bot mehr eine Einführung in die Möglichkeiten der T-Gruppe als eine Realisierung dieser Möglichkeiten.

> Im Anschluß daran wurde (ebenfalls noch 1961) ein Versuch mit einer wöchentlich tagenden T-Gruppe mit Lehrern durchgeführt, ebenfalls also kein Seminar in Laboratoriumsform.

> Auf Initiative von Alexander Mitscherlich wurde im Jahr 1963 von der Pädagogischen Arbeitsstelle des Deutschen Volkshochschulverbandes ein fünftägiges „Seminar für Gruppenpädagogik" durchgeführt.

> Die Erfahrungen aus diesen Versuchen wiesen recht eindeutig darauf hin, daß Trainingsgruppen in ein Laboratorium eingebettet sein sollten, in welchem es auch andere Lernformen wie z.B. das Plenum oder Auswertungsgruppen gibt.

Das „Schliersee-Seminar" stellte den Versuch dar, den autokratischen Erziehungsstil von Lehrern zu beeinflussen, ihn zu „demokratisieren und zu humanisieren" (Minssen 1965, S. 305) und „Klarheit darüber zu gewinnen, ob und wie weit das ... Verfahren der Gruppendynamik für die deutsche Lehrerausbildung und für den Unterricht an deutschen Schulen von Bedeutung werden kann" (ebd.).

Ziel:
Beeinflussung des Erziehungsstiles von Lehrern

Durch die Beteiligung der amerikanischen Trainer entsprach die Veranstaltung weitestgehend den Arbeitsmethoden der NTL. Im Zentrum des Laboratoriums standen die T-Gruppen, denen die Aufgabe gestellt war, die Vorgänge in der Gruppe und die verschiedenen Reaktionen wahrzunehmen und sich gegenseitig mitzuteilen. Außerdem gab es Auswertungsgruppen („A-Gruppen"), die aus Mitgliedern verschiedener T-Gruppen zusammengesetzt waren und die die Vorgänge in den T-Gruppen verfolgten, und schließlich Theoriesitzungen im Laboratoriumsplenum.

Folgt man der Einschätzung der Teilnehmer, so war dieses Seminar ein voller Erfolg. Der größte Lernfortschritt wurde hinsichtlich der Einsichten in und der Handhabung von sozialen Gesetzmäßigkeiten und Prozessen sowie hinsichtlich der Einsicht in eigene Erlebens- und Verhaltensweisen (Selbstkenntnis) gemacht.

Ergebnisse:

Sensibilität, theoretische Einsicht, Selbstkenntnis, Selbstkontrolle.

Als wichtigste Ergebnisse dieses ersten deutschen Laboratoriums wurden damals festgehalten (Minssen 1965):

1. Angewandte Gruppendynamik scheint die vielfach verkümmerten Organe der Sensibilität für den Umgang mit anderen neu beleben zu können und theoretische Einsichten auf dem Gebiet der zwischenmenschlichen Beziehungen zu vermitteln.

2. Angewandte Gruppendynamik kann durch ihre systematisch entwickelten Methoden mit der Forderung nach Selbsterkenntnis ernst machen.

3. Angewandte Gruppendynamik kann durch Einsicht in Gruppenprozesse und in eigenes Verhalten die Erkenntnis und Beherrschung von Aggressionsneigungen fördern und insgesamt das Verhalten der bewußten Kontrolle unterwerfen.

Über das hier kurz beschriebene Laboratorium liegt ein ausführlicher Bericht sowie das Manuskript einer Rundfunksendung mit Beispielen aus einer der T-Gruppen vor (Minssen 1965; Minssen, Künzler & Behncke 1966).

Die aus ihm resultierenden Impulse wurden u.a. von Tobias Brocher am Sigmund-Freud-Institut in Frankfurt weiterverfolgt; bekannt geworden ist seine Arbeit „Gruppendynamik und Erwachsenenbildung" (1967).

1.5.3.3 Ausbreitung

Angesichts des Vorsprungs, den die Entwicklung der Gruppendynamik in den Vereinigten Staaten besaß, ist es nicht verwunderlich, daß die Anfänge der Gruppendynamik in Deutschland stark von amerikanischen Trainern, ihren Konzepten und ihren Traditionen bestimmt waren. An nahezu allen Laboratorien der ersten Zeit war einer oder mehrere von ihnen beteiligt.

Ende der sechziger Jahre – nach den ersten gruppendynamischen Erfahrungen – bestand in Europa ein großes Bedürfnis, sich mit den Erkenntnissen und Erfahrungen der amerikanischen Gruppendynamik auseinanderzusetzen. Die lauter werdende Kritik an der Gesellschaft, vor allem auch an den

Hochschulen und die Suche nach neuen Lebensformen (die ersten Wohngemeinschaften entstanden) förderte die Suche nach neuen Konzepten und öffnete der amerikanischen Gruppendynamik und ihren Trainern die Türen. Auf der Seite der letzteren gab es neben dem Interesse an internationalem Austausch auch einen fast missionarischen Eifer, die eigenen gruppendynamischen Konzepte in der deutschsprachigen Welt zu verbreiten, so daß die amerikanischen Gruppendynamiker geradezu nach Europa drängten (Nylen 1984; nach Freudenreich 1986).

Dazu kam, daß sowohl in den USA als auch in Deutschland beträchtliche Mittel für sozialwissenschaftliche Forschungsprogramme zur Verfügung standen, die eine solche Zusammenarbeit zwischen amerikanischen und deutschen Forschern möglich machten. Viele deutsche Sozialwissenschaftler studierten in den USA die verschiedenen Ausprägungen der Gruppendynamik. Dieser amerikanische Einfluß zeigt sich auch heute noch in gruppendynamischer Technologie und Methodik, z.T. auch in der Formulierung von Forschungsproblemen (vgl. Freudenreich 1986).

Ab Beginn der siebziger Jahre wurden gruppendynamische Verfahren in der Erwachsenenbildung, in der Lehrerausbildung und z.T. auch im Unterricht eingesetzt. Gefördert wurde dies durch Veröffentlichungen, die gruppendynamische Übungen und ihre Handhabung beschrieben (z.B. Antons 1963; Schwäbisch & Siems 1974).

Die Erfahrungen aus dem Schliersee-Seminar und anderen gruppendynamischen Laboratorien in der Lehrerbildung gaben damals zu beträchtlichen Hoffnungen Anlaß. Spangenberg z.B. sah eine wichtige Einsatzmöglichkeit gruppendynamischer Verfahren in Zusammenhang mit einer der schwierigsten Aufgaben der Lehrerbildung, nämlich Hilfestellung zu geben bei der Entwicklung eines angemessenen Erzieherverhaltens und dessen Weiterentwicklung und Korrektur in der zweiten und dritten Phase der Lehrerausbildung. Er erhoffte sich von den Feedback-Prozessen in der Trainingsgruppe für den Studienanfänger eine Orientierung über das Verhaltensrepertoire, das ihm zur Verfügung steht, und eine Verbesserung seiner Beobachtungs- und Analysefähigkeit im zwischenmenschlichen Bereich. Erfahrene Lehrer könnten durch gruppendynamische Verfahren profitieren, indem sie erhöhte Rollenflexibilität einübten und dadurch leichter zwischen verschiedenen Unterrichtsweisen wechseln könnten, und schließlich dadurch, daß in der T-Gruppe einer durch langjährige Unterrichtstätigkeit entstehenden Normierung und Schrumpfung des Verhaltensrepertoires entgegengewirkt werden kann.

Angewandte Gruppendynamik in der Lehrer- und Erwachsenenbildung

Unter den Wissenschaftlern gab es gegenüber der angewandten Gruppendynamik allerdings zunächst noch erhebliche Skepsis. Als Däumling 1965 am Psychologischen Institut der Universität Bonn begann, mit Fachkollegen gruppendynamische Veranstaltungen durchzuführen, stieß dies auf große Vorbehalte und die Befürchtung, eine Teilnahme könne dem wissenschaftlichen Ruf schaden (vgl. Fengler 1979, S. 628).

Das Kernziel der Arbeitsweise in Bonn war, ein Gegenstück zur Lehranalyse für solche Personen zu schaffen, die nicht therapeutisch arbeiten, aber im täglichen Kontakt mit Ratsuchenden ebenso der Gefahr ausgesetzt sind, blinde Flecken und starre Verhaltensmuster zu entwickeln (Fengler 1979, S. 626). Zu den Zielgruppen gehörten dementsprechend außer Psychologen auch Ehe- und Erziehungsberater, Theologen, Behördenangestellte mit Personalverantwortung, Vorgesetzte, Lehrer. Däumling verstand „sensitivity training" als Methode, eigene und fremde Verhaltensweisen aufeinander abzustimmen (vgl. Däumling 1968) und seine Zielsetzungen beruhten statt auf dem Postulat „Du mußt dich ändern" auf dem Grundsatz „Wir müssen lernen, miteinander auszukommen" (vgl. Fengler 1979, S. 626).

Ihre Fortsetzungen fanden diese Veranstaltungen in offenen, d.h. frei ausgeschriebenen Sensitivity Trainings, deren Zahl bis ca 1974 ständig stieg, und die – mit Unterstützung der Deutschen Forschungsgemeinschaft – Gegenstand von Begleitforschungen zur Interaktionsdynamik waren (vgl. Däumling u.a. 1971). Die Blütezeit dieser Trainingsveranstaltungen lag etwa zwischen 1969 und 1974.

Das erste Großunternehmen, in dessen Auftrag Laboratorien in größerer Zahl durchgeführt wurde, war die Deutsche Bundespost (ab 1969). Hier entstand für die BRD der bis heute gültige Typ des firmenbezogenen Trainings (vgl. zur Entwicklung berufsbezogener Trainings Brocher, Deichmann & Fürstenau 1972; Schmidt 1983).

In Bonn entstanden auch die ersten Dissertationen im deutschsprachigen Raum, die sich mit empirischen Untersuchungen zu gruppendynamischen Laboratorien befaßten (Coché 1968; Nellessen 1970); einer der beiden Doktoranden, Lothar Nellessen, wurde später zum Inhaber des ersten Lehrstuhles für Gruppendynamik in der BRD (Gesamthochschule Kassel). Überhaupt war der Bonner Kreis wesentlich an der Entwicklung der Gruppendynamik in Deutschland beteiligt, da fast alle Gründer späterer gruppendynamisch arbeitender Einrichtungen dort an Laboratorien teilnahmen.

Gegen Ende der sechziger Jahre wurde die erste Ausbildungsrichtlinie für Gruppendynamik-Trainer festgelegt. Diese erste Fassung sah noch das Schwergewicht allein in der praktischen Arbeit (Selbsterfahrung als Teilnehmer, Arbeit als Co-Trainer usw.), wurde aber 1975 revidiert und beinhaltete dann auch vermehrte theoretisch Ausbildung.

Zu Beginn der siebziger Jahre entwickelte sich zusätzlich zum Sensitivity Training das Organisations-Laboratorium. Damit wurden auch größere Gruppen Gegenstand der gruppendynamischen Arbeit. Das erste Laboratorium dieser Art fand mit 50 Teilnehmern 1970 in Bad Teinach im Schwarzwald statt. Zu den Leitern gehörten wiederum der bereits am ersten deutschsprachigen Laboratorium in Wien beteiligte Traugott Lindner und Don Nylen, beteiligt am ersten Laboratorium in der Bundesrepublik. Dieses erste Organisations-Training brachte Erfahrungen mit dem Verhältnis zwischen Großgruppen-Plenum, offiziellen und informellen Subgruppen, der Notwendigkeit und Möglichkeit, eigene Absichten zu klären und deren Realisierung im Rahmen von Gruppenkonstellationen.

Organisations-Laboratorien fanden rasch Verbreitung und wurden u.a. von Peter Fürstenau (Gießen), Pio Sbandi und Ann Vogel (Innsbruck) weiterentwickelt.

Die Institutionsberatung (Fürstenau 1970) stellt eine Weiterentwicklung des Organisations-Laboratorium dar. Hier wird im Rahmen von Unternehmensberatung nach Konfliktursachen, Konfliktverläufen, Kommunikations- und verdeckten Organisationsstrukturen gefragt.

Institutionsberatung

Im Prozeß der Verbreitung gruppendynamischer Trainings entstand eine Reihe von Publikationen mit Sammlungen gruppendynamischer Übungen (Antons 1973; Schwäbisch & Siems 1974), die ihrerseits wieder zur weiteren Verbreitung beitrugen. Nahezu in jeder Volkshochschule gab es entsprechende Angebote, Institutionen der Lehreraus- und -weiterbildung nahmen sie in ihre Lehrpläne auf, kirchliche Kreise setzten Hoffnungen auf die Gruppendynamik, Therapeuten, Sozialarbeiter wurden in ihrer Ausbildung mit Gruppendynamik konfrontiert. Mit dem Buch „Die Gruppe" von Horst E. Richter (1972) gewann der Gedanke der Selbst- und Fremdhilfe in Initiativgruppen an Boden.

Im Laufe des „Psychobooms" wurde die Grenze zwischen Gruppentherapie und gruppendynamischem Training verschwommen: eine Ursache ist sicher die immer häufigere Verwendung therapeutischer Interventionen in Laboratorien, die dadurch gefördert wird, daß Gruppentrainer sehr oft eine (oder mehrere) psychotherapeutische Ausbildungen besitzen. Zum anderen kommen Teilnehmer nicht selten auch mit bewußten oder unbewußten, expliziten oder impliziten therapeutischen Bedürfnissen in solche Veranstaltungen, die an sich nichttherapeutische Zielsetzungen verfolgen. Unter dem Druck zunehmender Konkurrenz kam es dann seit etwa 1974 zu einer Entwicklung, die Fengler mit dem Stichwort „Gruppendynamik und ..."-Veranstaltungen charakterisierte:

„Gruppendynamik und Bioenergetik, Gruppendynamik und Gestalt, Gruppendynamik und Verhaltensmodifikation, Gruppendynamik unter Einschluß von meditativen, expressiven und imaginativen Verfahren, Gruppendynamik und Marathontechniken, Gruppendynamik und berufliche Kompetenz,

„Inflation" der Gruppendynamik

Gruppendynamik und Selbstkontrolle, Gruppendynamik und Transfer, Gruppendynamik und Transzendenz, Gruppendynamik und Segeln" (1979, 631).

Hier scheint eine Rückbesinnung auf die genuinen Lernziele und Interventionsformen der Gruppendynamik der NTL-Tradition und des Tavistock-Institutes mit ihrer Betonung der nichttherapeutischen Individual- und Sozialintervention notwendig zu sein.

Themenzentrierte Interaktion

1969 führte Ruth Cohn auf der zweiten Arbeitstagung des DAGG in Bonn die themenzentrierte Interaktion (TZI) in die Bundesrepublik ein (vgl. Cohn 1975). Die Programmatiker der Gruppendynamik (Bradford, Gibb & Benne 1972) hatten zwar neben dem emotionalen auch das kognitive Lernen als Ziel betont, das Schwergewicht im Sensitivity-Training blieb jedoch eindeutig auf der affektiven Seite, der unmittelbaren emotionalen Erfahrung und Selbsterfahrung in der T-Gruppe. Dagegen setzte Cohn die Herausforderung „Sensitivity is not enough!" (vgl. Fengler 1979, S. 631). Die themenzentrierte Interaktion zeigte, daß es eine Ausgewogenheit von Motivation, Gruppensituation und Sachthema geben kann, auch wenn dieses Thema nicht das der gegenwärtigen Gruppensituation ist.

1.5.3.4 Institutionalisierung

Das Bedürfnis nach interdisziplinärem Austausch zwischen Sozialpsychologen und Gruppenpsychotherapeuten führte 1967 in der BRD zur Gründung des *Deutschen Arbeitskreises für Gruppendynamik und Gruppenpsychotherapie (DAGG)* durch Annelise Heigl-Evers, Alf Däumling und Helmut Enke, sein Verbandsorgan ist die Zeitschrift „Gruppenpsychotherapie und Gruppendynamik". Im DAGG entstand im Dezember 1968 die Sektion Gruppendynamik.

DAGG

ÖAGG

ÖGGG

Zuvor war in Österreich schon der Österreichische Arbeitskreis für Gruppenpsychotherapie und Gruppendynamik entstanden. Der ÖAGG ist tiefenpsychologisch und klinisch-psychologisch orientiert. Dagegen hat die Österreichische Gesellschaft für Gruppendynamik und Gruppenpädagogik (ÖGGG) hochschuldidaktische Ziele, zeigt jedoch auch Initiative in Aktionsforschung und Wissenschaftstheorie. Als eine Folgeentwicklung dieser Gründungen kann die Schweizerische Gesellschaft für Gruppenpsychotherapie und Gruppendynamik angesehen werden. Die SGGG arbeitet vorwiegend in Beratungs-, Organisations- und Gruppentherapieprojekten.

SGGG

Zeitschrift „Gruppendynamik"

1970 wurde die Fachzeitschrift „Gruppendynamik. Forschung und Praxis" gegründet, die entsprechend ihrem Titel durch ihre Veröffentlichungen eine Verbindung zwischen der wissenschaftlichen Erforschung gruppendynamischer Prozesse und Gesetzmäßigkeiten und ihrer praktischen Anwendung im Laboratorium fördern wollte, ein Programm, in welchem Sie

unschwer die Wurzeln der angewandten Gruppendynamik in der Aktionsforschung erkennen können[2]. Die Zeitschrift erschien bis zum 3. Jahrgang
als Korrespondenzausgabe des Journal of Applied Behavioral Sciences und
bestritt einen großen Teil ihrer Beiträge mit Übersetzungen aus dieser
Zeitschrift. Heute erscheint die „Gruppendynamik" mit dem Untertitel
"Zeitschrift für angewandte Sozialpsychologie".

Aus einem „Arbeitskreis Hochschuldidaktik", einem lockeren Zusammen-
schluß gruppendynamisch interessierter Hochschullehrer, entstand 1972
der *Arbeitskreis Gruppendynamik im Bildungsbereich (agib)*, eine „Konkurrenz"organisation zur Sektion Gruppendynamik im DAGG. Im Vordergrund
des Interesses stand die Frage, wie Gruppendynamik im Hochschul- und
Bildungsbereich machbar, verantwortbar und evaluierbar sein könnte.
Dabei war eine der Gründungsabsichten auch die solidarische Arbeit mit
Unterprivilegierten, z.B. durch honorarfreie Leitung von Trainingsveranstaltungen, was aber letztendlich nicht zu erreichen war (vgl. Fengler 1979,
S. 630).

agib

Der Anspruch des agib war über lange Zeit, zur Veränderung gesellschaftlicher Praxis beizutragen. Zum Beispiel sollten die Mitglieder Kleingruppen-
prozesse in den Organisationen, in denen sie tätig waren, anregen und
reflektieren und Gruppendynamik so in Schulen, Heime der außerschuli-
schen Jugendarbeit, Jugendstrafanstalten und Hochschulen tragen (vgl.
Freudenreich 1986). Dabei sollte die Gruppe nicht „Therapie für Normale"
sein, sondern Beziehungen, Konflikte, Solidarisierungsprozesse sollten thematisiert und verändert werden. Nach einem ersten Kongreß „Gruppendynamik in der Schule" (1977 in Essen) schien es, als hätten viele Lehrer
Interesse an gruppendynamischer Arbeit und an Zusammenarbeit mit dem
agib gefunden. Die wachsende Konkurrenz in diesem Bereich, die unübersichtlich werdende Methodenvielfalt und die daraus resultierende Angst vor
Kompetenzverlust führte allerdings zu Rivalitäten und Konflikten zwischen
den Mitgliedern. Der Verein fand überdies nicht die notwendige tatkräftige
Unterstützung, weder durch Förderung von außen noch durch aktive Mitar-
beit im Inneren. Die Resonanz auf einen zweiten Kongreß 1979 war eher
enttäuschend, auch für weitere Aktivitäten ließ der Zuspruch nach. Als
Ergebnis dieser Entwicklungen löste sich der agib im Sommer 1983 auf.

---

[2] Seit 1981 wird die „Gruppendynamik" am Arbeitsbereich Psychologie, Schwerpunkt Psychologie sozialer Prozesse (seit 1994 Institut für Psychologie, Arbeitsbereich Psychologie sozialer Prozesse), der Fernuniversität erstellt, seit 1989 in
Zusammenarbeit mit dem *Kurt Lewin Institut für Psychologie*. In dieser Zeit hat
sich auch der Untertitel der Zeitschrift geändert: von ursprünglich „Forschung
und Praxis" zu „Zeitschrift für angewandte Sozialwissenschaft" und seit 1984
„Zeitschrift für angewandte Sozialpsychologie". Diese Namensänderung bedeutet
nicht eine Änderung des Programmes der Zeitschrift, weist aber auf eine gewisse
Schwerpunktverlagerung hin.

Zeitschrift „Gruppendynamik im Bildungsbereich"	Bis zur Auflösung des agib erschien seine Zeitschrift „Gruppendynamik im Bildungsbereich", die über Methoden, Anwendungen und Fortbildungsmöglichkeiten berichtete.

GGA
„Zeitschrift
für Gruppenpädagogik"

1975 wurde die *„Gesellschaft für Gruppenarbeit" (GGA)* mit der „Zeitschrift für Gruppenpädagogik" gegründet. Die GGA veranstaltet Kongresse und Symposien zu Problemen der Gruppenarbeit im Bildungsbereich.

Die Zeitschrift veröffentlichte gruppenpädagogische und gruppendynamische Projekte im Bereich der Schule und berichtete über den Stand von Gruppentheorie und Gruppendynamik in den Praxisfeldern Schule und Sozialarbeit. Seit der Zusammenlegung mit der „Zeitschrift für Spielpädagogik" zu „Gruppe und Spiel" verlagert sich das Schwergewicht hin zur Spielpädagogik.

WILL

In New York war bereits 1966 das *„Workshop Institute for Living Learning" (WILL)* gegründet worden, und zwar von Ruth Cohn und anderen erfahrenen Psychotherapeuten und Analytikern.

Cohn mußte als Jüdin – ebenso wie Kurt Lewin – nach Amerika emigrieren und zählt dort zu den Begründern der humanistischen Psychologie. 1972 wurde WILL-Europa in Basel gegründet. Die themenzentrierte Interaktion spielt für die Gruppendynamik in der Erwachsenenbildung, der Schule und anderen sozialen Tätigkeitsfeldern eine zunehmend wichtige Rolle.

Die zunehmende Akzeptanz gegenüber der Gruppendynamik zeigte sich aber nicht nur in der Gründung solcher Verbände. Vielmehr fand diese Arbeits- und Lernmethode Eingang in Institutionen der Bildung und Erziehung. Bereits 1966 begann der *„Deutsche Verein für Bewährungshilfe"* in Bad Godesberg mit der Durchführung von gruppendynamischen Laboratorien für Bewährungshelfer.

angewandte Gruppen-
dynamik in der
politischen Bildung

Die *Landeszentrale für Politische Bildung (Hessen)* arbeitet mit Lehrern in Laboratoriumsform:

„Diese gruppendynamisch orientierten Seminare sollen in einem expliziten Zusammenhang mit politischem Lernen stehen, d.h. sogenanntes Sensitivity Training, bei dem sich häufig individuell-therapeutische Bedürfnisse der Teilnehmer artikulieren, soll nur in dem Maße stattfinden, wie es instrumental-funktional im Zusammenhang mit der übergreifenden Thematik von Nutzen ist ... Von hier aus ist es wichtig, das Lehrerverhalten im Schulkolleg, das Lehrerverhalten gegenüber den Aufsichtsbehörden, den übergreifenden sozialen und politischen Stellenwert des Lehrerberufs heute, thematisch zu machen. Dabei geraten Fragen der Autorität bzw. des Verhaltens vor und mit Autorität, Fragen der Macht und der Machtausübung, Fragen der Interessendurchsetzung zunehmend in den Mittelpunkt ... Gruppendynamik hat in diesem Verständnis eine aufklärerisch-verändernde Funktion." (Geißler 1979, S. 16).

Für die Arbeit mit Lehrern verfolgt die Landeszentrale für Politische Bildung folgende Lernziele:

„1. Sensibilisierung des Lehrers für das Unterrichtsgeschehen in Verbindung mit besserer Wahrnehmung des eigenen wie des Schülerverhaltens. Durch Beachtung der komplexen Determinanten von Lernprozessen soll das eindimensional-monologische Unterrichten durch Hinwendung zu schülerorientiertem Lernen abgelöst werden. Dazu bedarf es der Fähigkeit zu Selbstkritik und der Bereitschaft, von Schülern zu lernen.

2. Sukzessive Loslösung von Autoritätsfixierungen; fortschreitende Entwicklung in Richtung persönlicher Unabhängigkeit, verbunden mit erhöhter Durchsetzungsbereitschaft unter Berücksichtigung der je spezifischen politischen Lage und Gruppensituation.

3. Abwendung von privatistischen Einstellungen und Hinwendung zu einem Verhalten, das gekennzeichnet ist durch Kommunikations- und Kooperationsbereitschaft und durch engagierte Stellungnahme für die eigenen Überzeugungen.

4. Die Fähigkeit, persönlich individuelles Verhalten relativ zu seinen gesellschaftlich-politischen Bestimmungsfaktoren zu sehen." (Geißler & Hege 1981, S. 16)

1.5.3.5 Tendenzwende

Nach der erwähnten Blütezeit seit 1969 gab es im Jahre 1974 so etwas wie eine Tendenzwende. Ebenso wie der Begriff „Emanzipation" verlor auch das mit ihm – wenigstens dem Anspruch nach – verknüpfte Konzept der emanzipatorischen Gruppendynamik seinen ursprünglichen Inhalt. Zumindest im Rückblick wurde dieser Verlust ursprünglichen Gehalts durchaus auch von einem großen Teil der gruppendynamischen Trainer selbst gesehen und kritisiert.

Das Wort „emanzipatorisch" trat an die Stelle, die bislang dem Wort „gut" vorbehalten war, und das ist etwas, das noch keinem Wort gut bekommen ist, so beschrieb es der Philosoph Robert Spaemann auf einer Tagung zum Thema „Tendenzwende?" 1974. Zugleich verkam die Gruppendynamik „auf dem Weg sogenannter gruppendynamischer Übungen zum strukturierten Schicht-Einsatz von Psycho-Spielen. Programmierte Selbsterfahrung, leiterzentrierte Beschäftigung mit beliebigen und austauschbaren Teilen des Innenlebens treten an die Stelle einer erforschenden und suchenden Elaboration von Situationen und Prozessen, die den Umgang von Menschen miteinander als Ort der gemeinsamen Aufmerksamkeit hatten" (Krämer 1987, S. 149-150).

„Die so gebildeten Psycho-Subkulturen sind das genaue Gegenteil dessen, was mit gruppendynamischen Sicht- und Arbeitsweisen möglich ist und angestrebt wird. Sie bilden ein illusionistisches Versteck vor der 'bösen Welt', statt sich mit ihren sozialen Strukturen, Funktionszusammenhängen und dem jeweils eigenen Platz darin zu beschäftigen" (Hüppauf 1979, S. 50).

Gegen Ende der siebziger Jahre schließlich begann ein Trend, der sich bis heute (1998) fortsetzte und stabilisierte. Gruppendynamik fand und findet vornehmlich als Aus- und Weiterbildungsmaßnahme in Institutionen statt, häufig als Begleitung und Unterstützung der Organisationsentwicklung. Das klassische gruppendynamische Laboratorium fristet zunehmend ein Schattendasein (vgl. Nellessen 1977; Nellessen 1987).

Emanzipatorische Bemühungen im ursprünglichen Sinne finden vorwiegend außerhalb der Gruppendynamik statt: weder die Frauenbewegung noch die entstehenden Selbsthilfegruppen, weder die Bürgerinitiativen noch die Friedensbewegung nutzen das in der Gruppendynamik liegenden Potential in nennenswertem Ausmaß. In dieser „neuen sozialen Bewegung" (Nelles & Beywl 1982) gab es zu Beginn der achtziger Jahre über 11 000 alternative Projekte, 1.3 Millionen Menschen wirkten regelmäßig in einer Bürgerinitiative mit – und die etablierte Gruppendynamik findet sich dort so gut wie gar nicht.

> Aber vielleicht ist das gar nicht so überraschend, wenn man bedenkt, daß man mit Trainings in diesem Bereich nicht genug Geld verdienen kann, um davon zu leben (vgl. Nellessen 1987, S. 117). Dagegen zahlen Verwaltung und Industrie gut, jedenfalls ein Vielfaches der Honorare, die soziale oder kirchliche Institutionen bereitstellen, so daß sich Gruppendynamik mehr auf die formellen Institutionen, und hier besonders auf die im Bereich der Wirtschaft und öffentlichen Verwaltung angesiedelten richtet als etwa auf informelle Organisationsformen wie die erwähnten Initiativbewegungen.

Dagegen wurden gruppendynamische Trainings zu festen Bestandteilen in berufsbegleitender Weiterbildung, im sozialen und im Bildungsbereich; Organisationen der Industrie gingen mehr und mehr dazu über, in internen Programmen auch Gruppendynamiker zu beschäftigen und das in dieser Lernform liegende Potential zu nützen.

1.5.3.5 Kritik

Die Kritik der Gruppendynamik setzte nur mit geringer zeitlicher Verzögerung gegenüber der Anwendung gruppendynamischer Verfahren ein. 1969 (kurz nach dem Erscheinen der Nullnummer der Zeitschrift „Gruppendynamik") forderte Horn statt der Betonung therapeutischer Beziehungsklärung, daß sich Trainingsteilnehmer auch als Subjekt politischen Geschehens wahrnehmen und entsprechende Kompetenz erwerben sollen (vgl. auch Richter 1972, 1974, 1976). Er verwies auf die Hilflosigkeit der politischen Bildung gegenüber der immer deutlicher zutage tretenden politischen Apathie, die seiner Ansicht nach zwar in erster Linie durch gesamtgesellschaftliche Bedingungen erzeugt wird, schließlich aber in den kognitiven und affektiven Strukturen des Individuums verankert ist und so stabilisierend auf die erzeugenden Umstände zurückwirkt. So wurde nach Mitteln gesucht, das Tradieren solcher fixen Strukturen zu durchbrechen – und dabei wurde legitimerweise auch beim Individuum angesetzt.

Ein Beispiel für die Symptomfortschreibung war der Unterrichtsstil an deutschen Schulen – Sie kennen wahrscheinlich die Untersuchungen des Ehepaares Tausch (1963), die die Eindimensionalität der schulischen Kommunikation aufzeigten. Durch diese Art der Erziehung und des Miteinanderumgehens von Lehrern und Schülern wurde es weitgehend unmöglich für die Schüler, ihre Interessen auch nur zu artikulieren zu lernen.

Solche Interaktionsmuster aufbrechen zu können, versprachen gruppendynamische Verfahren, die eine Verbesserung der Selbst-und Fremdwahrnehmung anstrebten, um so einen Beitrag zur Veränderung autoritärer Strukturen zu leisten. So hoffte man,

„daß ein gruppendynamisches Sensitivitätstraining den Trend zur Formierung einer Gesellschaft verlangsamt oder gar aufhält, wenn Verfahren entwickelt werden, die es ermöglichen, daß eine solche Sozialtechnik mit kritischen Inhalten vermittelt angeboten wird" (Horn 1969, S. 262).

Demokratisierung soll durch einen Wandel der Einstellungen erreicht werden, und dieser wiederum durch die Arbeit in kleinen Gruppen mit Zielen wie *Angstreduktion, Verteilung der verschiedenen* Führungsfunktionen *auf verschiedene Mitglieder,* gemeinsame Zielformulierung, *Streben nach* Entscheidungen durch Konsens, *Sensibilität für Gruppenprozesse* usw. Die nach solchen Zielkriterien verlaufende Arbeit galt als Modell demokratischer Verfahrensweisen.

Dabei kritisiert Horn (1969, S. 264), daß die Übungssituationen, in denen solche demokratischen Verfahrensweisen gelernt und demokratische Einstellungen erworben werden sollen, äußerst formal und damit tendenziell „entgesellschaftet" sind. Der Grund für diesen Verlust von Inhalten kann man wohl darin finden, daß das Verhältnis von psychischer Dynamik und gesellschaftlichen Prozessen (die ja die zu behandelnden Inhalte darstellen sollten) weitgehend ungeklärt war – und auch heute noch ist.

Kritik:

Inhaltsleere, mangelnder gesellschaftlicher Bezug, Förderung individueller Regression

Immerhin gilt dieser Einwand nicht für alle gruppendynamischen Veranstaltungen. „Inhaltsleer" in diesem Sinne sind allenfalls selbsterfahrungszentrierte Laboratorien, und auch für diese gilt es auch nur dann, wenn die Frage des Transfers von den Erfahrungsinhalten aus der Gruppenarbeit auf soziale

Prozesse des Alltags nicht oder nicht in ausreichendem Maße gestellt wird. Richtig ist jedoch in jedem Fall die Forderung nach einer Thematisierung des Verhältnisses von *Sachinhalt* und *Interaktionsdynamik.*

In seinem drei Jahre später erschienen Aufsatz „Gruppendynamik und der subjektive Faktor" kritisiert Horn erneut den fehlenden politischen Bezug, allerdings aus einem etwas anderen Gesichtswinkel. Er wirft der Gruppendynamik vor, sie führe zum Abbau der Leistungen des Ich und fördere Regressionstendenzen, ohne daß zugleich den dadurch verunsicherten Teilnehmern eine realitätsbezogene Stütze geboten werde. Was fehle, seien Hilfestellungen für das Ich, das doch zwischen gesellschaftlichem Anpassungsdruck auf der einen und narzißtischen Bedürfnissen auf der anderen Seite zu vermitteln habe. Insofern ist für Horn die Gruppendynamik für den einzelnen u.U. gefährlich, für die Gesellschaft aber unerheblich.

Die Kritik von Horn ist sicher ernst zu nehmen, insofern sie auf mögliche (absichtliche oder unabsichtliche) mißbräuchliche oder unverantwortliche Anwendungsmöglichkeiten hinweist. Andererseits wird in seiner Argumentation diese Möglichkeit zu einer Notwendigkeit verkehrt und den gruppendynamischen Verfahren als Wesensmerkmal zugeschrieben, wobei die vorhandenen Potenzen als Lehr- und Lernsituationen im Hinblick auf Gruppenvorgänge und deren Steuerung aus dem Blick geraten.

An Argumenten, die die *Wirksamkeit* gruppendynamischer Verfahren im Bereich politischer Bildung infrage stellen, finden sich:

Kritik:

mangelnde Wirksamkeit, da mangelnde Übertragbarkeit Naivität

1. Ergebnisse der Kleingruppenforschung können nicht ohne weiteres auf gesellschaftliche Prozesse übertragen werden (vgl. dazu auch Verba 1961).

2. „Die psychologische Naivität gegenüber der Bedeutung gesellschaftlicher Institutionen, des Verhältnisses der Menschen zu Institutionen und der Institutionen zueinander impliziert gerade für den Versuch, gruppendynamische Techniken zur Förderung demokratischen Verhaltens einzusetzen, insbesondere dann notwendig das Scheitern, wenn diese Techniken nicht methodisch streng geregelt angewandt werden und die Gruppentrainer und die Gruppen selbst zu den diskutierten Inhalten, insbesondere soweit diese selbst Probleme der Substantialisierung der Demokratie betreffen, z.B. auf Grund ihrer Vorbildung, kein Verhältnis finden können" (Horn 1969, S. 266).

Mit dem Verzicht auf demokratische Inhalte entsteht die Gefahr, daß Gruppendynamik zu einer „seid-nett-zueinander-Methode" wird, die vorgibt, die Verbesserung der zwischenmenschlichen Kommunikation sei bereits politische Bildung.

Enttäuscht über die geringe Demokratisierungspotenz der Gruppendynamik äußerten sich auch Giere (1970) und Ohm (1973). Während die Skepsis gegenüber der verhaltensverändernden Wirkung gruppendynamischer Trainings wenigstens zum Teil empirisch geprüft und widerlegt wurde (Däumling u.a. 1974; Mühlen 1976, Struck 1976), sind die Vorwürfe von Kultbildung und Religionsersatz, Konfliktbegrenzung usw. weiterhin ernst zu nehmen. In der Folge der Auseinandersetzung mit der Kritik änderten sich Anspruch der und Anforderungen an die Gruppendynamik. Sie gewann zunehmend ein solides Renomée als eine unter mehreren Interventionsmöglichkeiten zum Umgang mit Gruppen und Organisationen und verlor zugleich den überschwenglichen Anspruch, eine revolutionäre Kraft zur schnellen Umgestaltung der Gesellschaft zu sein.

Kritik:

Kultbildung
Religionsersatz
Konfliktbegrenzung

Die Hauptprobleme, die Fengler in der Entwicklung der Gruppendynamik 1979 beschrieb, sind auch heute, zehn Jahre später, noch nicht gelöst:
○ unzulängliche berufliche Identität des Gruppenleiters
○ Theorie-Defizit
○ Interventionseklektizismus
○ Kommerzialisierung.

Als Aufgabe stellen sich daher nach wie vor:
○ Stärkung der Professionalisierung
○ vergleichende empirische Erforschung gruppendynamischer Prozesse
○ Evaluationsstudien
○ Anbindung gruppendynamischer Konzepte an bewährte psychologische Theorien.

1.5.4 Zusammenfassung

In Europa begann die angewandte Gruppendynamik zu Beginn bis Mitte der fünfziger Jahre, zu einer sozialpsychologisch fundierten Weiterbildungsmethode zu werden. Diese Anfänge standen zwar unter dem Einfluß der amerikanischen Erfahrungen und Konzeptionen, nahmen aufgrund der unterschiedlichen kulturellen Voraussetzungen jedoch wenigstens zum Teil eine eigenständige Entwicklung.

Trainingszentren entstanden zunächst in Frankreich, Skandinavien und den Niederlanden. Das bereits in den vierziger Jahren gegründete Tavistock Institute of Human Relations hatte wegen seiner spezifischen Zielsetzung nur geringen Einfluß und strebte einen umfassenderen Einfluß wohl auch nicht an.

Das erste gruppendynamische Seminar im deutschsprachigen Raum wurde 1954 in Wien durchgeführt, in der BRD begann die Entwicklung fast zehn Jahre später, mit einem Laboratorium in Schliersee (1963). Sowohl am österreichischen als auch am bundesrepublikanischen Laboratorium waren aus der amerikanischen Gruppendynamik bekannte Trainer beteiligt.

Als eine der angewandten Gruppendynamik verwandte, aber nicht mit ihr identische Methode ist die *Gruppenpädagogik* anzusehen, die 1949 mit der Gründung von Haus Schwalbach ihre institutionelle Verankerung erfuhr.

An der Universität Bonn begann 1965 die systematische Arbeit mit Sensitivity Trainings, die auch zu Forschungsarbeiten führte. Zu Beginn der siebziger Jahre waren gruppendynamische Verfahren in der Erwachsenen- und Lehrerbildung weit verbreitet, Organisationslaboratorien und die Institutionsberatung entwickelten sich.

Eine Reihe verschiedener Verbände, die sich der Förderung der angewandten Gruppendynamik, der Durchführung von Laboratorien und der Ausbildung von Trainern verschrieben, wurden gegründet. In der BRD waren dies der DAAG und der agib. Außerdem entstand eine Anzahl von Zeitschriften, die zur Theorie und Praxis der Gruppendynamik veröffentlichten. Besonders zu erwähnen ist die „Gruppendynamik", die seit 1980 an der Fernuniversität erstellt wird.

Nach einer Zeit unkontrollierten und unüberschaubaren Wachstums während des „Psychobooms" ging das Interesse der Öffentlichkeit an der angewandten Gruppendynamik wieder zurück. Seit Ende der siebziger Jahre findet sich Gruppendynamik überwiegend als gezielte Maßnahme der Aus- und Weiterbildung in Organisationen und Institutionen; die ursprüngliche Form, das Sensitivity Training, ist kaum noch von Bedeutung.

Vielleicht aufgrund dieser Ansiedlung der Gruppendynamik in Institutionen finden Emanzipations- uns Selbsthilfebewegungen kaum Kontakt zu ihr. Dazu beigetragen haben wohl auch die kritischen Stimmen, die der Gruppendynamik Kultbildung, mangelnden Gesellschaftsbezug, Individualisierung sozialer Probleme und apolitische oder entpolitisierende Tendenzen vorwerfen. Wie eine Betrachtung der Entstehungsgeschichte zeigt, treffen diese Vorwürfe nicht gruppendynamische Verfahren *an sich*, sind bei der Prüfung bestimmter Entwicklungstendenzen aber ernst zu nehmen.

2 Angewandte Gruppendynamik: Formen und Anwendungsbereiche

Lehrziele

Nach der Bearbeitung dieses Kapitels sollten Sie

○ die wichtigsten **Anwendungsformen** der angewandten Gruppendynamik charakterisieren können,

○ Gemeinsamkeiten, Unterschiede und Überschneidungen dieser Anwendungsformen kennen und darstellen können,

○ die wesentlichen **Anwendungsbereiche** der angewandten Gruppendynamik kennen,

○ diesen die Trainingsformen zuordnen können, die in ihnen im wesentlichen angewandt werden, und

○ solche **Modifikationen** bzw. Trainingsformen kennen und charakterisieren können, die in und für solche Anwendungsbereiche entwickelt wurden.

Studierhinweise

Über die für das erste Kapitel gegebenen Studierhinweise hinaus möchte ich Ihnen die folgenden Hinweise geben:

○ In den Übungsaufgaben werden Sie aufgefordert, Lösungen in die dafür vorgesehenen Abschnitte unter dem Kapitel 2.4. (Zusammenfassung und Überblick) einzutragen. Wenn Sie dies regelmäßig und sorgfältig tun, dann haben Sie nach Bearbeitung mit diesem Kapitel einen selbsterstellten Überblick in der Hand, den Sie später als eine Art Manual zur angewandten Gruppendynamik nutzen können.

○ Daher empfehle ich Ihnen, die Aufgaben zunächst „ins Unreine" zu bearbeiten und die Lösungen gesondert zu notieren, sie ausführlich in Ihrer Arbeitsgruppe zu besprechen, und sie erst dann einzutragen.

2.1 Einführung

Durch das erste Kapitel besitzen Sie nicht nur einen Überblick über die Entwicklungsgeschichte der angewandten Gruppendynamik, sondern haben auch bereits verschiedene ihrer Ausprägungen kennengelernt. Diese Bekanntschaft werden Sie in den folgenden Kapiteln vertiefen; darüber hinaus werde ich Ihnen weitere Verfahren vorstellen, die bisher noch gar nicht erwähnt wurden.

Der zweite Teil dieses Buches befaßt sich mit verschiedenen wichtigen Anwendungsbereichen von Verfahren der angewandten Gruppendynamik. Zum Teil werden in diesen Anwendungsbereichen die Trainingsformen so eingesetzt, wie sie im ersten Teil beschrieben sind, oder mit nur geringfügigen Modifikationen ihrer Ziele und Vorgehensweisen. Beispielsweise wird bzw. wurde das Sensitivity Training in seiner klassischen Form in der Erwachsenen- und Lehrerbildung, in der Aus- und Weiterbildung von Psychotherapeuten und auch im Bereich öffentlicher Institutionen und Organisationen der gewerblichen Wirtschaft eingesetzt. Im Zuge der praktischen Arbeit mit Verfahren der angewandten Gruppendynamik entstanden jedoch auch eine Reihe von Trainingsmaßnahmen mit besonderen Zielsetzungen und Vorgehensweisen, die für diesen Bereich typisch sind.

Dies wirkt sich natürlich auch auf die Darstellung aus. Während diese im ersten Fall auf eine erneute Beschreibung des oder der Verfahren verzichten kann, wird im zweiten Fall eine solche erforderlich sein und eine ausführliche Darstellung notwendig machen. Sie werden feststellen, daß schon aus diesem Grund die einzelnen Abschnitte unterschiedlich lang sind.

Unterschiedliche Ausführlichkeit der Darstellung resultiert noch aus einer weiteren Quelle, nämlich aus dem Anteil, den angewandte Gruppendynamik an dem jeweiligen Trainingsverfahren tatsächlich hat. Wie Sie sehen werden, kann dieser Anteil relativ gering sein, etwa im Falle des Managerial Grid.

Ebenfalls werden Sie feststellen, daß die Unterscheidung in *Formen* und *Anwendungsbereiche* der angewandten Gruppendynamik nicht in jedem Fall eindeutig durchzuhalten ist. Dies gilt vor allem dann, wenn Anwendungsbereich und speziell für ihn entwickeltes Verfahren untrennbar zusammenhängen, wie es häufig bei angewandter Gruppendynamik in Organisationen der Fall ist. Sie finden daher im Kapitel 2.2. die mehr oder weniger klassischen Trainingsformen, die in unterschiedlichen Bereichen eingesetzt werden oder wurden. Speziell entwickelte Verfahren hingegen habe ich im Kontext ihres Anwendungsbereiches (Kapitel 2.3.) dargestellt.

2.2 Trainingsformen

2.2.1 Das klassische Gruppendynamische Laboratorium (GDL)

Ein gruppendynamisches Laboratorium ist im eigentlichen Sinne keine *Trainingsform*, sondern eine *Organisationsform* für Trainingsveranstaltungen. Es läßt sich als eine komplexe Organisation auffassen, die dadurch überschaubar wird, daß sie bewußt von äußeren Einflüssen weitgehend freigehalten wird. Dies wird u.a. dadurch erreicht, daß sich Teilnehmer und Trainer für den gesamten Veranstaltungszeitraum in einer Tagungsstätte in Klausur begeben.

Begriffsbestimmung und Merkmale

Sie wissen aus dem ersten Kapitel, daß die Arbeit im GDL in *Kleingruppen* und im *Plenum* stattfindet und sich nicht auf extern formulierte Aufgaben richtet, sondern auf das aktuelle Geschehen zwischen den Teilnehmern, zwischen den Gruppen und im Plenum zielt.

> Bitte rufen Sie sich die Begriffsbestimmung zum gruppendynamischen Laboratorium aus dem ersten Kapitel ins Gedächtnis. Lesen Sie – falls erforderlich – dort noch einmal nach (Abschnitt 1.2.). Leider herrscht bei der Verwendung des Begriff des Gruppendynamischen Laboratoriums keine Eindeutigkeit. Gelegentlich wird er als Oberbegriff für alle gruppendynamischen Verfahren benutzt, an anderer Stelle erscheint er synonym mit dem Sensitivity Training usw. Die oben von mir vorschlagene Begriffsverwendung scheint mir den Besonderheiten der verschiedenen Ansätze der angewandten Gruppendynamik am ehesten zu entsprechen.

Dieses Festhalten an den Kennzeichen des GDL, nämlich mehrere Kleingruppen, die im Plenum zusammentreffen, ist mehr als ein bloßer Formalismus. Plenums- und Intergruppensitzungen bieten eine Vielzahl zusätzlicher sozialer Prozesse als Lernsituationen und Lerngegenstände, die in Einzelgruppen-Veranstaltungen nicht gegeben sind.

Nicht alle gruppendynamischen Trainings finden in Laboratoriumsform statt. In vielen Encounter- und Marathon-Veranstaltungen befinden sich die Teilnehmer lediglich in einer einzigen Kleingruppe, aber auch die gleichzeitige Existenz mehrerer Kleingruppen konstituiert noch kein Laboratorium, da Intergruppen-Prozesse und Plenum fehlen.

Innerhalb dieser Organisationsform GDL gibt es eine Reihe unterschiedlicher Trainingsrichtungen, die sich in ihrer Zielsetzung unterscheiden. Die wichtigsten dieser Richtungen sind Sensitivity Training und Organisationsentwicklungstraining, aber auch andere Verfahren wie z.B. Skill- und Kommunikationstrainingsgruppen können in ein Laboratorium eingebettet sein und dessen Potential nutzen.

Übungsaufgabe 5

Bitte geben Sie eine kurze Begriffsbestimmung des „Gruppendynamischen Laboratoriums".

Wie in den Studierhinweisen bereits erwähnt, schlage ich Ihnen vor, diese zunächst gesondert niederzuschreiben und in Ihrer Arbeitsgruppe zu diskutieren.

Tragen Sie diese – evtl. modifizierte – Begriffsbestimmung dann in den vorgesehenen Raum im Kapitel 2.4. ein.

2.2.2 Sensitivity Training

Das Sensitivity Training war über lange Zeit, vor allem in den siebziger Jahren, die meistpraktizierte Form der angewandten Gruppendynamik, und zwar nicht nur im Bereich psychosozialer Berufe, sondern auch im betrieblichen Bereich (vgl. Hoepfner & Munzinger 1977, S. 31).

Begriffsbestimmung Eine kurze Begriffsbestimmung des Sensitivity Trainings kennen Sie bereits aus dem ersten Kapitel. Wenn Sie sich allerdings in der einschlägigen Literatur umschauen, werden Sie vermutlich rasch feststellen, daß auch hier von einer einheitlichen Begriffsverwendung keine Rede sein kann. Teilweise gilt *Sensitivity Training* als Oberbegriff für verschiedene Trainingsvarianten (z.B. bei Gibb, 1970, wo es nahezu gleichbedeutend mit ‚angewandter Gruppendynamik' erscheint – oder im deutschen Sprachraum z.B. bei Bödiker & Lange, 1975, wo es dem Encounter und dem Verhaltenstraining gegenübergestellt wird). Däumling et al. vertreten dagegen eine andere Auffassung, der ich mich anschließen möchte. Danach handelt es sich nicht um einen Oberbegriff, sondern um eine konkrete, eng umschriebene Trainingsform mit eigenen Zielsetzungen und Vorgehensweisen, die neben anderen Trainingsverfahren steht (1974).

2.2.2.1 Zielsetzungen des Sensitivity Trainings

Der Begriff 'Sensitivity Training' und die damit bezeichnete Variante des gruppendynamischen Trainings wurde 1954 an der Graduate School of Business Administration an der Universität von Kalifornien in Los Angeles von Weschler, Kallejan, Tannenbaum u.a. eingeführt. Im Vordergrund stand die Persönlichkeitsentwicklung der Teilnehmer:

> „Unsere ... Auffassung des Sensitivity Trainings stellt ein Mittel dar, um die Persönlichkeitsentfaltung (personal growth) von Menschen zu fördern, die, obgleich sie nach den meisten kulturell gültigen Standards als 'normal' gelten, gerade durch diese Standards auf subtile und komplexe Weise in Mitleidenschaft gezogen werden. Für uns ... ist Sensitivity Training nicht mehr in erster

Linie eine Technik zur Verbesserung des Gruppenverhaltens, zur Ausbildung interpersonaler Beziehungsfertigkeiten, zur intellektuellen Erörterung von menschlichen Beziehungsproblemen oder zur oberflächlichen Besprechung neurotischer Symptome … Vielmehr zielt Sensitivity Training nun auf die ganzheitliche Stärkung des Individuums ab.

Unsere Version des Sensitivity Trainings widmet sich zunehmend der Stärkung des Individuums in seinem Wunsch, Menschen und Ereignisse unverkürzter zu erleben, sich selbst intimer und genauer zu kennen, zu einem sinnvolleren Verständnis des eigenen Lebens zu finden und einen Prozeß persönlicher Entfaltung zu ständig wachsender individueller Zulänglichkeit in Gang zu bringen oder in Gang zu halten" (Weschler, Massarik & Tannenbaum 1962; zit. n. Benne 1972, S. 143).

In dieser Zielsetzung zeigt sich eine große Nähe, vielleicht sogar ein Verschwimmen der Grenze zur Gruppenpsychotherapie, weshalb Sie gelegentlich auch die Bezeichnung ,Therapie für Normale' finden werden. Dies erkennen auch Weschler, Massarik & Tannenbaum:

„Inzwischen sollte klar sein, daß zwischen dieser Art von Sensitivity Training und manchen Formen der Gruppenpsychotherapie erhebliche Ähnlichkeiten bestehen. Die relativ deutlichen Unterschiede zwischen Training und Therapie … scheinen mehr und mehr zu verschwimmen. Beide Aktivitäten widmen sich der Steigerung der Sensitivität von Gruppenmitgliedern für ihr eigenes Funktionieren und das Funktionieren anderer sowie der Korrektur blinder Flecken und Verzerrungen. Sensitivity teilt mit der Gruppenpsychotherapie das Ziel der Ich-Stärkung und der Verbesserung des Selbstbildes. Beide betonen die Entwicklung von Einsichten und Gelegenheiten zur Realitätsprüfung. Beide versuchen, die bestimmenden zentralen Lebenswerte zu prüfen, und legen Nachdruck auf die Ersetzung alter, einengender durch neue, anpassungsfähigere Verhaltensweisen …" (ebd., zit. n. Benne 1972, S. 146-147 [o. Seitenangabe]).

Weschler, Massarik & Tannenbaum betonen in ihrer Darstellung das Gemeinsame der beiden Verfahren. Trotz dieser Nähe sollten Sie Gruppenpsychotherapie und gruppendynamisches Sensitivity Training nicht miteinander verwechseln. Die im Sensitivity Training geplant auftretenden Belastungen können denjenigen, der mit seinem psychischen Leid der stützenden therapeutischen Situation bedarf, in größere Schwierigkeiten bringen. Außerdem ist für den systematischen und u.U. lang dauernden Prozeß der gemeinsamen Arbeit von Psychotherapeut und Klient in der kurzlebigen Situation des Trainings kein Raum.

Was mit ,Sensitivity' gemeint ist, die in dieser Variante der angewandten Gruppendynamik trainiert und gefördert werden soll, wissen Sie ebenfalls schon aus der Begriffsklärung des ersten Kapitels. Die drei Bereiche, auf die sie sich bezieht, sollen hier noch einmal genannt werden; es sind dies:

○ der sozial-kognitive Bereich,

○ der motivationale Bereich und

○ der expressive Bereich.

In diesem Zusammenhang wird deutlich, daß *Sensitivity* nicht Selbstzweck, sondern die *Voraussetzung für höhere Effizienz der kommunikativen Bemühungen* ist.

Eine ausführlichere Definition dessen, was mit Sensitivity gemeint ist, gibt Jörg Fengler. Diese Darlegung gibt zugleich einen guten Einblick in Teilziele des Trainings:

„(1) *Sensitivity ist Sensibilität für das eigene Erleben,* d.h. die Fähigkeit zum Spüren des eigenen inneren Erlebnisraumes, ein Gespür für das, was im eigenen Inneren an unterschiedlichen seelischen Regungen vor sich geht. … Von mangelnder Sensitivity ist zu sprechen, wenn jemand mit zitternder Stimme und Schweiß auf der Stirn behauptet, er sei ganz ruhig und auch daran glaubt. …

(2) *Sensitivity ist das Gespür für die eigene Wirkung auf andere Personen.* Sensitivity … bedeutet also, abschätzen zu können, welche Gefühle und Verhaltensweisen das eigene Verhalten beim anderen auslöst. …

(3) *Sensitivity bedeutet Einfühlung in fremdseelisches Geschehen* und entspricht hier dem Begriff der Empathie. …

(4) *Sensitivity ist auch ein Gespür für die Art und Weise, wie jemand auf einen Dritten wirkt.* … Hier gilt es für den, der Sensitivity realisieren will, drei Datenquellen zu berücksichtigen:

a) die eigenen subjektiven Anteile der Wahrnehmung,

b) das Verhalten der einen Person einschließlich seiner Wirkung auf mich und den Partner,

c) das Verhalten der anderen Person und seine Wirkung auf mich und den Partner.

(5) *Sensitivity ist die Fähigkeit zur instrumentenfreien Diagnostik von Gruppenstrukturen und Gruppenprozessen.* Hier geht es darum, das, was in der Gruppe geschieht, und die Art, wie es geschieht, zu erfassen und zu benennen, z.B. Führungsstruktur und Rollenverteilung, Kommunikation und ihre Störungen usw.

(6) *Sensitivity ist auch das Gespür dafür, wie die Gruppe auf einzelne Gruppenmitglieder und auf den weiteren Fortgang ihrer eigenen Entwicklung einwirkt.* Eine bedrückte Gruppenstimmung vermag z.B. nicht-

> bedrückte Mitglieder anzustecken. Anfängliche Passivität oder Aktivität der Gruppe sind häufig stilprägend für den ganzen Verlauf des Laboratoriums."

(Fengler 1981, S. 150-152)

Im Training wird nun ein Prozeß in Gang gesetzt, in dessen Verlauf die Teilnehmer zunächst die Gelegenheit haben, ihre ‚sensitivity' in diesen Bereichen zu erproben und festzustellen, wo diese gut entwickelt ist und wo es an ihr mangelt. Diese Erfahrung bildet dann die Basis für Erprobung und systematische Entwicklung differenzierter Wahrnehmung und Reaktion.

„Das Bewußtwerden typischer affektiver Reaktionen, die sich automatisch einstellen, wird abgelöst von einer Beachtung fremder Gefühle und einer Antizipation möglicher Konsequenzen aus eigenem Verhalten. Spontanes Agieren und Äußern eigener Gefühle erfolgt dann in vermehrtem Maße person- und situationsgerecht, d.h. der rechte Augenblick, die entsprechende Intensität und die gruppenbezogene Resonanz bewirken zusammen jene Kommunikation, die als neue Verstehens- und Leistungsbasis der früheren überlegen ist. Dazu gehören z.B. das Eingestehen-Können von Fehlern und Schwächen ohne Auslösung eines Abwehr- oder Projektionsmechanismus' bzw. das Akzeptieren fremder Unzulänglichkeiten, ohne sich zu Macht- und Statusdemonstrationen herausfordern zu lassen" (Däumling et al. 1974, S. 228).

Erwartungen an den Trainingsprozeß

Die von Däumling aufgestellten Ziele eines Sensitivity Trainings haben auch heute noch Gültigkeit:

○ Reifung durch Selbstkonfrontation

○ Verbesserung der Sozialwahrnehmung

○ Fundierung der Kooperation

○ Neubegründung der Autorität.

Wegen ihrer Bedeutung sollen diese Ziele hier erläutert werden.

Reifung durch Selbstkonfrontation

Das Sensitivity Training versucht, habituelle Verhaltensweisen, die in der primären und sekundären Sozialisation angeeignet wurden, und das eigene Motivationssystem in bestimmte Richtungen festlegen, sichtbar zu machen und dabei auch Abwehrmechanismen, die diesem Erkennensprozeß entgegenstehen, aufzudecken. Dazu dienen z.B. die verschiedenen Formen des Feedback über das eigene Verhalten und die durch dieses ausgelösten Reaktionstendenzen der anderen Trainingsteilnehmer. In der Folge schließlich sollen Möglichkeiten erkundet und erprobt werden, solche starren Verhaltensmuster zu verändern und eine flexiblere Einstellung gegenüber den Anforderungen der sozialen Umwelt zu ermöglichen.

Dieser Prozeß der *Selbstkonfrontierung* in der T-Gruppe des Sensitivity Trainings soll damit Anstöße geben, die den vielleicht „stagnierenden Prozeß der emotional-sozialen Reifung" (Däumling et al. 1974, S. 230) wieder in Gang setzt.

Verbesserung der Sozialwahrnehmung

Überprüfen der
Wahrnehmung
durch Kommunika-
tion

Neben dieser Schärfung der Selbstwahrnehmung geht es im Sensitivity Training auch um die Verbesserung der sozialen Wahrnehmung. In der Trainingsgruppe (T-Gruppe) machen die Teilnehmer regelmäßig die Erfahrung, wie begrenzt die eigene Wahrnehmung von den anderen ist – und daß in der Folge dieser begrenzten und eingeengten Wahrnehmung eine angemessene Reaktion auf und ein angemessener Umgang mit diesen anderen ebenfalls nur begrenzt möglich ist.

Hier will das Sensitivity Training den eigenen Wahrnehmungs- und Kommunikationsspielraum vergrößern, verbesserte Aufmerksamkeitsprozesse und präzisere Beobachtung in Gang setzen und somit auch die 'sensitivity' für das Nichtausgesprochene, Zwischen-den-Zeilen-liegende erhöhen.

Im geschützten Raum der T-Gruppe können solche subtilen Details in der Wahrnehmung des anderen diesem gegenüber ausgesprochen und in der Kommunikation mit ihm auf ihren Realitätsgehalt überprüft werden. In diesem Prozeß von Wahrnehmung, Mitteilung und Korrektur soll die angestrebte Schärfung der sozialen Wahrnehmung erfolgen.

Fundierung der Kooperation

Der gezielte Umgang mit Selbst- und Fremd(Sozial)wahrnehmung im Gruppenprozeß rückt die Möglichkeiten, auf andere einzuwirken, in das Blickfeld. Zugleich wird damit natürlich auch deutlich, wie wirkungslos manche ernsthaften Bemühungen um gutes Einvernehmen bleiben - wodurch die Frage nach den Ursachen und Bedingungen für derartige Schwierigkeiten in der Kommunikation aufgeworfen wird.

Die Selbsterfahrung, die in der Vielzahl verschiedener Interaktionen innerhalb der T-Gruppe möglich ist, soll die Einsicht hervorrufen, daß der eigene Ausdruck bzw. die eigene Willensäußerung eine Form finden muß, die vom Partner akzeptiert werden kann.

Kommunikation und
Wahrnehmung als
Voraussetzungen
für Kooperation

Voraussetzungen hierfür sind u.a., die Grenzen der Aufnahmefähigkeit und Aufnahmebereitschaft des Gegenübers zu erkunden, spontanes Sich-aufeinander-einstellen zu ermöglichen, die Bereitschaft zu bestimmten Reaktionen zu fördern usw.

Als Bedingungen der Kooperation gelten vor allem: eine Erweiterung der Frustrationstoleranz, die Fähigkeit des Aufeinander-Eingehens und ein jeweils adäquater Modus der Konfliktverarbeitung (vgl. Däumling et al. 1974, S. 232).

Diesem Zeck dient es auch, wenn im Training auftretende zwischenmenschliche Spannungen nicht verdeckt oder beiseitegeschoben werden, sondern ausdrücklich zugelassen werden sollen, da so die Chance besteht, an den Reibungspunkten selber die Bedingungen für reibungsfreie Zusammenarbeit zu erfahren und zu erproben.

Autorität

Neben dem Erproben von Wahrnehmung, von Kommunikations- und von Kooperationsmöglichkeiten soll das Sensitivity Training eine weitere Möglichkeit des Experimentierens bieten, nämlich im Bereich des Rollenverhaltens. Dies gilt in besonderem Maße für Autoritäts- und Führungsrollen. Was im Alltag riskant erscheint und deshalb meist unterbleibt, soll in der T-Gruppe möglich werden, nämlich erfolgversprechende, fest eingeübte Führungs- und Unterwerfungsrollen aufzugeben und mit anderen Rollen oder Rollenausprägungen zu experimentieren. Sich-Durchsetzen und Nachgeben, Helfen und Sich-helfen-Lassen, Recht-Behalten und Fehler-Zugeben können erprobt und in ihren Vor- und Nachteilen erfahren werden.

Experimentieren mit Führungsrollen

Daher ist auch die Anfangssituation in einer neuen T-Gruppe unstrukturiert, ohne Vorgabe von Zielen, Verfahren usw. durch den oder die Trainer(in). Es wird Sie nicht überraschen, daß dem Trainer (der Trainerin) in dieser Situation durch die Teilnehmer(innen) Autorität zugeschrieben und von ihm (ihr) Führungsverhalten erwartet wird. Durch die Weigerung, darauf einzugehen, sollen solche gewohnheitsmäßigen Zuschreibungen und Erwartungen in Frage gestellt werden, so daß die Teilnehmer(innen) dazu übergehen, eigene Macht und eigene Wirkungsmöglichkeiten zu erforschen.

Schließlich wird davon ausgegangen, daß ein Rotieren der Führungsfunktionen die Spontaneität des einzelnen und die funktionale Reaktion der Gruppe sich entwickeln läßt (vgl. Däumling et al. 1974, S. 232-233).

Derart geschaffene neue Autorität bedeutet dann, daß die Gruppe durch ihren Konsensus die jeweils benötigte initiierende und leitende Funktion demjenigen überträgt, der in der jeweiligen Situation der geeignetste ist.

Diese hochgesteckte und anspruchsvolle Zielsetzung wurde zur Hoch-Zeit des Sensitivity Trainings formuliert und zeugt von einem geradezu euphorisch anmutenden Glauben an das demokratische Potential, das in dieser Variante der angewandten Gruppendynamik gesehen wurde. Das Sensitivity Training wurde als gesellschaftliche Herausforderung im Bereich der Führung aufgefaßt, weshalb auch Däumling 1970 aus diesem Vertrauen in dessen Wirksamkeit und Relevanz heraus postulierte: „An diesem epochalen Wandel der Autoritätsstruktur wird niemand vorbeikommen" (zit. nach Däumling et al. 1974, S. 223).

Dieser Glaube an die umwälzende Qualität des Sensitivity Training ist im Laufe der Zeit der Ernüchterung gewichen. Die hochgesteckten Erwartungen wurden bei weitem nicht erfüllt und das Sensitivity Training in seiner ursprünglichen Form ist heute eher die Ausnahme als die Regel in der Palette gruppendynamischer Veranstaltungen.

2.2.2.2. Prozeßphasen

Obwohl Massarik auch 1997 noch konstatiert, daß es bis zu einer stringenten Theorie der Dynamik und der Wirkungen des Sensitivity Trainings noch ein langer Weg ist, lassen sich seiner Ansicht nach einige der dynamischen Aspekte des Trainingsprozesses aufzeigen. Auf der erwähnten Tagung zum 50jährigen Bestehen der NTL zeigte er in einem Beitrag fünf Prozeßphasen auf (Massarik 1997, S. 89-91):

Suche nach Regeln

(1) Die Suche nach Grundregeln: Ziel dieser Trainingsphase ist die Verminderung einschränkender, von außen stammender Normen, um so den Weg für die Entwicklung neuer Normen innerhalb der Trainingsgruppe freizumachen. Insbesondere läßt sich beobachten: (a) es existiert eine Vielzahl von (impliziten) Erwartungen der Teilnehmer(innen), (b) die Gruppenmitglieder verhalten sich entsprechend diesen Erwartungen, (c) sie erkennen in der Folge von Trainerinterventionen oder gelegentlich auch durch das Verhalten anderer Gruppenmitglieder, daß diese ursprünglichen Erwartungen nicht mit den sich entwickelnden Gruppennormen stehen. Durch dieses In-Frage-stellen der Erwartungen entsteht ein „normatives Vakuum".

Verfestigen der neuen Regeln

(2) Kristallisieren der Grundregeln: Erwartungen und Verhalten des überwiegenden Teils der Teilnehmer(innen) haben sich verändert; gegenüber denjenigen, die an ihren ursprünglichen Positionen festhalten, zeigt sich das gegenüber Außenseitern typische Verhalten. Eine Zeitlang konzentriert sich die Gruppe auf diese „Außenseiter"; sie symbolisieren die Ambivalenz und die Konflikte, die mit der Normveränderung verbunden sind. – Die neuen Grundregeln sind typischerweise: (a) Ausdrücken und Explorieren von Gefühlen, (b) Beobachten des Gruppenprozesses, (c) Entwickeln der Fähigkeiten zum Zuhören und zur Reaktion auf nichtverbale Hinweisreize, (d) Entwickeln der Fähigkeiten zum Aufdecken der Motive, die dem Verhalten der einzelnen und der Gruppe zugrundeliegen.

rudimentäre Exploration

(3) Beginnende intra- und interpersonale Exploration: Wenngleich die neuen Gruppennormen noch nicht ganz gefestigt sein mögen, dienen sie doch als hinreichendes Orientierungsmuster für die Beschäftigung mit dem Gruppenverhalten. Die Teilnehmer(innen) sind bereit, ihre Gefühle zu explorieren, mit neuen Verhaltensweisen zu experimentieren usw. Es gibt jedoch auch Rückschritte, Ambivalenzen, Widerstände gegen die neuen Normen; einige Gruppenmitglieder sind stark involviert, andere sind zurückgezogen oder nehmen nur gelegentlich an den Gruppenaktivitäten teil.

(4) Intensive intra- und interpersonale Exploration: Die neuen Gruppennormen sind stabil und weitgehend internalisiert. Die Interaktion bewegt
sich vorwiegend auf der Gefühlsebene; es gibt ein starkes Bemühen nach
dem Verstehen des eigenen Selbst und dem der anderen. Wenn hin und
wieder unvorhergesehene Barrieren auftauchen, gibt es genügend Ressourcen, um damit umzugehen. – Diese Phase wird nicht von allen
Trainingsgruppen erreicht, und auch zwischen den Mitgliedern einer
Gruppe gibt es erhebliche Unterschiede im Ausmaß des Involviertseins.

intensive Exploration

(5) Abschluß: Die zur Verfügung stehende Zeit geht zu Ende, es gibt kaum
noch Möglichkeiten, neue Fragen zu explorieren. Stattdessen gibt es noch
einige unabgeschlossene Dinge. Bei dem Versuch, diese zu klären, läßt die
Gruppe Vorsicht walten. Es gibt vielleicht euphorische Abschlußfeiern,
kritische Rückblicke oder auch den Ausdruck von Enttäuschung.

Abschluß

Selbstverständlich stellen diese Phasen kein lineares Schema dar, dennoch
sind sie zur Beschreibung des Trainingsprozesses brauchbar.

2.2.2.3 Veränderung in intra- und interpersonaler Wahrnehmung: das Johari-Fenster

Ein bekanntes heuristisches Modell, das den Trainingsprozeß im Bereich der
Selbst- und Fremdwahrnehmung verdeutlicht, ist das von Luft und Ingham
vorgestellte „Johari-Fenster" (1955) (in der Bezeichnung „Johari" sind die
Vornamen der Autoren enthalten: Joseph Luft und Harry Ingham).

Es handelt sich um ein Quadrat, das folgende vier Quadranten enthält:

Quadrant I – „öffentliche Person" – ist der Bereich der freien Aktivität; er
umfaßt Verhaltensweisen und Motivationen, die sowohl mir selbst bekannt
als auch für andere wahrnehmbar sind.

Quadrant II ist der Bereich des „blinden Flecks", der Verhalten umfaßt, das
andere bei mir wahrnehmen können, das ich selbst jedoch nicht kenne
(Abwehr, Vorbewußtes, eingefahrene Gewohnheiten).

Quadrant III – „Privatperson" – enthält das, was wir zwar selbst kennen,
anderen gegenüber jedoch verbergen (oder vermeiden) bzw. diesen nicht
bekannt machen will.

Quadrant IV ist der Bereich des „Unbekannten", der alle Vorgänge beinhaltet, die weder mir selbst noch anderen bekannt sind, – in der Terminologie der
Tiefenpsychologie das ‚Unbewußte'.

	mir selbst bekannt	mir selbst nicht bekannt
anderen bekannt	**I** **öffentliche Person**	**II** **blinder Fleck**
anderen nicht bekannt	**III** **Privatperson**	**IV** **Un-bekanntes**

Diese vier Bereiche sind im allgemeinen, (und damit auch zu Beginn eines gruppendynamischen Trainingsprozesses) keineswegs gleich groß. Häufig ist der Bereich I relativ klein, d.h., es gibt nicht viel freie und spontane Interaktion. Die Bereiche II, III und IV sind relativ groß, so daß das Johari-Fenster etwa folgendermaßen aussehen kann:

	mir selbst bekannt	mir selbst nicht bekannt
anderen bekannt	I	II
anderen nicht bekannt	III	IV

Im Trainingsverlauf soll nun eine Vergrößerung des Bereiches der öffentlichen Person (I) und eine Verkleinerung der Bereiche II und III erreicht werden. (Bereich IV verkleinert sich unter Umständen auch, gehört aber eigentlich in die Zuständigkeit der Psychotherapie.)

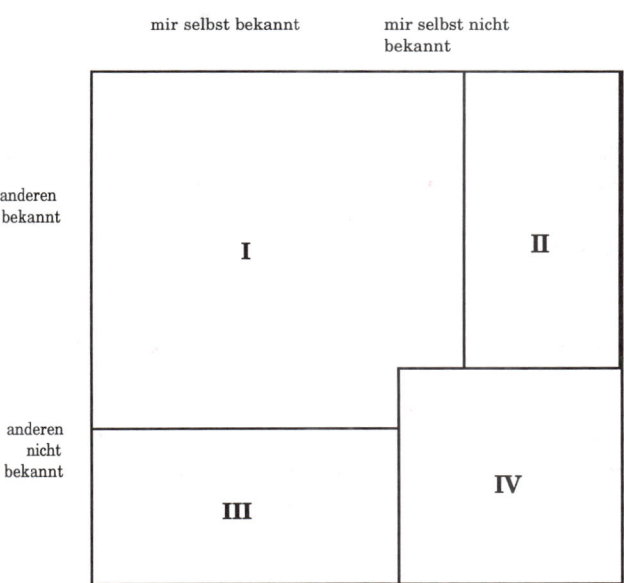

Das Johari-Fenster läßt sich auch für die Darstellung des Intergruppen-Prozesses benutzen. Bereich I beinhaltet dann das, was der Gruppe selbst und auch den anderen Gruppen bekannt ist; II ist der „blinde Fleck" der Gruppe, dessen Inhalte anderen Gruppen jedoch sichtbar sind; Bereich III sind die Dinge, die eine Gruppe vor anderen Gruppen geheimhält; Bereich IV schließlich ist der Gruppe selbst und anderen Gruppen unbekannt. Anders bei der Anwendung auf die individuelle Person ist dieser Bereich IV auch Gegenstand der Veränderung im Trainingsverlauf (vgl. dazu auch Luft 1972).

2.2.2.4 Inhaltliche Merkmale

Tiefenpsychologie und Sozialpsychologie

Weitgehende Übereinstimmung besteht darin, daß als Grundlage für das Sensitivity Training einerseits die Sozialpsychologie, andererseits die Tiefenpsychologie dienen. Je nach dem Verhältnis beider und der jeweiligen Akzentuierung wird das Training eher individuumszentriert oder eher gruppenprozeßorientiert sein. Während eine Akzentuierung der Tiefenpsychologie mehr Triebthematik, Abwehrmechanismen etc. in den Vordergrund bringen wird, wird eine sozialpsychologische Ausrichtung auf Interaktionsprozesse, Rollenbeziehungen usw. abheben.

Fokus auf
○ Individuum
oder
○ Gruppe …

... jedoch nicht
einseitig!

Bei aller Variationsbreite in dieser Ausrichtung widerspricht eine einseitige Ausrichtung auf einen dieser ‚Grundpfeiler' jedoch den Zielsetzungen des Sensitivity Trainings. Weder soll es um therapeutische Arbeit mit isoliert agierenden Individuen gehen, noch ist die Dynamik der Gruppenentwicklung verstehbar, ohne zugleich auf die Anteile der diese Entwicklung tragenden Individuen Bezug zu nehmen.

Unstrukturierter Beginn

keine Führung

↓

keine Struktur

↓

Verunsicherung

Die T-Gruppen-Arbeit innerhalb des Sensitivity Trainings ist insbesondere gekennzeichnet durch „initiale Unstrukturiertheit mit frustrierender bzw. evozierender Wirkung" (Däumling 1973, S. 13). Diese Unstrukturiertheit wird dadurch hervorgerufen, daß die nach den Erwartungen der Teilnehmer dafür prädestinierte Person, nämlich der *Trainer*, es ablehnt, Aufgaben zu benennen, Ziele und Normen zu setzen, Führung zu übernehmen usw.

Die ungeklärte Rollenzuschreibung für den Trainer und das Ausbleiben der erwarteten Führung führt zu zunehmender Unsicherheit. Die fehlende Strukturierung innerhalb der Gruppe, also der internen Rollendifferenzierung wirkt sich unterschiedlich aus. Für einige Teilnehmer wirkt sie massiv frustrierend und führt zu Rückzug und angestauter Aggression, andere wiederum treten 'die Flucht nach vorn' an, bringen ihren Ärger zum Ausdruck oder ergreifen die Initiative, indem sie Vorschläge für zu bearbeitende Themen machen usw.

So kommt der Initialsituation jene evozierende Wirkung zu, die jedes Gruppenmitglied veranlaßt, unbewußt die ihm für Angst- und Konfliktsituationen zu Gebote stehenden Verhaltensmuster darzulegen und damit die Gruppendynamik im Sinne eines Energiegefälles oder affektiver Spannungen zu ermöglichen, ohne daß vom Trainer her dirigierend eingegriffen werden muß" (Däumling 1973, S. 13).

Fokussierung auf stereotype Verhaltensweisen

Die zu Beginn einer T-Gruppen-Arbeit vorhandene Situation kann als Prototyp einer sozial bedingten Streßsituation angesehen werden, in der das vorhandene Verhaltensrepertoire keine gut eingeübten und situationsangemessenen Reaktionsmöglichkeiten enthält:

Streß

↓

Verhaltens-
stereotypen

Streß ist mit Situationen verbunden, in denen sich Anpassungsprobleme stellen, in denen also ein erreichter Zustand durch Veränderungen von inneren oder äußeren Bedingungen in Frage gestellt wird.

Wie die moderne Streßforschung nachgewiesen hat, treten unter Streßbedingungen vor allem sogenannte dominante Verhaltensweisen gehäuft auf, d.h., daß ein Individuum in erster Linie auf solches Verhalten zurückgreift, das entweder physiologisch verankert oder aber gut eingeübt und weitgehend automatisiert ist.

Der mit dem unstrukturierten Beginn unvermeidlich verbundene Druck führt also zum gehäuften Auftreten stereotyper Verhaltensweisen. Ein wesentlicher Teil der T-Gruppen-Arbeit besteht nun darin, auf solche stereotypen Verhaltensweisen aufmerksam zu machen und damit zur Überprüfung ihrer Angemessenheit zu veranlassen. Zu Beginn wird dies eine wesentliche Funktion des Trainers sein, die jedoch im fortschreitenden Gruppenprozeß zunehmend auch von den Gruppenmitgliedern übernommen wird.

> Um Mißverständnissen vorzubeugen, möchte ich betonen, daß es zunächst weder um eine Verurteilung noch um eine Deutung solcher Verhaltensstereotypen, sondern lediglich um ein *Bewußtmachen* geht. Inwieweit in der Reflexion darüber dann Interpretationsversuche ihren angemessenen Raum finden, hängt von der oben erwähnten Ausrichtung an Sozial- oder Tiefenpsychologie ab.

Selbstexponierung

Unstrukturierter Anfang und Fokussierung auf stereotypes Verhalten haben fast unvermeidlich zur Folge, daß jeder Teilnehmer sich früher oder später innerhalb der Gruppe exponiert. Nur in dem Maße, in welchem sich jeder engagiert, wird er Teil der Gruppe sein und positive Reaktionen erhalten. Aber auch Nichthandeln kann zum Gegenstand des Feedbacks sein und somit Selbstexponierung darstellen.

Selbstexponierung

Feedback

> „Am empfindlichsten treffen natürlich Aggressionen die unbewußten oder stark abgeschirmten Bereiche eigener Schwächen. Unerwartete libidinöse Bestätigungen stehen diesen an emotionaler Erschütterung jedoch kaum nach" (Däumling 1973, S. 14).

Je exponierter sich jemand auch im Alltag erlebt, desto ausgeprägter werden auch die Schutzmechanismen sein, die er in das Sensitivity Training mitbringt. Um so wichtiger ist es für den Lernerfolg, die für Selbstexponierung notwendige Risikobereitschaft aufzubringen.

> Der Umgang mit Schutzmechanismen innerhalb des Trainings gehört zu den kritischen Bereichen, die besondere Anforderungen an die Kenntnisse und Erfahrungen des Trainers richten. Ich werde darauf insbesondere im Absatz über Lernbereitschaft und Widerstand zurückkommen.

Begegnung unter Laboratoriumsbedingungen

Die zwischenmenschlichen Begegnungen im Sensitivity Training finden unter den spezifischen, durch die Laboratoriumsform gesetzten Bedingungen statt:

○ relativ enges Zusammenleben über einen Zeitraum bis zu zwei Wochen,

○ Auseinandersetzung (positiver wie negativer Art) innerhalb der Gruppe unter psychologisch kontrollierten Bedingungen,

○ Vielzahl und Intensität der möglichen Beziehungen,

○ das Prinzip des ,Hier-und-Jetzt' in Feedback und Verhaltensreflexionen.

besondere
Bedingungen

besondere
Erfahrungen

Diese Bedingungen bringen es mit sich, daß das Erleben des Miteinanders im Laboratorium durchweg als sehr eindrucksvoll bezeichnet wird. „Dabei kommt es weniger darauf an, ob man sich gezwungen sieht, alte Vorurteile zu revidieren oder ob man bislang unbekannte, eigene Vorzüge durch fremde Personen aufgedeckt erhält. Entscheidend scheint vielmehr die Tatsache, daß in der Hinwendung zu anderen, recht verschieden gearteten Menschen sich neue Erfahrungen der Determiniertheit eigenen Verhaltens erschließen." (Däumling 1973, S. 15)

Der so hergestellte Abstand zur Alltagsrealität erschwert andererseits die Herstellung eines Bezuges der neuen Erfahrungen zu eben dieser Realität und damit deren Übertragung *(Transfer)* auf diese Realität. Sie ist so für manche Entäuschung unerfüllten Erwartung verantwortlich.

Gruppenzusammensetzung

Gruppe:
homogen
oder
heterogen

Es ist einleuchtend, daß der Verlauf des Gruppenprozesses neben einer Vielzahl von Faktoren auch von der Zusammensetzung des Teilnehmerkreises abhängt. Homogen zusammengesetzte Gruppen sind z.B. Mitglieder der gleichen Arbeitseinheit in einem Betrieb, Mitwirkende einer Bürgerinitiative, Angehörige einer sozialen Minderheit usw. Der Zielbereich einer solchen homogenen Gruppe wird etwa im Erproben und Einüben von Kooperationsformen, Problem- und Aufgabenlösen u.ä.m. liegen, – vor allem, aber nicht nur dann, wenn die Gruppe auch außerhalb des Laboratoriums zusammenarbeitet.

Häufiger besteht ein Laboratorium jedoch aus weitgehend heterogenen Gruppen, die einen breiten Verhaltensspielraum und das Manifestwerden von spezifischen Abhängigkeiten, Vorurteilen und Aggressivitäten ermöglichen.

Die Teilnahme eines einzelnen Ehe- oder Freundschaftspaares an einem ansonsten heterogen zusammengesetzten Sensitivity Training wird zumeist abgelehnt. Es gibt jedoch Trainingsveranstaltungen, die speziell für solche Paare durchgeführt werden.

Belastung und Teilnehmerkreis

Kontraindikationen:
eingeschränkte körperliche oder psychische
Belastbarkeit
chronische psychosomatische Erkrankungen
Psychose-Gefährdung
Suizid-Gefährdung

Die Tatsache, daß die Laboratoriumssituation eine geplante Streßsituation ist, bringt nicht unerhebliche physische und psychische Belastungen mit sich, so daß eine normale Belastbarkeit Voraussetzung für die Teilnahme ist. Körperliche Beinträchtigungen, die diese Belastbarkeit erheblich einschränken, sowie chronische psychosomatische Symptome sprechen eher gegen eine Teilnahme; in solch einem Fall sollte die Teilnahme mit einem fachkundigen Arzt zuvor besprochen werden. Bei Psychose- oder Suizid-Gefährdung ist ein Sensitivity Training eindeutig kontraindiziert, da die affektive Belastung auslösend wirken kann. Auch Personen mit neurotischen Störungen sind ein „Kontraindikation", da sie sowohl den Gruppenprozeß behindern als auch in Gefahr geraten können, ihre Symptomatik zu verstärken.

„Bei normaler Belastbarkeit ruft das Training nachweislich keine Gesundheitsschädigungen, wohl aber regelhaft vorübergehende Beunruhigung durch krisenhafte Erlebnisabläufe hervor" (Däumling 1973, S. 16).

Diese optimistische Einschätzung gilt sicher nur für wirklich qualifiziert geleitete Veranstaltungen. Beeinträchtigung und Beunruhigung, evtl. sogar Schädigung können nicht nur aus der „normalen" Streßsituation des Trainings resultieren, sondern auch aus unqualifiziertem Umgang mit psychischen Prozessen wie etwa Abwehr und Widerstand.

Lernbereitschaft und Widerstand

Die Lernbereitschaft innerhalb des Sensitivity Trainings und parallel dazu die Bereitschaft, der Arbeit an sich selbst und der Gruppe auszuweichen, weist eine große Schwankungsbreite auf. Ebenso wie im Bereich therapeutischer Arbeit ist hier häufig das Argument zu hören, daß die Motivation in direktem Zusammenhang mit der Frage steht, ob jemand den relativ hohen Preis für ein Sensitivity Training selbst trägt oder ob ihm keine Kosten entstehen.

Motivation durch Trainingsprozeß und/oder Kosten

> Diese auf Erfahrung gegründete Vermutung hat eine sicher gewisse Fundierung in Untersuchungen zur kognitiven Dissonanz (vgl. z.B. Manz 1987); jedoch bietet diese Argumentation gleichzeitig eine allzu bequeme Rechtfertigung für zu hoch empfundene Teilnahmegebühren.

Veranstalter von Sensitivity Trainings vertrauen im allgemeinen darauf, daß es der gruppendynamische Prozeß selbst ist, der für zunehmende Motivation und Aufgeschlossenheit für kognitives und emotionales Lernen sorgt.

Andererseits dürfen wir nicht übersehen, daß die Dynamik des Sensitivity Trainings auch Formen von *Widerstand* aktualisiert, die zum Bereich IV des Johari-Fensters zu rechnen sind und in ihrer Funktion daher kaum zu erkennen sind. Weiter ist Widerstand keineswegs etwas, das auf jeden Fall abzulehnen und zu überwinden ist. Widerstand gegen Veränderung dient auch der *Stabilisierung der persönlichen Identität*. Die Frage, ob und wie weit er aufgegeben oder überwunden werden soll, ist daher nicht ohne weiteres mit „ja" und „möglichst weitgehend" zu beantworten.

Wenn von schädigenden Wirkungen des Sensitivity Trainings gesprochen wird, so resultieren diese nach meiner Einschätzung nicht selten aus falschem Umgang mit Widerstand (was in der Regel nicht den Teilnehmern, sondern den Veranstaltern anzulasten ist).

Normenentwicklung und Rollenerprobung

Die sich aus der Anfangssituation einer T-Gruppe ergebende Notwendigkeit, Gruppenstrukturen, Rollen- und Rollendifferenzierungen sowie Gruppennormen zu entwickeln und zu erproben, bringen besondere Anforderungen mit sich, die nicht nur die Teilnehmer, sondern auch die Trainer betreffen. Da es ohne Zweifel strapaziös und zeitraubend ist, diese für Zusammenarbeit notwendigen Systeme und Strukturen allein der Entwicklung durch den Gruppenprozeß zu überlassen, werden einige Regeln frühzeitig durch die Trainer gesetzt. Solche Normen sind z.B.

vorgegebene
Trainingsnormen

○ Gefühle dürfen ausgedrückt werden;
○ Aggressionen sollen gezeigt werden;
○ Gegenstände der Gruppenarbeit sollen dem ‚Hier-und-Jetzt' entstammen;
○ Feedback soll bestimmten Regeln entsprechen usw;

Hierbei ist jedoch stets im Auge zu behalten, daß solche Regelungen auch den erwünschten spontanen Ausdruck des Erlebens behindern können, so daß die Frage von erheblicher praktischer Bedeutung ist, wie man in begrenzter Zeit eine Gruppe dabei unterstützen kann, Normen und Regelungen selbst zu entwickeln statt sie zu übernehmen, und sich dann ohne äußere Interventionen danach zu richten.

Einer der Wege, im Gruppenprozeß zu solchen angemessenen Verfahrensweisen zu kommen, besteht darin, das Gruppengeschehen und die Interaktionsprozesse genau zu beachten. Wird die durch beginnende Rollendifferenzierungen entstehende Dynamik immer wieder in Frage gestellt, so führt dies – zumindest nach Ansicht vieler, die in diesem Bereich der angewandten Gruppendynamik tätig sind – zu der Notwendigkeit, daß verschiedene Rollen jeweils im Wechsel übernommen und erprobt werden. „Das Rotieren der Rollen, insbesondere der Führungsrolle, ist somit ein Anzeichen für die Erlebens- und Leistungsfähigkeit einer sich immer differenzierter erprobenden Gruppe. Dementsprechend kann das Rollen-Erproben als ein Trainingsziel bezeichnet werden, aus dem sich erfahrungs-angereicherte Normen für eine Gruppe ergeben." (Däumling 1973, S. 18)

Ganz sicher ist Rollenflexibilität eine wünschenswerte Fähigkeit; häufig wird sie im Bereich psychosozialer Berufe, z.B. der Psychotherapie, als eine wichtige Voraussetzung angesehen. Im Training Rollenrotation im Bereich der Führung jedoch zum (pseudodemokratischen) Prinzip oder Idealbild zu erheben, bringt Probleme für den Transfer mit sich, stehen die Strukturen des Alltags dem jedoch oft entgegen. Die Frage, ob, wann und in welcher Form dies im Alltag sinnvoll und praktikabel ist, scheint nicht hinreichend geklärt.

Veränderung durch Feedback

Als wichtigste Möglichkeit, die angestrebte Sensibilität und Verhaltensveränderung zu erreichen, gilt im Sensitivity Training das *Feedback*. Da von einer Wechselbeziehung zwischen der Fähigkeit, sich selbst etwas sagen zu lassen, und der Fähigkeit, andere subtil und angemessen wahrzunehmen, ausgegangen wird, ist zunächst der Abbau von emotionalen Hemmnissen anzustreben, die einer verfeinerten Sozialwahrnehmung entgegenstehen. Damit – so wird angenommen – reduzieren sich auch die Mechanismen der Abwehr gegen das Entgegennehmen von Feedback. Diese sollen überflüssig werden, da „bei objektiver Widerspiegelung eigenen Verhaltens keine Ängste mehr im Spiel sind" (Däumling 1973, S. 18).

Diese Annahme über das Verschwinden von Angst und Widerstand, wenn Rückmeldungen nur „objektiv" genug gegeben werden, erscheint mir unrealistisch und ziemlich kurzsichtig. Sie berücksichtigt nicht, daß Feedback-Empfänger selbst Wertungen gegenüber Verhaltensweisen – auch eigenen Verhaltensweisen! – vornehmen, die nicht einfach dadurch verschwinden, daß andere diese Wertungen nicht teilen oder nicht aussprechen– oder andere (positive) Wertungen vornehmen. Im Gegenteil: Solche Selbstbewertungen sind oftmals so tief verankert, daß sie Veränderungen eine erhebliche Widerstandsfähigkeit entgegensetzen. Häufig gehören sie auch dem Bereich des „blinden Flecks" oder dem Unbewußten an.

Transfer

Wenngleich das Prinzip des ‚Hier-und-Jetzt' zu den wichtigsten Bestandteilen des Sensitivity Trainings gehört, darf darüber nicht die Frage vergessen werden, ob und in welcher Weise die Erfahrungen und Impulse über die Laboratoriumssituation hinaus wirksam sind. Diese Übertragbarkeit der Lernerfahrungen wird nicht allein durch die Intensität dieser Erfahrungen sichergestellt. Häufig wird daher am Ende einer Trainingsveranstaltung der Transfer thematisiert, zum Beispiel mit Hilfe von Rollenspielen, in denen die erwarteten Widerstände der Alltagssituation vorweggenommen und der Umgang mit ihnen erprobt werden soll. Hierdurch soll eine gewisse Stabilisierung der erreichten Veränderungen ermöglicht werden.

besondere Bedingungen

Probleme der Übertragbarkeit

Ich habe bereits darauf hingewiesen, daß die besondere Laboratoriumssituation Transferprobleme nach sich ziehen kann – und zwar je mehr, desto stärker der „Inselcharakter" ist. Insbesondere ist das dann der Fall, wenn einander fremde Trainingsteilnehmer ohne wesentliche inhaltliche Bezüge zur Alltagsrealität zusammenkommen und sich nach Trainingsende wieder als einzelne in diese Realität zurückbegeben. Neben anderen ist dies auch einer der Gründe, warum Sensitivity Trainings und andere „stranger labs" an Bedeutung verloren haben.

Übungsaufgabe 6

1. Geben Sie eine kurze Beschreibung der Ziele und Verfahrensweisen des Sensitivity-Trainings.

2. Wie bewerten Sie diese Ziele und Verfahrensweisen?

3. Würden Sie selbst gegebenenfalls an einem Sensitivity Training teilnehmen? Unter welchen Voraussetzungen und Bedingungen?

Diskutieren Sie dies in Ihrer Arbeitsgruppe und tragen Sie es anschließend in Abschnitt 2.4. ein.

2.2.3 Encounter

Definition

Die Trainingsform Encounter (Basic Encounter nach Rogers) bezeichnet Gruppen überschaubarer Größe (etwa acht bis 15 Personen), die sich für eine bestimmte Zeit (Tag, ein Wochenende, bis zu zwei Wochen oder wöchentliche Treffen) an einem Ort (z.B. Bildungsstätte, privates Trainingszentrum) gewöhnlich unter Leitung eines Trainers (facilitator) und evtl. Co-Trainers (im Unterschied zu leiterlosen Spontan-, Selbsthilfegruppen) zusammenfinden. Ziel ist die unverstellte, offene, ehrliche Begegnung ohne Alltagsmasken, eingeschliffene Verteidigungshaltungen und rollenkonforme Verhaltenszwänge. Im intensiven Gruppenerlebnis wird besonderer Wert gelegt auf den Ausdruck von Gefühlen und gegenwartszentrierten Erfahrungen im Prozeß direkter zwischenmenschlicher Interaktion (nach Hörmann 1977).

Wenn Sie sich in der Literatur umschauen, werden Sie für diese Variante der angewandten Gruppendynamik neben ‚Encounter Gruppe' auch Begriffe wie ‚Begegnungsgruppe', ‚Kontaktgruppe' oder ‚Selbsterfahrungsgruppe' finden – wobei, diese Art von Selbsterfahrungsgruppen im Vergleich zu denen des Sensitivity Trainings einen weniger hohen Anspruch haben.

personzentriertes
Encounter: C.R.
Rogers

Obwohl die T-Gruppe der National Training Laboratories durchaus zu ihren Wurzeln gerechnet werden kann, entwickelte sich die Encounter Gruppe weitgehend unabhängig und gleichzeitig zu dieser. Carl Ransom Rogers, der als der Begründer der personzentrierten (klientenzentrierten, nicht-direktiven) Gesprächspsychotherapie bekannt geworden ist, und seine Mitarbeiter arbeiteten in den Jahren 1946 und 1947 in einem Programm für die Kriegsopferversorgung. Ihre Aufgabe war es, einen Trainingskurs für die Berater solcher Kriegsopfer zu entwickeln, und sie setzten mehr auf intensive Gruppenerfahrung als auf kognitive Vermittlung. Diese am Counseling Center der University of Chicago durchgeführten Gruppen waren in erster Linie auf persönliches Wachsen, auf die Entwicklung interpersonaler Kommunikations- und Beziehungsfähigkeit ausgerichtet und stärker therapeutisch orientiert als etwa die T-Gruppen der National Training Laboratories in Bethel.

Dennoch wurde der auf Lewin zurückgehende eher gruppenprozeßorientierte Ansatz der NTL zu einer weiteren wichtigen Wurzel der Encounterbewegung (vgl. Rogers 1974, 11-12).

Die an Rogers orientierten Encountergruppen arbeiten hauptsächlich auf der sprachlichen Ebene. Das Gespräch über persönliche Fragen und Probleme der Gruppenmitglieder soll in einer Gruppenatmosphäre stattfinden, die die anfängliche Ängstlichkeit und Zurückhaltung vermindert und die Entwicklung von Echtheit und Authentizität fördert. Besonders in der Anfangsphase ist der Trainer für die Entstehung einer solchen Gruppenatmosphäre verantwortlich – er tut dies dadurch, daß er in seinem eigenen Verhalten ein *Modell* anbietet. Der Ausdruck und die Reflektion von Gefühlen negativer und positiver Ausprägung soll den Zugang zu verschiedenen emotionalen Erlebnisbereichen öffnen.

Die Grundidee der personzentrierten Therapie nach Rogers wird zu einer Basis der Rogerschen Encountergruppen, wie dies in den folgenden Zitaten zum Ausdruck kommt:

○ „Ich habe Vertrauen in die Menschen, in ihre Fähigkeiten, sich und ihre Probleme selbst zu entdecken und zu verstehen, und in ihre Fähigkeiten, diese Probleme auch zu lösen – in einer engen, beständigen Beziehung, in der ich ein Klima echter Wärme und echten Verständnisses schaffen kann, sind Menschen dazu in der Lage" (Rogers & Rosenberg 1980, S.193).

○ „Ich habe Vertrauen in mich selbst, in meine Fähigkeiten und Erfahrungen, in die Gefühle des Ärgers und der Zärtlichkeit, der Scham und des Verletztseins, der Liebe und der Ängstlichkeit, der Großzügigkeit und der Furcht – und all dies ist ein Teil von mir" (Rogers & Rosenberg 1980, S. 196).

Die Encounter-Bewegung geht davon aus, daß die Menschen von sich selbst entfremdet sind, d.h., ihre eigenen Bedürfnisse und Werte nicht kennen und sich statt dessen an fremden, anerzogenen orientieren.

Um die Frage wenigstens ansatzweise zu beantworten, was eigentlich in einer Encounter-Gruppe geschieht, beschreibt Rogers (1974, S. 23-44) eine Reihe verschiedener Phasen, die eine solche Gruppe durchläuft, und verdeutlicht diese mit Beispielen:

1. *Allgemeine Unsicherheit.* Sie entsteht durch die Weigerung des Gruppenleiters, allein für die Gruppenaktivität die Verantwortung zu übernehmen. Zunächst gibt es Verwirrung, peinliches Schweigen, höfliche und oberflächliche Konversation, Frustration usw. Ein simpler Vorschlag wie etwa „Ich finde, wir sollten uns alle vorstellen." kann u.U. zu einer langen Diskussion führen, deren unterschwellige Thematik etwa ist: Wer sagt uns, was wir tun sollen? Was ist der Sinn der Gruppe? Wer ist verantwortlich?

2. *Widerstand gegen persönlichen Ausdruck oder Exploration.* Was die Gruppenmitglieder zunächst von sich zeigen, ist ihr 'öffentliches Selbst'; erst nach und nach gehen sie das Wagnis ein, mehr von ihren inneren und persönlicheren Gefühlen und Erlebnissen preiszugeben. Beginnen in der Phase der allgemeinen Unsicherheit einige Personen persönliche Einstellungen und Erfahrungen auszudrücken, ruft das oft außerordentlich ambivalente Reaktionen bei den anderen hervor.

„In einem Workshop begann neulich ein Mann, seine Sorgen über die Sackgasse zu äußern, in die er mit seiner Frau geraten war, als ihn ein anderes Gruppenmitglied unterbrach und sagte: ‚Bist du sicher, daß du weiterreden willst, oder verführt dich die Gruppe dazu, weiter zu gehen, als du eigentlich wolltest? Woher willst du wissen, daß du der Gruppe vertrauen kannst? Es ist einfach gefährlich, weiter zu reden und tiefer in die Sache einzusteigen.‘ Mit dieser Warnung drückte das zweite Mitglied ganz offensichtlich auch seine eigene Angst davor aus, sich zu offenbaren, seinen eigenen Mangel an Vertrauen." (Rogers 1974, S. 24)

3. *Beschreibung vergangener Gefühle.* Wenn im fortschreitenden Gruppenprozeß die Teilnehmer beginnen, auch über persönliches Erleben und über Gefühle zu sprechen, so sind dies zunächst solche, die nicht 'hier und jetzt', sondern in der Vergangenheit vorhandenen waren.

4. *Ausdruck negativer Gefühle.* Die meisten im 'Hier und Jetzt' erlebten und geäußerten Emotionen sind zunächst negativer Art. Oft richten sie sich gegen den Trainer und seine Weigerung, eine Führungsfunktion zu übernehmen. Auf die Frage, warum zumeist negative Gefühle wie Ärger, Wut usw. zuerst angesprochen werden, nennt Rogers zwei mögliche Gründe:

○ Der Ausdruck negativer Gefühle ist der beste Weg, um die Vertrauenswürdigkeit und mögliche Offenheit in der Gruppe zu prüfen.

○ Positive Gefühle auszudrücken ist oft viel schwerer als negative. „Wenn ich sage, ich liebe dich, dann bin ich verletzbar und kann zurückgewiesen werden. Wenn ich sage, ich hasse dich, kann man mich höchstens angreifen, und dagegen kann ich mich wiederum wehren." (Rogers 1974, S. 26-27)

5. *Ausdruck und Erforschung von persönlich wichtigem Material.* Mit dem Zusammenwachsen der Gruppe – nicht zuletzt gefördert durch den Ausdruck solch negativer Gefühle – beginnt sich eine Atmosphäre des Vertrauens zu entwickeln. In dieser Atmosphäre beginnen einzelne Gruppenmitglieder von sich selbst zu berichten, und zwar auch über Dinge, die aus dem sehr persönlichen Bereich stammen, etwa über Ehekrisen, Ängste und Abhängigkeiten usw.

6. *Ausdruck unmittelbar interpersonaler Gefühle in der Gruppe.* Früher oder
   später beginnen die Gruppenmitglieder, solche Gefühle anzusprechen, die
   sie im Augenblick in bezug auf andere in der Gruppe haben, z.B.: „Ich fühle
   mich durch dein Schweigen bedroht." Die genaueren Inhalte und Ursachen solche Gefühle können dann erforscht werden.

7. *Die Entwicklung einer Heilungskapazität in der Gruppe.* Immer mehr
   Gruppenmitglieder entdecken bei sich eine natürliche und spontane
   Fähigkeit, sich mit dem Schmerz anderer auf hilfreiche Art und Weise zu
   befassen, und entwickeln diese weiter. Das kann einfach darin bestehen,
   wahrzunehmen, daß ein anderer leidet, ohne daß er dies ausdrücken kann;
   das kann in der Anteilnahme an den Problemen anderer Gruppenmitglieder bestehen, oder auch in der Fähigkeit zu unterstützender und hilfreicher Kommunikation.

   Diese Fähigkeit zu hilfreicher Kommunikation ist der Kernpunkt der von
   Rogers entwickelten nicht-direktiven bzw. klientzentrierten oder personzen-
   trierten Methode. Ausführlich und mit Beispielen verdeutlicht wird diese bei
   Rechtien (1988).

8. *Selbstakzeptierung und beginnende Veränderung.* Wenn in den Encountergruppen angestrebt wird, daß die Gruppenmitglieder sich selbst in ihren
   Stärken und Schwächen mehr zu akzeptieren, so kann dies leicht mißverstanden werden. Es geht jedoch nicht um eine Einstellung zu sich selbst in
   dem Sinne „Ich akzeptiere mich wie ich bin, und es gibt deswegen keinen
   Grund, mich zu verändern." Selbstakzeptierung bedeutet vielmehr die
   Bereitschaft, sich selbst so zu sehen, wie man ist, ohne die Notwendigkeit,
   bestimmte Teile dieses Bildes zu verleugnen, zu verzerren, in ihrer
   Bedeutung zu verändern usw. und sich deshalb nicht zu verurteilen. Die
   so verstandene Selbstakzeptierung stellt insofern eine Bestandsaufnahme dar, die nicht als Hindernis, sondern geradezu als Voraussetzung für
   bewußte und gezielte Veränderung angesehen wird.

9. *Das Zerschlagen der Fassaden.* Wenn zu Beginn des Encounters der
   Gruppenprozeß durchweg von Widerständen gegen persönliche Aussagen
   und Selbstexploration gekennzeichnet ist, beginnt sich diese Haltung
   nach und nach in ihr Gegenteil zu verkehren. Defensive Haltung, Sich-
   nicht-Einbringen, Sich-hinter-Fassaden-verbergen wird von der Gruppe
   zunehmend abgelehnt und das Ablegen von Masken, das Zerschlagen
   solcher Fassaden wird – mitunter recht massiv – eingefordert.

10. *Das Individuum erhält Feedback.* Im Verlauf dieses Prozesses erfährt
    jeder einzelne, wie die anderen ihn und sein Verhalten erleben. Dieses
    Feedback kann in starkem Gegensatz zur Selbstwahrnehmung stehen
    und Anlaß sein, über sich selbst nachzudenken. So kann z.B. jemand mit
    einer ausgeprägten Bereitschaft, anderen zu helfen, dies als sehr positive
    Eigenschaft betrachten und dann von anderen hören, daß sie dies als
    unerwünscht und lästig empfinden.

11. *Konfrontation*. Sie können sich vorstellen, daß Feedback nicht unbedingt immer angenehm ist und in freundlicher Atmosphäre gegeben wird. Häufig handelt es sich auch um offene und direkte Aggressionen, denn auch das gehört zu den Prinzipien des Encounter: ausdrücken zu dürfen, wenn ich jemanden ganz und gar nicht akzeptieren kann.

12. *Die helfende Beziehung außerhalb der Gruppensitzungen*. Die von Rogers in der siebten Prozeßphase beschriebene Entwicklung der Heilungsfähigkeit in der Gruppe findet ihren Ausdruck nicht nur innerhalb der Gruppensitzungen, sondern setzt sich auch in Kontakten außerhalb dieser fort. Manche Anhänger der Encounterbewegung bezeichnen dies bereits als den Beginn des Transfers auf andere Situationen als das Encounter selbst.

13. *Die grundlegende Begegnung*. Als den wahrscheinlich zentralsten, intensivsten und wichtigsten Aspekt der Encounter-Gruppe bezeichnet Rogers den sehr viel engeren und direkteren Kontakt zwischen den Menschen, als dies im Alltag möglich ist. Es ist dies, was unter der Bezeichnung ‚basic encounter' verstanden wird.

14. *Ausdruck positiver Gefühle*. Zu den wesentlichen Annahmen, auf denen die Encounter-Bewegung beruht, gehört diejenige, daß das Ausdrücken und das Akzeptieren von Gefühlen zu positiven Beziehungen und emotionaler Nähe zwischen den Beteiligten führt.

15. Schließlich sollen durch die im Prozeß der Begegnung gemachten Erfahrungen tiefgreifende Verhaltensänderungen in Richtung größerer Spontaneität, Echtheit, Empathie, Ausdrucksfähigkeit und Ausdrucksbereitschaft sowie Akzeptierung der eigenen und anderer Personen eintreten.

Einfluß der humanistischen Psychologie

Vor allem durch die Person von Carl R. Rogers spielen Gedanken der *Humanistischen Psychologie* und der aus dieser hervorgegangenen *Human-Potential-Movement* eine bedeutende Rolle. Diese Human-Potential-Bewegung stellt eine Art Gegenbewegung zum Behaviorismus dar. Sie geht davon aus, daß wir uns als grundsätzlich intakte Individuen gegenüberstehen, deren Fähigkeiten und Talente jedoch zum Teil verschüttet sind und die es zu entfalten gilt. Neben Rogers sind Charlotte Bühler und Abraham Maslow bekannte Vertreter der Humanistischen Psychologie.

Encounter nach dem Ansatz der „interpersonellen Bedürfnisse" (Schutz)

Neben den Encountergruppen, die am Ansatz von Rogers orientiert sind, gibt es zumindest zwei weitere erwähnenswerte Ansätze: Das persönliche Erleben der Freude bildet den Ausgangspunkt der Encounterbewegung bei Schutz (1971; 1975). Freude zu erleben ist möglich, wenn das dem Individuum zur Verfügung stehende Potential realisiert wird, und ist nicht möglich, wenn diese Realisierung verhindert oder eingeschränkt wird. Um zu bestimmen, in welchem Bereich diese Realisierung der eigenen Möglichkeiten erfolgen kann, entwickelte Schutz seine Theorie der interpersonellen Bedürfnisse. Danach stehen zur Vergrößerung des Verhaltensspektrums folgende Bereiche zur Verfügung:

○ der Bereich der Zugehörigkeit (= Mitglied von Gruppen sein)
○ der Bereich der Steuerung (= auf Entscheidungen Einfluß nehmen)
○ der Bereich der Zuneigung (= mit anderen Personen positive Beziehungen haben).

„Encounter is a method of human relating based on openness and honesty, self-awareness, self-responsibility, awareness of the body, attention to feelings, and an emphasis on the here-and-now. Encounter is therapy insofar as it focuses on removing blocks to better functioning. Encounter is education and religion in that it attempts to create conditions leading to the most satisfying use of personal capacities" (Schutz 1975, S. 5).

Anders als in den Encountergruppen nach Rogers hat das Trainerverhalten hier durchaus direktive Momente: es enthält Anweisungen für Übungen, Demonstrationen und Interaktionen. Übungen sind häufig auch nonverbal und arbeiten z.B. mit mimischem oder pantomimischem Ausdruck.

> Der Grundgedanke, daß Realisierung von Möglichkeiten Freude erleben läßt, und ihre Einschränkung Freude verhindert, erinnert deutlich an die Frustrations-Aggressions-Hypothese von Dollard und Miller. (Eine Darstellung findet sich bei Lück 1984.)

Die Ziele der auf Frederick Perls zurückgehenden *Gestalttherapie* sind Selbststeuerung und Selbstverwirklichung des Individuums auf der Basis gut ausgeprägter und angemessener Wahrnmehmungs- und Aufmerksamkeitsprozesse (awareness). Das besondere der an diesem Ansatz orientierten Encountergruppen ist der Einbezug von Körperwahrnehmung und Körperübungen. Insbesondere bei diesen an der Gestalttherapie orientierten Encountergruppen ist der therapeutische Hintergrund vieler der praktizierten Übungen usw. unverkennbar, auch da, wo nicht unmittelbar an problematischen Erlebnissen, Situationen usw. aus dem Alltagsleben gearbeitet wird. Angesprochen werden zum Beispiel:

○ den eigenen Körper spüren,
○ sich selbst (den anderen) vorstellen,
○ Rollen auswählen, die die eigene Person stärken,
○ sexuelle Phantasien mitteilen,
○ Vorstellungen vom eigenen Tod äußern,
○ die Gruppenstimmung erleben,
○ Möglichkeiten der Lebensfreude entdecken.

gestalttherapeutisches Encounter (Perls)

Ich möchte allerdings darauf hinweisen, daß die Übertragung psychotherapeutischer Vorgehensweisen und Interventionen – vor allem im Bereich der Körperlichkeit (vgl. z.B. Petzold 1977) – auf nicht-therapeutische Gruppen nicht unproblematisch ist und bei unqualifizierter Anwendung schaden kann.

(Eine kurze Darstellung der Gestalttherapie und ihrer modernen Weiterentwicklung, der Integrativen Gestalttherapie, bietet Rechtien, 1988.)

Die Encounter-Verfahren erscheinen weniger an der Gruppe als am Individuum orientiert, wobei die Gruppe eher die Funktion hat, die entsprechende Lernsituation bereitzustellen.

Neben diesen Quellen sind noch einige weitere erwähnenswert. So werden häufig Interventionen aus dem Morenoschen Psychodrama, und im Bereich der Körperarbeit aus der – auf Wilhelm Reich zurückgehenden – *Bioenergetik* angewandt.

Risiken

Bereits Rogers wies auf durchaus mögliche negative Aspekte der Encounter-Erfahrung hin. Am augenfälligsten scheint wohl die Tatsache, daß die in der Gruppe erreichten Veränderungen des Erlebens und Verhaltens überwiegend nicht von langer Dauer sind. Die Übertragung des dort Erlebten auf die Alltagssituation ist häufig nicht möglich, da dort andere Werte gelten und andere Verhaltensweisen erwünscht sind und zum Erfolg führen. Diese Erfahrung des ‚rauhen Alltags‘, der oft wenig Raum für intensive Gefühle und Beziehungen außerhalb der engeren Familie bietet, hat in der Vergangenheit zu einem Folgeproblem besonderer Art geführt. Die Enttäuschung hat eine nicht unbeträchtliche Anzahl von Encounterteilnehmern veranlaßt, immer wieder aufs neue die intensive Gruppenerfahrung zu suchen und tatsächlich zu einer Art ‚Gruppensucht‘ geführt. So wurde der Sinn des Encounters in vielen Fällen geradezu in sein Gegenteil verkehrt: Von einer besonderen Situation, die intensives Lernen für zwischenmenschliche Situationen ermöglichen sollte, wurde die Gruppe zu einem Ersatz für solche Beziehungssituationen, der wegen seiner leichteren Verfügbarkeit der mühsamen Arbeit an der Alltagsrealität vorgezogen wurde.

„Als Folge entwickelte sich eine neue Rasse von Eskapisten – die Gruppensüchtigen. Wenn sie einmal am Haken hängen, ziehen diese Menschen von Gruppe zu Gruppe, in dem Versuch, die einmal erlebte ‚Spitzenerfahrung‘ und den ‚bedeutungsvollen Austausch‘ mit anderen wiederzugewinnen." (Parloff 197, 238)

Auch von Rogers stammt ein weiterer Hinweis auf mögliche Risiken, der sich in der Folge immer wieder bewahrheitet hat. Durch die große Nähe zu therapeutischen Verfahren werden Teilnehmer häufig dazu veranlaßt, sehr viel von sich preiszugeben und werden auch für sich selbst mit Aspekten der eigenen Person konfrontiert, die belastend sind und dann in der Gruppe nicht aufgearbeitet werden können. Dies gilt natürlich vor allem dann, wenn der Gruppenleiter ungenügend ausgebildet oder nicht verantwortungsbewußt genug ist, um solche Entwicklung frühzeitig zu erkennen und zu verhindern.

So ist es immer wieder vorgekommen, daß Teilnehmer an unqualifiziert geleiteten Gruppen im Anschluß psychotherapeutische Hilfe in Anspruch nehmen mußten.

Eine umfangreiche Studie über negative Auswirkungen von Encounter-Gruppen (Yalom & Liebermann 1973) erbrachte Hinweise darauf, daß positive oder negative Folgen stark mit dem Leitungsstil des Trainers zusammenhängen. Aggressiv-konfrontierend geleitete Gruppen mit charismatischen Trainern scheinen eine besondere Belastung darzustellen, während eher stützend arbeitende Trainer eine wenig belastende Situation mit geringem Risiko herzustellen scheinen. Im übrigen brachte diese Studie auch Hinweise darauf, daß bestimmte Personenkreise eher zu negativen Erfahrungen kommen: Teilnehmer mit besonders niedrigem Selbstwertgefühl oder mit besonders hohen Zielen und Erwartungen – also vermutlicheine Gruppe von Menschen, für die eher eine Therapiegruppe indiziert sein könnte.

Aus der Darstellung können Sie erkennen, daß Encounter Trainings, obwohl sie in Gruppen stattfinden, in stärkerem Maße individuumsbezogen sind als das Sensitivity Training. Sie zielen auf Begegnungsfähigkeit, persönliche Reife und die Aufhebung von Selbstentfremdung. Problematisch wird es, wenn sie die simple Annahme vermitteln, daß die im Training praktizierten Verhaltensweisen mehr oder weniger direkt auf den Alltag übertragbar seien und es nur darauf ankomme, sich das Erworbene im Alltag nicht wieder nehmen zu lassen. Ich selbst habe Encounter-Gruppen erlebt, in denen die Behandlung des Transfer-Problems eher einer Sammlung von Durchhalteparolen glich. Glücklicherweise ist das nicht die Regel.

Negative Auswirkungen scheinen vor allem mit dem Trainerverhalten zusammenzuhängen – ich erinnere in diesem Zusammenhang noch einmal an die Überlegungen zum Umgang mit Widerstand.

Übungsaufgabe 7

1. Geben Sie eine kurze Beschreibung der Ziele und Verfahrensweisen des Encounter-Trainings.

2. Wie bewerten Sie diese Ziele und Verfahrensweisen?

3. Würden Sie selbst gegebenenfalls an einem Encounter-Training teilnehmen? Unter welchen Voraussetzungen und Bedingungen?

Diskutieren Sie dies in Ihrer Arbeitsgruppe und tragen Sie es anschließend in Abschnitt 2.4. ein.

2.2.4. Marathon-Training

Die zuerst entstandene (und möglicherweise am besten durchstrukturierte) Methode des sog. Marathon-Trainings geht auf George R. Bach (1966) und F.H. Stoller (1969, 1973) zurück. Eine solche Marathon-Gruppe besteht aus zwölf bis vierundzwanzig Mitgliedern und einem Trainer, die über einen Zeitraum von 24 Stunden oder mehr zusammenarbeiten. Während dieser Zeit versuchen sie mit wenig oder gar keinem Schlaf und unter Anwendung weitgehend ritualisierter Übungen persönliche Erfahrung und Entfaltung, Offenheit, Direktheit und Differenziertheit in den Beziehungen zu den anderen zu erreichen und weiterzuentwickeln.

Marathon:
‚Non-Stop'

Stoller entwickelte die Idee der ‚Non-Stop-Gruppe' für den psychotherapeutischen Bereich. Durch das lange, nur von wenig Pausen unterbrochene Zusammensein der Gruppe und die mit zunehmender Ermüdung geringer werdende Selbstkontrolle sollen viele der üblichen recht stabilen Abwehrmechanismen rasch zusammenbrechen und der angestrebten Direktheit und Unmittelbarkeit Raum geben. Bach übertrug dieses Konzept (zunächst in Zusammenarbeit mit Stoller) auf nicht-therapeutische Anwendungsbereiche. Insbesondere wurde es in Partnerschaftstrainings und in Kursen zum konstruktiven Umgang mit Aggression eingesetzt.

Von der T-Gruppe des Sensitivity Trainings unterscheidet sich die Marathon-Gruppe vor allem durch ihre hohe Vorstrukturiertheit, ihre expliziten Regeln für die Zeit der Gruppenarbeit, einen hohen Anteil nicht-verbaler Kommunikation, die eventuelle Verwendung kreativer Medien und die direkte und direktive Einwirkung des Trainers.

Bach nennt u.a. folgende Grundregeln für das Marathon u.a. (1966):

Grundregeln
○ Offenheit
○ Freiheit, sich zurückzuziehen
○ keine spontane Bildung von Subgruppen oder Cliquen
○ keine ‚Beobachter', nur aktive Teilnehmer
○ keine selbsternannten ‚Beschützer', ‚Diplomaten' oder ‚Rot-Kreuz-Schwestern'
○ Mißbilligung von Sich-Verteidigen und Ausweichen, Belohnung von Neulernen und persönlicher Entfaltung
○ Privileg des Trainers, sich je 24 Stunden Gruppenarbeit für sechs Stunden zurückzuziehen; die Gruppenarbeit geht während dieser Zeit selbstregulierend weiter.

Risiken
Sie können sich vorstellen, daß schon durch das Setting eine erhebliche physische und psychische Belastungssituation für die Teilnehmer einer Marathon-Gruppe gegeben ist. Unter dieser Belastung können alte, bislang verdeckte oder gut kompensierte Konflikte und psychische Probleme aufbrechen, so daß die Marathon-Arbeit auch den therapeutischen Umgang mit den einzelnen einschließt. Für den Trainer bedeutet dies, daß er

a) fundierte **therapeutische Ausbildung** und Erfahrung besitzen muß,

b) die **Verantwortung für das Geschehen in der Gruppe** übernehmen muß,

c) jederzeit soviel **Einfluß besitzen** muß, daß er **steuernd in den Gruppenpro-zeß eingreifen** kann.

Ein wirklich qualifiziert geleitetes Marathon-Training bietet ganz sicher die Möglichkeit, in kurzer **Zeit intensiver Erfahrungen mit sich und anderen zu machen**. Vor dem Hintergrund meiner Erfahrungen als Teilnehmer und als Leiter solcher Veranstaltungen erscheint es mir jedoch problematisch, daß gerade durch diese so rasch gesteigerte Intensität wichtige Schutz- und Abwehrmechanismen außer Funktion gesetzt werden können, ohne daß genügend Raum dafür ist, die Begleitumstände, Nebenwirkungen und Kon-sequenzen dieses Prozesses zu berücksichtigen: welche verletzlichen Berei-che meiner Person habe ich geschützt; was tritt an die Stelle dieses Schutzes, wenn ich ihn aufgebe – und was geschieht, wenn ich (noch) nichts habe, was an seine Stelle treten kann?

Übungsaufgabe 8

1. Geben Sie eine kurze Beschreibung der Ziele und Verfahrensweisen des Marathon-Trainings.

2. Wie bewerten Sie diese Ziele und Verfahrensweisen?

3. Würden Sie selbst gegebenenfalls an einem Marathon-Training teilneh-men? Unter welchen Voraussetzungen und Bedingungen?

Diskutieren Sie dies in Ihrer Arbeitsgruppe und tragen Sie es anschließend in Abschnitt 2.4. ein.

2.2.5 Themenzentrierte Interaktion

Die Themenzentrierte Interaktion (TZI) ist ein gruppendynamisches Verfahren, das auf ganzheitliches, ‚lebendiges' Lernen zielt. Anders als in den T-Gruppen des Sensitivity Trainings oder in der Encounter Gruppe arbeitet die von Ruth Cohn entwickelte „Themenzentrierte Interaktion" durchaus an einem – auch externen, d.h. von außerhalb der Gruppe stammenden – Thema:

TZI:
Methode der
Gruppenleitung

„Ich setze ein Thema oder ich deduziere es aus dem Gruppenprozeß. Ich beachte, was jede oder jeder einzelne sagt und versuche zu erfühlen, wie ihr oder ihm zumute ist. Ich beschäftige mich mit dem Thema. Ich fördere Meinungs- und Gefühlsäußerungen, ähnlich wie in Therapiegruppen; nur gehe ich in diesen Themengruppen auf persönliche Probleme nicht länger ein, als für die einzelnen notwendig ist, um sich am Thema beteiligen zu können. Außerdem verteidige ich das Thema, das heißt, ich lasse weder Personen noch die Aufgabe fallen" (Farau & Cohn 1984, S. 342-343).

Insofern ist die TZI weniger eine Methode, Erfahrungen anhand des Gruppenprozesses zu induzieren als ein ‚didaktisches System', eine Methode der Gruppenleitung.

„... TZI dient praktisch dazu, Themen und Aufgaben menschengerecht zu behandeln, respektive zu lösen. In diesem Sinne stehen Thema oder Aufgabe im Zentrum der Absicht, nicht jedoch im Zentrum der Wichtigkeit des Menschlichen, der Gemeinschaft, der Umwelt" (Farau & Cohn 1984, S. 595).

Die Bezeichnung „Theme-Centered Interaction" stammt übrigens nicht von Cohn selbst, sondern von einer ihrer Schülerinnen (Frances Buchanan), die hiermit die Abgrenzung zur Gruppentherapie hervorheben wollte.

Grundannahmen

Der theoretische und empirische Hintergrund dieses zu Beginn der sechziger Jahre aus der Arbeit mit Teamgruppen und großen Konzernen entstandenen Ansatzes wird von der (psychoanalytischen) Gruppentherapie, der humanistischen Psychologie, der Gestalttherapie und der Encounter Bewegung gebildet. Ruth Cohn, selbst Psychoanalytikerin, geht von folgenden Axiomen aus:

„1. Der Mensch ist eine psycho-biologische Einheit und ein Teil des Universums. Er ist darum gleicherweise autonom und interdependent. Die Autonomie des einzelnen ist um so größer, je mehr er sich seiner Interdependenz mit allen und allem bewußt wird.

2. Ehrfurcht gebührt allem Lebendigen und seinem Wachstum. Respekt vor dem Wachstum bedingt bewertende Entscheidungen. Das Humane ist wertvoll; Inhumanes ist wertbedrohend.

3. Freie Entscheidung geschieht innerhalb bedingender innerer und äußerer Grenzen. Erweiterung dieser Grenzen ist möglich. Freiheit im Entscheiden ist größer, wenn wir gesund, intelligent, materiell gesichert und geistig gereift sind, als wenn wir krank, beschränkt oder arm sind oder unter Gewalt und mangelnder Reife leiden ..." (Matzdorf & Cohn 1983, S.1283-1290).

Diese Axiome sind an unterschiedlicher Stelle verschieden formuliert; gelegentlich sind auch fünf Axiome zu finden (z.B. Cohn 1974, S. 150). In neueren Veröffentlichungen (Farau & Cohn 1984; Matzdorf & Cohn 1983) finden sich die drei o.g. als Kernpunkt der TZI.

Auf der Grundlage des in diesen Axiomen durchscheinenden *ganzheitlichen* Menschenbildes wird in der Themenzentrierten Interaktion ein Lernprozeß angestrebt, in welchem sowohl die affektiven als auch die kognitiven Seiten des Individuums in ihrer Einmaligkeit berücksichtigt werden und ein dynamisches Gleichgewicht zwischen Thema, Individuum und Gruppe entsteht. Das Thema ergibt sich aus dem jeweiligen Arbeitsziel der Gruppe und hat eine leitende und zentrierende Funktion.

TZI:
,Living Learning'

Vier Punkte sind es, die diesen Prozeß des living learning tragen:

- das *Ich*, d.h. die Person mit ihren Bedürfnissen, Gefühlen, Einstellungen usw., die sich dem Thema (dem Es), den anderen und sich selbst zuwendet;

- das *Wir*, die Gruppenmitglieder, die durch ihre Zuwendung zum Thema und durch ihre Interaktionen zur Gruppe mit gemeinsamen Zielen, Bedürfnissen usw. werden;

- das *Es*, das Thema, das von der Gruppe behandelt wird;

- die *Umwelt* („Globe"), die die Gruppe beeinflußt und die ihrerseits von der Gruppe beeinflußt wird, z.B. institutionelle Rahmenbedingungen, soziale Beziehungen außerhalb der Gruppe, Zeit, Raum usw.

Das Es in diesem Konzept der TZI ist in keiner Weise identisch oder verwandt mit dem 'ES' aus der psychoanalytischen Instanzenlehre Freuds und Sie sollten es auf keinen Fall mit diesem verwechseln.

Cohn symbolisiert dies in einem Dreieck, welches von einer Kugel – der Umwelt (Globe) – umgeben ist und dessen Gleichseitigkeit darauf hinweist, daß die genannten Punkte gleichwertig sind:

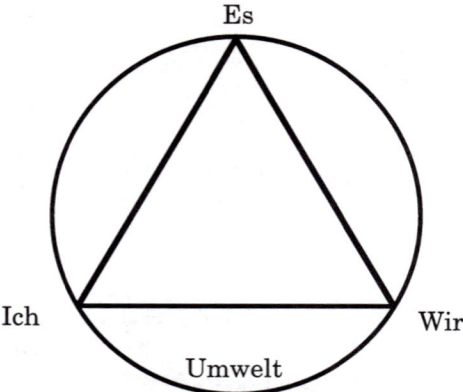

Die Arbeit in der Gruppe verläuft optimal, wenn die drei Faktoren Ich, Es und Wir in einem dynamischen Gleichgewicht stehen. Nur dann sind Selbstverwirklichung des Individuums, Kooperation der Gruppe und Aufgabenlösung in gleicher Weise möglich.

Charakteristisch für die TZI ist die Einbeziehung des Körpergewahrseins unter der Perspektive, „daß die Sensibilisierung der Sinne eines Menschen für das Gewahrsein seiner selbst ihn auf den Weg bringen, sein Leben tiefer zu erleben und seine wechselseitige Abhängigkeit, die ihn mit den anderen Menschen verbindet, zu verstehen" (Matzdorf & Cohn 1983, S. 1278).

Setting und Grundregeln

„Die Methode hat eine definitive Struktur, obwohl die Teilnehmer am Anfang einer Gruppe oft das Gefühl einer zu großen Freiheit haben. Die Anzahl der Zusammenkünfte, Zeitspanne und Ort der Arbeitsgruppe werden von vornherein festgelegt. Das Thema muß den Notwendigkeiten oder Interessen der Gruppe entsprechen, ob es sich nun um Beziehungen innerhalb einer Organisation handelt, um ein Studien- oder Aktionsprogramm, oder um ein Thema von psychologischer oder sozialer Bedeutung für das örtliche Gemeinschaftsleben.

Der Inhalt sowohl wie der Titel des Themas sind von Wichtigkeit. Jede Überschrift, die Worte wie 'Störungen' oder 'Probleme' enthält, führt die Gruppe zur Entdeckung und Beschreibung von negativen Erlebnissen und Gedanken, während ein Titel wie „Zur Überwindung von Störungen' die Teilnehmer zu einer anderen Haltung ermutigt" (Cohn 1981, S. 157-158).

Die Grundprinzipien der Gruppenarbeit sind in einer Reihe von Regeln festgelegt:

„1. Versuche, in dieser Sitzung das zu geben und zu empfangen, was Du selbst geben und empfangen möchtest. (Diese Richtlinie schließt alle folgenden, die nur zu besseren Verdeutlichung gegeben werden, ein.)

2. Sei Dein eigener Chairman und bestimme, wann Du reden oder schweigen willst und was Du sagst.

3. Es darf nie mehr als einer reden. Wenn mehrere Personen auf einmal sprechen wollen, muß eine Lösung für diese Situation gefunden werden.

4. Unterbrich das Gespräch, wenn Du nicht wirklich teilnehmen kannst, z.B. wenn Du gelangweilt, ärgerlich oder aus einem anderen Grund unkonzentriert bist. (Ein „Abwesender" verliert nicht nur die Möglichkeit der Selbsterfüllung in der Gruppe, sondern bedeutet auch einen Verlust für die ganze Gruppe. Wenn eine solche Störung behoben ist, wird das unterbrochene Gespräch entweder wieder aufgenommen oder einem momentan wichtigeren Platz machen.)

5. Sprich nicht per „man" oder „wir", sondern per „ich". (Ich kann nie wirklich für einen anderen sprechen. Das „man" oder „wir" in der persönlichen Rede ist fast immer ein Sich-Verstecken vor der individuellen Verantwortung.)

6. Es ist beinahe immer besser, eine persönliche Aussage zu machen, als eine Frage an andere zu stellen. (Meine Äußerung ist ein persönliches Bekenntnis, das andere Teilnehmer zu eigenen Aussagen anregt; viele Fragen sind unecht; sie stellen indirekte Ansprüche an den anderen und vermeiden eine persönliche Aussage.)

7. Beobachte Signale aus Deiner Körpersphäre und beachte Signale dieser Art bei den anderen Teilnehmern. (Diese Regel ist ein Gegengewicht gegen die kulturell bedingte Vernachlässigung unserer Körper- und Gefühlswahrnehmung.)" (Cohn 1981, S. 161-162)

1966 gründeten Ruth Cohn, Norman Liberman und andere das Workshop-Institute for Living Learning (WILL) in New York. Weitere Gründungen in USA und Kanada folgten, 1972 entstand WILL-Europa in Zürich.

Zu den Zielgruppen der themenzentrierten Interaktion zählen alle Personen, die in ihrem Beruf oder in anderen Zusammenhängen als Leiter mit Gruppen arbeiten; aber auch *Mitglieder* von Gruppen sollen von ihr profitieren, indem sie dazu angeleitet werden, sich von festgefahrenen bewußten oder unbewußten Starrheiten zu befreien.

Cohn selbst nennt Pädagogen (Eltern und Lehrer), Sozialarbeiter, Psychotherapeuten und Berater, Gruppendynamiker sowie Organisatoren von Bürgerinitiativen, Frauen- und Männeremanzipationsgruppen, Betriebsleitungen, Kirchenveranstaltungen, Sozialaktionen usw.

Dabei muß betont werden, daß TZI selbstverständlich keinen Ersatz für die Grundausbildung im entsprechenden Beruf darstellt (also etwa Psychotherapie, Didaktik, Sozialarbeit usw.), sondern ausschließlich die Fähigkeiten zum Leiten von Gruppen vermittelt und verbessert. In diesem Rahmen allerdings will sie konkretes und berufspezifisches Wissen über Gruppenprozesse und Gruppenstrukturen vermitteln und so zu einem vertieften Verstehen von Person, Gruppe, thematischer Aufgabe und ihren wechselseitigen Zusammenhängen führen (vgl. Cohn 1975, S. 8).

Außerdem beansprucht die themenzentrierte Interaktion eine sozial- und gesellschaftspolitische Dimension: „Wieviel und wo will ich meine Kräfte politisch einsetzen? Was kann ich, für was bin ich befähigt und motiviert? ... Welche Prioritäten setze ich für mich als privates Ich und als politischer Wir-Anteil, so daß ich meine Möglichkeiten, Erkenntnisse und die augenblickliche psychosomatische und geistige und familiäre Situation realistisch einbeziehe?" (Ockel & Cohn 1981, S. 279).

Übungsaufgabe 9

1. Geben Sie eine kurze Beschreibung der Ziele und Verfahrensweisen der Themenzentrierten Interaktion.

2. Wie bewerten Sie diese Ziele und Verfahrensweisen?

3. Würden Sie selbst gegebenenfalls an einem Training auf der Basis der TZI teilnehmen? Unter welchen Voraussetzungen und Bedingungen?

Diskutieren Sie dies in Ihrer Arbeitsgruppe und tragen Sie es anschließend in Abschnitt 2.4. ein.

2.2.6 Skill Training

Definition   Ein Skill-Training ist ein „spezielles Training für soziale und auszubildende Berufe. Ziele: Einstellungen (soziale Fähigkeiten) und kreatives Verhalten. Inhalte: nicht themenzentriert. Gruppenstruktur: Gruppendynamisches Labor. Trainerverhalten: nichtengagierter Beobachter. Hierarchischer Anwendungsbereich: für Ausbilder und Mitglieder der Personalabteilung. Vorteile: eine Reihe exakt definierter und kontrollierbarer Einzelziele. Entwicklung von Kooperationsfähigkeiten unter besonderen Streßbedingungen" (Hoepfner & Munzinger 1977, S. 31).

Wie Sie aus dem ersten Kapitel wissen, geht das Konzept des Skill Trainings auf die BST-Gruppen des ersten gruppendynamischen Laboratoriums im Jahre 1947 zurück. Obwohl die Zielsetzungen dieser ersten Skill-Trainings-Gruppen zu hoch gesteckt waren als daß sie tatsächlich alle eingelöst werden konnten und die sich aus ihnen entwickelnden T-Gruppen ihre Ansprüche quantitativ reduzierten und damit realistischer machten, sind die wichtigsten Bestandteile dieser Trainingsform weiterhin von Bedeutung und finden sich auch heute noch in verschiedenen Formen des Skill-Trainings.

Däumling et al. nennen als Funktionen einer Gruppe, die auf das Training sozialer Fertigkeiten ausgerichtet ist:

„a. Bereitstellen von Begriffskomplexen zur Bedingungsanalyse von Fertig- **Ziele**
   keiten,
b. Operationalisieren der Lernziele und erwünschten Verhaltensänderungen,
c. Fokussieren aktueller Beziehungen zwischen Einzelpersonen und Gruppen (interpersonelle und Intergruppenbeziehungen),
d. Einüben der angestrebten sozialen Fertigkeiten, z.B. mittels Rollenspielen,
e. Präzisieren des Selbstbildes hinsichtlich individuell und gruppenbedingter
   Besonderheiten,
f. Planen der Übertragung des Erlernten in die Praxis (Transfer, Backhome-
   Situation),
g. Entwickeln einer „Didaktik zur Weiterentwicklung des Fertigkeitstrai-
   nings (Skill-Trainings)" (Däumling et al. 1974, S. 219-220).

Wichtige soziale Skills sind:

○ Diagnose des Verhaltens in sozialen Situationen,
○ differenzierte Betrachtung einzelner Verhaltensbestandteile und ihrer
  Wirkung,
○ kooperative (sozialintegrative, demokratische) Führung von Arbeitseinheiten speziell unter emotional belastenden Gegebenheiten (z.B. Streß
  durch Erfolgs- und Leistungsdruck, Zeitdruck, durch Konflikte usw.),
○ Beratung in Konfliktsituationen mit Entscheidungsdruck und unter Umständen weitreichenden Konsequenzen (Umstrukturierung, Versetzung
  usw.),
○ Initialisierung und Unterstützung von Kooperation bei Mitarbeitern mit
  sehr verschiedenen Vorbedingungen (Temperament, Bildung, Berufser-
  fahrung usw.)

Gruppendynamische Ansätze, die nicht mit T-Gruppen arbeiten, sondern ein gezieltes Skill-Training anstreben, sehen Däumling et al. (1974) in verschiedenen Berufszweigen.

Skill-Training wendet sich daher insbesondere an solche **Berufe und Tätig-keitsbereiche, in denen mit schwierigen menschlichen Problemen umgegangen wird.** Däumling und seine Mitarbeiter nennen vor allem (1974, 220-221):

Bereich	Gruppen	soziale Fertigkeiten
Schule	Eltern – Lehrer	Umgang mit oppositionellen Jugendlichen
Kirche	Seelsorger	Beratung von Selbstmordgefährdeten; Telephonseelsorge
Militär	Unteroffiziere, Offiziere, Spezialeinheiten	Kooperation unter besonderen (Streß-)Bedingungen
Polizei	Kriminalbeamte	Diagnostizierung und Vernehmungstechnik
Strafvollzug	Gefangene vor der Entlassung	Widerstand gegen Versagungs- und Verführungssituationen
Sport	Mannschaften	Rotieren der Führungsfunktionen

„Das Skill-Training betont zwar zumeist den sozialpsychologischen Aspekt der Interaktion, ist aber nicht minder auf die persönlichen Voraussetzungen der Trainingsteilnehmer angewiesen. Insofern berührt es sich hinsichtlich seiner Zielsetzung eng mit jenen Trainingsformen, die generell auf eine Verbesserung zwischenmenschlicher Beziehungen abstellen oder die soziale Kompetenz in Organisationen erhöhen wollen" (Däumling et al. 1974, S. 221).

Übungsaufgabe 10

1. Geben Sie eine kurze Beschreibung der Ziele und Verfahrensweisen des Skill-Trainings.

2. Wie bewerten Sie diese Ziele und Verfahrensweisen?

3. Würden Sie selbst gegebenenfalls an einem Skill-Training teilnehmen? Unter welchen Voraussetzungen und Bedingungen?

Diskutieren Sie dies in Ihrer Arbeitsgruppe und tragen Sie es anschließend in Abschnitt 2.4. ein.

2.2.7 Kommunikations- und Interaktionstraining

Definition

Das Kommunikationstraining ist eine „Form systematischen sozialen Lernens in der Erwachsenenfortbildung. Zielsetzung: Verbesserung der Informations-/Nachrichten-Austausch-Fähigkeiten und damit der Verständigung der Mitglieder sozialer Systeme (Partnerschaften, Arbeitsgruppen, Organisationen)." (Fittkau 1977, S. 53)

Kommunikationstrainings beruhen häufig auf dem *Kommunikationsmodell*   Grundlagen
von Watzlawick, Beavin und Jackson (1969) und/oder dem sog. *Vier-Seiten-
Modell* der Nachricht (vgl. Schulz von Thun 1977).

> Einen Überblick über das Kommunikationsmodell von Watzlawick, Beavin
> und Jackson finden Sie bei Rechtien (1988).

Dem Vier-Seiten-Modell liegt folgende Vorstellung zugrunde:

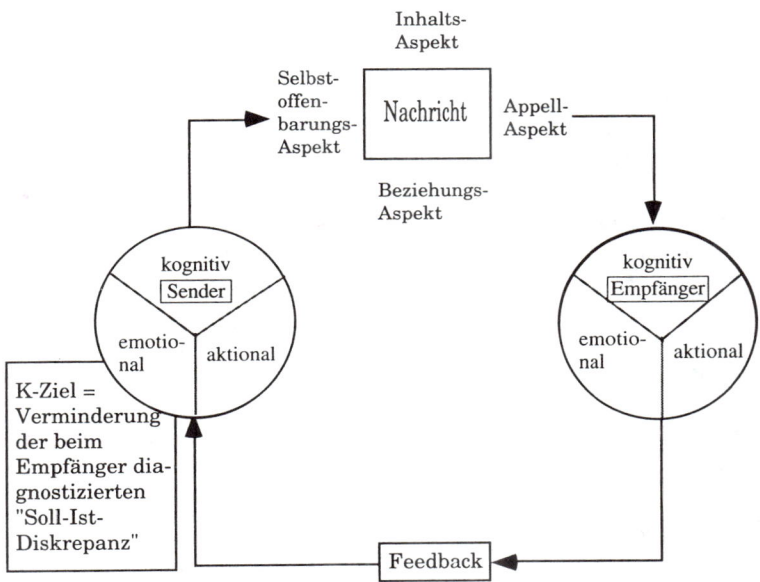

(nach Fittkau 1977, S. 53)

Bei einer Nachricht können vier Aspekte unterschieden werden:

○ Inhalt
○ Selbstoffenbarung
○ Beziehung
○ Appell

Inhalt

Eine verbale Nachricht besitzt zunächst einmal einen Informationsaspekt,
einen Inhalt. In dem Satz *«Das Radio ist ziemlich laut»* ist dies die bloße
Aussage über die Lautstärke des Rundfunkempfängers.

Dieser Aspekt entspricht dem Inhaltsaspekt im Watzlawickschen Kommunikationsmodell.

Selbstoffenbarung

Neben dem bloßen Inhalt ist in jeder Nachricht auch eine Mitteilung über den Kommunikator, den Sender, enthalten. Dazu gehören z.B. Informationen über dessen Art, zu sprechen und Sätze zu formulieren, aber auch Informationen über seine Reaktion auf die gegenwärtige Situation. Im obigen Beispiel wäre das etwa die Information, daß er die Lautstärke des Empfängers als zu hoch empfindet.

Die in einer Nachricht enthaltene Selbstoffenbarung ist oftmals recht versteckt; außerdem kann sie sehr mehrdeutig sein. In «*Das Radio ist ziemlich laut*» kann z.B. auch eine Anerkennung liegen, daß sich jemand so über Nachbarschaftsnormen hinwegsetzt.

Beziehung

Der Beziehungsaspekt – von Bezeichnung und Bedeutung her eine weitere Parallele zum Kommunikationsmodell von Watzlawick – gibt Auskunft darüber, was der Sender vom Empfänger hält, wie er ihn in Beziehung zu sich selbst sieht bzw. sich in Beziehung zu ihm. Im Beispiel könnte das etwa sein: «*Du bist rücksichtslos und ich finde das nicht gut.*» Oder aber auch «*... Ich finde das gut.*»

Appell

Schließlich enthält fast jede Nachricht eine Art Aufforderung, einen Appell: «*Mach das Radio leiser.*», oder auch «*Mach weiter so*».

Setting und
Zielsetzung

Kommunikationstrainings zielen mehr oder weniger explizit darauf ab, den Umgang mit diesen verschiedenen Seiten einer Nachricht zu verbessern. Häufig finden sie in Laboratoriumsform und über einen Zeitraum von drei Tagen bis zu zwei Wochen statt. In ihnen werden auch lernfördernde audiovisuelle Medien (Informationspapiere, Tonband- und Video-Geräte etc.) eingesetzt. Angestrebt wird eine zielorientierte Vermittlung kommunikationstheoretischer *Einsichten*, emotionaler *Selbsterfahrung* und entsprechender neuer kommunikativer *Verhaltensweisen*.

Noch deutlicher als Kommunikations- orientieren sich Interaktionstrainings am Konzept des Skill-Trainings. Im Mittelpunkt der Bemühungen steht der Erwerb bzw. die Verbesserung der Interaktionskompetenz.

So beschränkt sich ein Interaktionstraining auf dieses eine Ziel, das in wenige handlungsorientierte Teilziele aufgeteilt wird und – was im allgemeinen in gruppendynamischen Trainings nicht üblich ist – auf der Grundlage lernpsychologischer Theorien anhand von Bekräftigungslernen und Modellernen angestrebt wird (vgl. Berg 1974).

Das so konzipierte Interaktionstraining wurde v.a. am Psychologischen Institut der Universität Münster in den 70er Jahren entwickelt (vgl. Sader, Sieland & Theis 1976) und - auch unter meiner Mitwirkung - durchgeführt. Zielgruppen waren u.a. Lehrer, Fachhochschullehrer und im Rahmen von universitären Lehrveranstaltungen Paare mit Beziehungs- und Kommunikationsproblemen. Trotz nachgewiesener Erfolge fand es jedoch keine weite Verbreitung.

Ein grundsätzlicher Einwand gegen Kommunikations- und Interaktionstrainings, den ich durchaus als berechtigt ansehe, ist, daß diese oft mit einem situationsunspezifischen Konzept darüber antreten, welche Art und Weise, zu kommunizieren oder zu interagieren die richtige ist. Rezepte wie »Drücke deine Gefühle direkt statt indirekt aus« oder »Explizite Appelle sind den indirekten vorzuziehen« vermitteln starre Konzepte und können die Fähigkeit und Bereitschaft, die jeweilige Situation und ihre besonderen Anforderungen an die Kommunikation genauer zu betrachten, behindern.

Übungsaufgabe 11

1. Geben Sie eine kurze Beschreibung der Ziele und Verfahrensweisen des Kommunikations- und Interaktionstrainings.

2. Wie bewerten Sie diese Ziele und Verfahrensweisen?

3. Würden Sie selbst gegebenenfalls an einem solchen Training teilnehmen? Unter welchen Voraussetzungen und Bedingungen?

Diskutieren Sie dies in Ihrer Arbeitsgruppe und tragen Sie es anschließend in Abschnitt 2.4. ein.

2.3 Anwendungsbereiche

2.3.1 Gruppendynamik in der Erwachsenenbildung

Ausgangspunkte · Es ist in der neueren Erwachsenenbildung seit längerem unbestritten, daß die Bildung Erwachsener vor allem ein Gruppenprozeß ist. Seit etwa Mitte der sechziger Jahre ist die Erwachsenenbildung ein wichtiges Anwendungsfeld der Gruppendynamik. Zu den Schrittmachern gehörte das bekannte Buch mit dem entsprechenden Titel von Tobias Brocher (Gruppendynamik und Erwachsenenbildung, 1967). Brochers Beitrag (1967) zur Neukonzeption der Erwachsenenbildung liegt in zwei Bereichen:

○ in der Erkenntnis, daß Gefühle, Gruppenatmosphäre, Kommunikationsstrukturen usw. Lernprozesse hindern oder fördern können; und:

○ im Nachweis, daß Wahrnehmungen, Interessen und Verarbeitung von Inhalten von (teilweise unbewußten) Annäherungs- und Vermeidungsreaktionen, die mit der persönlichen Identität verbunden sind.

Die Aufnahme entsprechender Veranstaltungen in das Programm vieler Einrichtungen trug ebenfalls zur Ausbreitung der Vorstellungen und Konzepte der angewandten Gruppendynamik bei. Allerdings hat sich diese Situation mit dem Ende der gesellschaftlichen Reformbewegungen in den achtziger Jahren grundlegend gewandelt, so daß die Situation für die Anwendung gruppendynamischer Verfahren bei weitem nicht mehr so günstig ist.

Die Erkenntnisse der Gruppendynamik haben auch die Diskussion zum Lernbegriff in der Erwachsenenbildung belebt. Lernen wird dabei nicht nur als Erwerb oder Veränderung von Wissen, sondern auch als soziale Interaktion verstanden. Zugleich ist damit die Bedeutung affektiver und sozialemotionaler Faktoren für Lernprozesse erkannt worden.

Verfahren · Insofern es sich in der Erwachsenenbildung auch um die Erarbeitung von Inhalten handelt, sind von den verschiedenen Verfahren der angewandten Gruppendynamik vor allem diejenigen von Bedeutung, die thematische Arbeit nicht nur am Hier-und-Jetzt des Gruppenprozesses, sondern auch an externen Inhalten einschließen, also insbesondere die themenzentrierte Interaktion. Soziale Fähigkeiten und Fertigkeiten andererseits sind Gegenstände von Skill-Training, Kommunikations- und Interaktionstraining, evtl. auch des Sensitivity Trainings.

Schäffter weist daraufhin, daß man der Bedeutung der Gruppendynamik für das Selbstverständnis von Erwachsenenbildung nur dann gerecht werden kann, wenn man sie als Ausdruck einer gesellschaftlichen Reflektionsfunktion versteht:

„Gruppendynamik ermöglicht dabei ein Rekurrieren auf die jeweiligen Voraussetzungen einer Lerngruppe durch Selbst-Thematisierung der Gruppenidentität, der Situation, der Identität einzelner Personen oder durch die
Thematisierung von anderen Bedingungsfaktoren des pädagogischen Feldes,
die aus der Perspektive der Beteiligten bedeutsam sind" (Schäffter 1984, S.
251).

Im Verständnis von Gruppendynamik als „methodischer Anleitung zur
Überprüfung von Erfahrungszusammenhängen in sozialen Situationen"
(Dorst 1981, S. 49), erhält sie im Kontext der Erwachsenenbildung die
„Funktion einer propädeutischen Einübung in Möglichkeiten reflexiven Ler-
nens, mit der die Voraussetzungen weitergehender Lernprozesse geschaffen
werden" (Schäffter 1984, S. 259).

Übungsaufgabe 12

*Wie bewerten Sie den Einsatz gruppendynamischer Verfahren in der Erwach-
senenbildung:*

1. Welche Ziele sind sinnvoll und erreichbar?

2. Welche Verfahren halten Sie für angebracht?

*Diskutieren Sie dies in Ihrer Arbeitsgruppe und tragen Sie es anschließend in
Abschnitt 2.4. ein.*

2.3.2 Gruppendynamik in der Lehrerbildung

Aus dem ersten Kapitel wissen Sie, daß das erste gruppendynamische
Laboratorium in der Bundesrepublik Deutschland für Lehrer durchgeführt
wurde und insbesondere die Entwicklung eines demokratischen Erziehungsstiles zum Ziel hatte. Die positiven Erfahrungen dieses Trainings führten zu
hohen Erwartungen an den Einsatz angewandter Gruppendynamik im
Rahmen der Lehrerbildung und es gab in der Folge eine Vielzahl entsprechender Angebote.

Wenn in der Folge und zur Hoch-Zeit der angewandten Gruppendynamik
deren Bedeutung für den – ja in Gruppen stattfindenden – Unterricht betont
wurde, so darf dies nicht dahin mißverstanden werden, daß Lernen in der
Schulklasse demjenigen in einer gruppendynamischen Veranstaltung angeg-
lichen werden sollte. Über der Tatsache, daß 'Gruppendynamik' selbstverständlich in beiden Lernsituationen vorhanden ist und starken Einfluß auf
Verlauf und Ergebnis der Lernprozesse hat, sind die Unterschiede nicht zu
vergessen.

Immerhin geht es auch in der Schulklasse (und in anderen Unterrichtsgruppen) um die bewußte Gestaltung eines sozialen Systems, und zum Erwerb der Fähigkeiten hierzu bietet sich per Definition das gruppendynamische Training an.

Einsichten und Fähigkeiten, die zu den Zielsetzungen angewandter Gruppendynamik gehören, dürften für alle Berufe von Nutzen sein, in denen eine Verbesserung des Umgangs mit und des Verhaltens in Gruppen erforderlich erscheint. Eine Anwendung auf den Bereich der Lehrerbildung und Lehrerweiterbildung liegt damit nahe.

Zielsetzungen Zu den schwierigsten Aufgaben der Lehrerbildung gehört mit Sicherheit die Entwicklung eines angemessenen Erziehungsverhaltens und dessen permanente Weiterentwicklung und Korrektur. Zur Lösung dieser Aufgabe und „bei der Suche nach der personalen Identität und bei der Entwicklung independenten Verhaltens vermögen die Lernverfahren des Gruppendynamischen Seminars und der Trainingsgruppe beizutragen. Durch die ‚Spiegelwirkung' der Trainingsgruppe könnten sie zunächst dem Studienanfänger eine Orientierung über das ihm zur Verfügung stehende Verhaltensrepertoire im Vergleich zu dem seiner Mitstudenten ermöglichen, eine Erweiterung seiner intra- und interpersonalen Frequenz bewirken und ihn zu einer besseren Beobachtung und Analyse des Geschehens in einer Gruppe führen." (Spangenberg 1969, S. 135)

Spangenberg empfahl aus diesem Grunde sogar, daß jeder angehende Lehrer spätestens vor Beginn seines ersten Schulpraktikums an einem zweiwöchigen Seminar teilgenommen haben sollte. Auch für die dritte Phase der Lehrerbildung schien ihm gruppendynamische Trainingserfahrung von Bedeutung, nämlich hinsichtlich der Rollenveränderung des Lehrers - weg von seiner zentralen dirigistischen Position in Richtung eines ‚facilitators' oder ‚Katalysators' (Spangenberg) für Lernprozesse.

Die Landeszentrale für Politische Bildung (Hessen) entwickelte gruppendynamische Seminare in Laboratoriumsform. Diese Seminare sollten in einem expliziten Zusammenhang mit politischem Lernen stehen. Dies bedeutet u.a., daß das Sensitivity Training nur insofern eine Rolle spielt, als es instrumental-funktional im Zusammenhang mit der übergreifenden Thematik von Nutzen ist. Zentrales Thema ist das Lehrerverhalten im Schulkolleg, gegenüber den Aufsichtsbehörden usw. Beim Versuch, den übergreifenden sozialen und politischen Stellenwert des Lehrerberufs heute, thematisch zu machen, geraten Fragen der Autorität bzw. des Verhaltens vor und mit Autorität, Fragen der Macht und der Machtausübung, Fragen der Interessendurchsetzung in den Mittelpunkt. „Gruppendynamik hat in diesem Verständnis eine aufklärerisch-verändernde Funktion." (Geißler 1979, S. 16).

Für diese Arbeit mit Lehrern verfolgt die Landeszentrale für Politische Bildung folgende Lernziele:

„1. Sensibilisierung des Lehrers für das Unterrichtsgeschehen in Verbindung mit besserer Wahrnehmung des eigenen wie des Schülerverhaltens. Durch Beachtung der komplexen Determinanten von Lernprozessen soll das eindimensional-monologische Unterrichten durch Hinwendung zu schülerorientiertem Lernen abgelöst werden. Dazu bedarf es der Fähigkeit zu Selbstkritik und der Bereitschaft, von Schülern zu lernen.

2. Sukzessive Loslösung von Autoritätsfixierungen; fortschreitende Entwicklung in Richtung persönlicher Unabhängigkeit, verbunden mit erhöhter Durchsetzungsbereitschaft unter Berücksichtigung der je spezifischen politischen Lage und Gruppensituation.

3. Abwendung von privatistischen Einstellungen und Hinwendung zu einem Verhalten, das gekennzeichnet ist durch Kommunikations- und Kooperationsbereitschaft und durch engagierte Stellungnahme für die eigenen Überzeugungen.

4. Die Fähigkeit, persönlich individuelles Verhalten relativ zu seinen gesellschaftlich-politischen Bestimmungsfaktoren zu sehen" (Geißler & Hege 1981, 16).

Auf die Phase der intensiven und extensiven Anwendung gruppendynamischer Verfahren in der Lehrerbildung folgte allerdings eine Ernüchterung in dem Maße, in welchem Gruppendynamik zum Versorgungsalltag auch der Schuladministration wurde. In der Folge einer skeptischeren – und realistischeren - Einschätzung des Veränderungspotentials gewann die angewandte Gruppendynamik in der Lehrerbildung zunehmend eine Stabilisierungsfunktion: sie wurde dort eingesetzt, wo es um eine Reduktion der negativen Folgen der Schulreform ging – oder um die Hoffnung auf die Möglichkeit einer solchen Verringerung.

Ernüchterung und Kritik

Darüber hinaus erhoben sich Zweifel und die Befürchtung, daß Gruppendynamik und Pädagogik nicht in gewisser Weise einen Gegensatz darstellen, den zu übersehen die Gefahr der Auflösung der einen oder der anderen Seite mit sich bringt:

„Gruppendynamik in der Schule bedeutet für das äußerst dünnhäutige gruppendynamische Konzept eher eine Gefahr als eine Chance. In der Schule wird pädagogisch gehandelt und alles, was in der Schule gemacht wird, ist … unter pädagogischen Zielsetzungen zu beurteilen. Alle jene, die Gruppendynamik in die Schule bringen wollen, lösen diese in Pädagogik auf. Dies kann zweifellos sinnvoll sein, wird aber unter dieser Perspektive weder betrieben noch geprüft. Ebenso wie psychoanalytisch ausgebildete Lehrer in der Schule keine Psychotherapie betreiben, kann man ... dort auch keine Gruppendynamik machen. Was jedoch möglich wäre, ist die Gestaltung der Schulsituation durch die Folgen von Gruppendynamik, die eben gerade neben der Schule existiert, als ein von der Schul-Pädagogik unterschiedenes Konzept" (Geißler 1981, S. 34).

Übungsaufgabe 13

Wie bewerten Sie den Einsatz gruppendynamischer Verfahren in der Lehrerbildung:

1. Welche Ziele sind sinnvoll und erreichbar?

2. Welche Verfahren halten Sie für angebracht?

Diskutieren Sie dies in Ihrer Arbeitsgruppe und tragen Sie es anschließend in Abschnitt 2.4. ein.

2.3.3 Gruppendynamik in Organisationen

Begriffsklärung:
Organisationstraining,
Organisationsentwicklung

Angewandte Gruppendynamik in Organisationen findet ihren Niederschlag in recht unterschiedlichen Ansätzen. Häufig finden sich diese in der Literatur unter der gemeinsamen Bezeichnung ‚Organisationsentwicklung'. Diese gemeinsame Bezeichnung für teilweise doch recht unterschiedliche Verfahren trägt nach meiner Einschätzung nicht zur Klärung bei, sondern ist eher dazu geeignet, Verwirrung zu stiften. Ich werde daher für die folgende Darstellung zwischen zwei Dingen unterscheiden:

○ *Organisationstrainings*: stark leistungsbezogene Maßnahmen zur Optimierung institutioneller Abläufe innerhalb bestehender Strukturen; und

○ *Organisationsentwicklungslaboratorien*: personorientierte Maßnahmen, die auch die Veränderung organisatorischer Strukturen einschließen,

Dabei will ich allerdings nicht verschweigen, daß die Grenzen gelegentlich (z.B. beim Human Relations Training) verschwimmen und für die Darstellung etwas willkürlich zu ziehen sind.

Sowohl betriebliche Trainingsmaßnahmen im Bereich Führung, Kooperation, Verantwortung usw. als auch die Organisationsentwicklung im eigentlichen Sinne berufen sich zu Recht auf die gruppendynamische Tradition der National Training Laboratories. Allerdings ist – wie Sie bei der Behandlung der einzelnen Ansätze sehen werden – der Anteil der angewandten Gruppendynamik im eigentlichen Sinne recht unterschiedlich und stellenweise nur mit Mühe zu entdecken.

Mit der Durchführung gruppendynamischer Laboratorien für Industrieunternehmen hatten die NTL bereits 1955 begonnen. Auch für Regierungseinrichtungen wie das Außenministerium oder die US-Marine wurden Trainingsprogramme durchgeführt. Auf diese Weise kamen wesentliche Elemente der auf Lewins Vorstellungen beruhenden Gruppendynamik in die Organisationsentwicklung und das Organisationstraining: T-Gruppenarbeit, Teile der Aktionsforschung, Survey-Feedback (siehe dazu unten), Arbeit an Führungsstilen usw. Eines der klassischen Werke der Management-Literatur, Chester Barnards „Functions of the executive" (1938) weist viele Parallelen zu Lewins Ansätzen auf, so zum Beispiel im Gebrauch der Metaphern von *Feld* und *Feldkräften*: „Eine Organisation ist ein Feld aus personalen ‚Kräften' …". Daß diese Parallele (u.a.) auf Lewins Einfluß zurückgeht, hält Wolf (1989) für wahrscheinlich, da nach seinen Recherchen Lewin und Barnard freundschaftlich bekannt waren.

2.3.3.1 Organisationstrainings

Die Organisationstrainings sind recht unmittelbar aus den klassischen, insbesondere den skill-orientierten Laboratoriumsansätzen heraus entstanden und betonen insbesondere das Training sozialer Fertigkeiten unter dem Aspekt der betrieblichen Leistungssteigerung. Neben dem eigentlichen Organisationstraining gibt es die Sonderform des instrumentierten oder instrumentellen Laboratoriums, in welchem weniger die Organisation und mehr der individuelle Leistungsaspekt im Vordergrund steht. Als Beispiel eines solchen ‚instrumented labs' werde ich das von den Amerikanern Robert Blake und Jane Mouton entwickelte Managerial Grid vorstellen, das dem Einüben eines bestimmten Führungsstiles dienen soll.

2.3.3.1.1. Managerial Grid

Ende der fünfziger Jahre stellten Blake und Mouton (1968) ein langfristiges und systematisches Programm vor, durch das Organisationen anhand vorgefertigten Materials einen partizipativeren Führungsstil entwickeln sollten. Zu den Trainingsmaterialien gehörte als Kernpunkt das sog. *Managerial Grid*, ein ‚Verhaltensgitter', mit dessen Hilfe Führungsverhalten diagnostiziert und trainiert werden soll.

Beim Training von Führungsstilen wird häufig eine Orientierung in zwei Dimensionen verwandt, nämlich „Aufgabenorientierung" und „Personorientierung". Ein Vorgesetzter kann nach dieser Vorstellung mehr oder weniger aufgabenorientiert führen, d.h., sich mehr oder weniger stark an sachlichen Aspekten orientieren, oder er kann mehr oder weniger personenorientiert, d.h., auf die zwischenmenschlichen Beziehungen ausgerichtet sein. Diese Dimensionen bilden die horizontale bzw. vertikale Achse des Verhaltensgitters.

Verhaltensgitter
zur Diagnose
von Führungs-
stilen

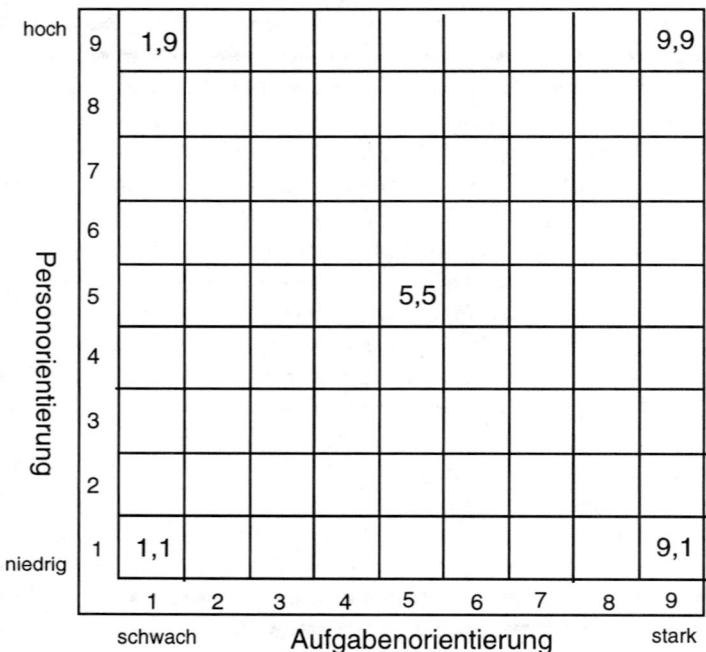

Die mit Ziffern benennbaren Zellen in diesem Verhaltensgitter repräsentieren bestimmte Führungsstile. So bedeutet ein Führungsverhalten „(1,1)" die geringstmögliche Einwirkung auf Arbeitsleistung und Mitarbeiter, das Führungsverhalten „(1,9)" eine sorgfältige Beachtung der zwischenmenschlichen Beziehungen bei gleichzeitiger Vernachlässigung der Sachorientierung, was nach diesem Modell zu einer bequemen und freundlichen Atmosphäre, aber schlechter Leistungsmotivation führt. Mit dem Stil „(9,1)" wird hohe Arbeitsleistung ohne Rücksicht auf Arbeitsatmosphäre erreicht. Bei „(5,5) soll durch das Ausbalancieren von Arbeits- und Personorientierung eine genügende Leistung bei einigermaßen guter Atmosphäre erreicht werden. „(9,9)" schließlich repräsentiert sowohl hohe Sach- als auch hohe Personorientierung, ein Führungsstil, der hohe Arbeitsleistung von begeisterten Mitarbeitern garantieren soll. Nach Blake & Mouton ist der Stil „(9,9)" oder einer nahe dieser Position erstrebenswert.

Ein auf der Basis des Managerial Grids aufgebautes Führungstraining kann in sechs Phasen ablaufen (vgl. Friedriszik 1982):

1. Diagnose des aktuellen Führungsverhaltens einschließlich des Erkennens möglicher Verhaltensänderungen (einwöchiges Seminar) anhand des Verhaltensgitters.

2. Feststellung, wie in den betrieblichen Einheiten (Arbeitsgruppen usw.) besser zusammengearbeitet werden kann; Analyse der Leistungsfähigkeit und der Arbeitsbeziehungen durch Vorgesetzte und Mitarbeiter.

3. Analyse der „Intergruppen-Beziehungen": Klärung von Konflikten und deren Ursachen zwischen verschiedenen beteiligten Einheiten des Unternehmens.

4. Planung für die Zukunft.

5. Durchführung der Veränderungsmaßnahmen.

6. Diagnose und Kritik des Erreichten.

Beim Managerial Grid Training handelt es sich eigentlich nicht um ein gruppendynamisches Training, sondern eher um ein gezieltes und geplantes Beeinflussungstraining, da eine „dynamische" Gruppenentwicklung fehlt. Das optimale Führungsverhalten wird schon zu Beginn des Trainings anhand des ‚Verhaltensgitters' demonstriert.

Die Aufgabe der Teilnehmer besteht darin, Führungsstil mit Hilfe des Verhaltensgitters und der in ihm vorgegebenen Dimensionen zu diskutieren und zu definieren. Ziel ist das Bekenntnis aller Teilnehmer zum „optimalem Führungsstil."

Den Vorteilen dieser Art von Führungstrainings, nämlich der straffen Organisation und dem fast völligen Fehlen emotionaler Reibungen stehen viele Nachteile gegenüber:

○ Das Training ist sehr suggestiv und deshalb in seiner tatsächlichen Wirkung kaum zu überprüfen; häufig bringt es nur Lippenbekenntnisse zum optimalen Führungsstil (vgl. dazu Hoepfner & Munzinger 1977, S. 33).

○ Die im Grid-Seminar gegebenen Empfehlungen berücksichtigen nicht unterschiedliche Situationen mit unterschiedlichen Bedingungen für und unterschiedlichen Anforderungen an Führungsverhalten.

○ Die Annahme, beide Dimensionen, nämlich Person-, d.h. Mitarbeiterorientierung und Aufgabenorientierung, könnten ideal integriert werden (im „9,9"-Führungsstil), verdeckt die Tatsache, daß sie in vielen, vielleicht sogar der überwiegenden Mehrzahl von Situationen in Konflikt stehen. (vgl. dazu Ulrich & Fluri 1975, S.195-196)

Schließlich muß man sich fragen, ob nicht gerade im Hinblick auf die Fortbildung von Führungskräften Erwartungen an Trainingsveranstaltungen gerichtet werden, die auf falschen Voraussetzungen beruhen, und die gelegentlich von gruppendynamischen Trainern zu leichtfertig als Arbeitsaufträge akzeptiert werden. Hinter vielen solcher Erwartungen steht eine eigenschaftsorientierte Auffassung von Führung, die in dieser Eindimensionalität wissenschaftlich nicht mehr zu vertreten ist (vgl dazu auch Hager 1984). Führung kann nicht in einem Intensivkurs in drei, sechs, zehn oder auch vierzehn Tagen erlernt werden; neben Wissen und Einsichten in Gruppenprozesse handelt es sich auch um Einstellungen und Verhaltensgewohnheiten, die über Jahre hinweg erworben und verfestigt wurden.

Übungsaufgabe 14

1. Geben Sie eine kurze Beschreibung der Ziele und Verfahrensweisen des Managerial Grid Trainings.

2. Wie bewerten Sie diese Ziele und Verfahrensweisen?

3. Würden Sie selbst gegebenenfalls an einem solchen Training teilnehmen? Unter welchen Voraussetzungen und Bedingungen?

Diskutieren Sie dies in Ihrer Arbeitsgruppe und tragen Sie es anschließend in Abschnitt 2.4. ein.

2.3.3.1.2 Survey-Feedback

Definition

Als *Survey-Feedback* bezeichnet man die Anwendung von Einstellungsbefragungen von Mitgliedern einer Organisation (bzw. einer Gruppe solcher Mitglieder) mit der anschließenden Rückmeldung der Ergebnisse der Erhebung an die Befragten. In Workshops werden diese dann weiterverarbeitet. Zum Beispiel werden die Forscher aufgefordert, die eine oder andere Hypothese noch einmal neu zu überdenken, oder es werden Alternativen vorgeschlagen. Außerdem wird zusammen mit den Betroffenen geprüft, inwieweit die Ergebnisse plausibel sind.

Der Umgang mit den Befragungsergebnissen fordert nicht nur zu eigener Analyse und Dateninterpretation heraus, sondern bringt oft auch eine Bereicherung des Datenmaterials durch weitere Informationen. Aus der Methode wird dadurch ein Prozeß, in welchem die Problemsituation und ihre Ursachen genauer erforscht werden, Querverbindungen aufgedeckt und Vergleiche angestellt und schließlich Lösungsalternativen entwickelt werden.

Das – im Deutschen als *Daten-Rückkopplungsmethode* bekannte –Verfahren geht auf die Gruppe um Kurt Lewin zurück. Ein frühes Projekt, bei dem sie (vermutlich zuerst) zur Anwendung kam, fand schon im Jahr 1948 bei der Detroit Edison Company statt (vgl. Comelli 1985). Auch dieses Vorgehen ist nicht ‚angewandte Gruppendynamik' im eigentlichen Sinne, d.h., nutzt nicht Gruppenprozesse als Medium für Lernprozesse, sondern nutzt die durch Rückmeldung initiierten Gruppenprozesse für Veränderungsprozesse - Sie erkennen unschwer den Einfluß der Aktionsforschung.

Verwandschaft mit der Aktionsforschung

Übungsaufgabe 15

1. Geben Sie eine kurze Beschreibung der Ziele und Verfahrensweisen des Survey-Feedbacks.

2. Wie bewerten Sie diese Ziele und Verfahrensweisen?

3. Würden Sie selbst gegebenenfalls an einem Training auf der Grundlage dieses Verfahrens teilnehmen? Unter welchen Voraussetzungen und Bedingungen?

Diskutieren Sie dies in Ihrer Arbeitsgruppe und tragen Sie es anschließend in Abschnitt 2.4. ein.

2.3.3.1.3 Das Human Relations Training

Das Tavistock Institute of Human Relations in London ist Ihnen bereits aus dem ersten Kapitel bekannt. Die von diesem Institut durchgeführten Laboratorien werden als „Human Relations Trainings" (HRT) bezeichnet. Auch in den USA gibt es diese Trainingsform; sie wird dort von der Washington School of Psychiatry vertreten.

Dem *Human Relations Training* wird ein besonders starker Bezug zur industriellen Wirklichkeit zugesprochen. Dieser starke Bezug zur industriellen Wirklichkeit entstammt der Tatsache, daß in direkter Entsprechung zur industriellen Situation in Konzept und Praxis von Hierarchie, Führung und Aufgabe gearbeitet wird (vgl. Däumling et al. 1974, S. 222) und die Trainer zugleich auch Industrieberater sind (vgl. Miller & Rice 1970). Zu den Hauptquellen gehört eine Richtung in der Sozialpsychologie, die sich mit den Konzepten von Rolle, Führung, Delegation, Kommunikation u.a.m. befaßt; im Bereich der Forschung gehören z.B. die *Hawthorne-Experimente* in diese Tradition.

Bezug zur industriellen Wirklichkeit

Merkmale

Das HRT findet themenzentriert in Laboratoriumsform statt und zielt auf die Veränderung von Einstellungen und Verhalten. Zu den Themen gehören die Arbeit in der hierarchischen Praxis, Führung und Organisation. Als Vorteile für die Anwendung in Organisationen der Wirtschaft werden angesehen, daß

○ es einen vorbestimmter Zeitplan mit definierten Ereignistypen gibt: mit Intergruppenveranstaltung, Plenum, Arbeitsgruppe, Kleingruppe; ferner mit einer Institutionsveranstaltung, deren Gegenstand die gesamte Laboratoriumssituation einschließlich des Hilfspersonals ist, sowie Situations- und Prozeßanalyse-Gruppen (review groups) und Anwendungsgruppen. Das Tavistock-HRT hat eine große arbeitsteilig und hierarchisch organisierte Trainergruppe (12 Trainer, aber auch 50 bis 70 Teilnehmer), einen „Conference Director" sowie „Consultants" für jede Gruppenart.

○ daß es spezifizierte Einzelziele gibt, z.B. für die Intergruppen-Veranstaltung: „die Beziehungen zwischen den Gruppen während des Geschehens untersuchen und insbesondere die Probleme, Autorität im Namen anderer auszuüben, zu untersuchen und zu erfahren".

○ daß es spezielle Anwendungsgruppen gibt, die mit dem Transfer befaßt sind (application groups) und eine dreifache Aufgabe haben: „Sie bemühen sich um die Untersuchung und Formulierung von Problemen, die im Seminar nicht gelöst worden sind. Ferner versuchen sie, sich mit den Problemen, die das Verlassen des Seminars und die Rückkehr in die ‚Außenwelt' aufwerfen, zu befassen. Außerdem behandeln sie die Relevanz des Seminars für die Berufsarbeit ihrer Teilnehmer" (Rioch 1971). Die Anwendungsgruppen nehmen sich also explizit der Transferproblematik an.

○ daß mehr Gewicht auf die Analyse als auf die Aktion gelegt wird (vgl. Hoepfner & Munzinger 1977, S. 31-32).

Im Zuge ihrer Anwendung in der Industrie geriet die Human Relations Bewegung rasch in den Ruf des Konservativismus und des Anpassungsinstrumentes: „Die Human-Relations-Schule unterstellte, daß die für den Menschen befriedigendste Organisation auch die leistungsfähigste sein werde." (Etzioni 1967, S. 67; zit. n. Däumling et al. 1974). Vorgeworfen wurde ihr weiter, daß sie Konflikte nicht als Interessengegensätze ansehe, aus denen heraus eine Überprüfung der Machtstruktur folgen könne, sondern als unerwünscht betrachte. Ihr Ideal bestünde in glücklichen Arbeitern und summenden Maschinen.

Grundlagen:

Außer auf die erwähnten sozialpsychologischen Quellen stützt sich die Arbeit am Tavistock Institute vor allem auf die Konzepte von W.R. Bion und A.K. Rice.

1. Tiefenpsychologie

Den tiefenpsychologischen Ansatz von Bion habe ich bereits im ersten Kapitel kurz erwähnt – danach ist für die konstruktive Arbeit einer Gruppe an ihrer Aufgabe ein Gleichgewicht zwischen Paar-Bildung, Aggressions- und Fluchttendenzen sowie den gegenseitigen Abhängigkeitsbeziehungen notwendig - und ein solcher Gleichgewichtszustand soll im HRT hergestellt werden – oder besser: die Fähigkeit zur Herstellung und Aufrechterhaltung dieses Gleichgewichtszustandes soll trainiert werden.

Neben dieser tiefenpsychologischen Basis findet sich im Human Relations Training von Tavistock eine organisationssoziologische Grundlage, die auf Rice (1971) zurückgeht. Dieser war vor allem an den Fragen von Aufgabe und Struktur, Beziehung zwischen Gruppen und sozialer Organisation interessiert. Dabei wird die Organisation verstanden als ein Instrument, durch welches das Unternehmen Aktivitäten zu Rollen fügt, und Rollen zu Individuen und Gruppen.

2. Organisationspsychologie

Das Human Relations Training wird nun als ein solches – wenngleich vorübergehendes – Unternehmen mit Aufgabensystemen, Rollenstrukturen usw. betrachtet. Wie in einem Industrie-Unternehmen laufen in ihm sowohl Import-, Umwandlungs- als auch Export-Prozesse ab, d.h. aus der Organisations-Umwelt oder aus Subgruppen der Organisation treffen Inputs ein, die verarbeitet und als Reaktionen (Output) wieder an Umwelt oder Subsystem abgegeben werden. Hierbei hat in der Industrie-Organisation das Management, im Training die Trainergruppe Kontrollfunktionen:

○ es (sie) definiert die Grenzen von und zwischen Aufgabensystemen usw.,

○ und kontrolliert die Transaktionen über diese Grenzen.

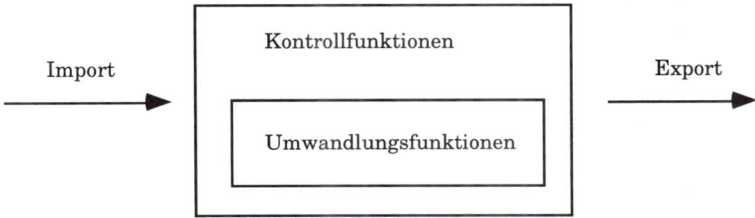

(Aus Däumling et al. 1974, S. 223)

Ein einfaches Schema solcher Transaktionen kann folgendermaßen aussehen:

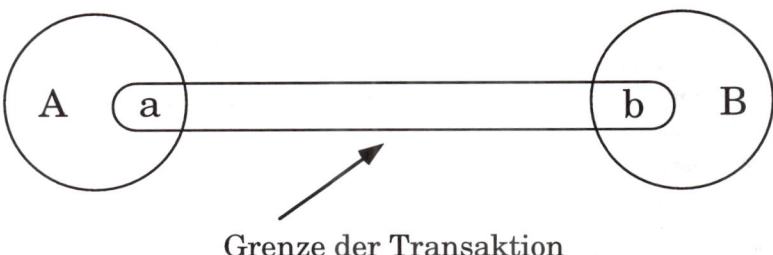

(Aus Däumling et al. 1974, S. 224)

– Die Person a ist Repräsentant oder Delegierter der Gruppe (Organisation, Abteilung usw.) A. Person b ist Delegierter von B.

– Die Person a hat Loyalitätsverpflichtungen gegenüber A.

– Sie unterliegt A's speziellen und generellen Regeln, auch solchen für die Verhandlungssituation.

– Person a bedeutet aber auch eine Quelle der Ungewißheit für seine Organisation (was vereinbart sie im Rahmen ihres Verhandlungsspielraums mit dem Delegierten b bzw. der Organisation/Gruppe B?).

– Zugleich ist die Transaktion aber auch ein Test für die Grenzen von Unternehmen A und seines Delegierten a.

– Im Zuge der Verhandlungen ergibt sich ein neuer Status bzw. ein neues Bild von a und A.

– Dieser neue Status wird deutlich, wenn der temporäre Auftrag von a aufgelöst ist und es zu Prozessen der Reintegration und Evaluation kommt.

(nach Däumling 1974, S. 223f)

ablaufende Prozesse Die Prozesse, die sich nun zwischen und innerhalb der Gruppen A und B sowie innerhalb der Repräsentanten a und b abspielen, sind Gegenstand der Analyse:

○ In der Gruppe A macht man sich Gedanken über die Gruppe B, z.B.:
  ○ Was sind das für Leute?
  ○ Sollen wir Kontakt mit ihnen aufnehmen?
  ○ Wie sind sie organisiert?
  ○ Denken sie daran, Repräsentanten auszusenden, und kommt einer davon zu uns?
  ○ Sollen wir einen Repräsentanten zu ihnen schicken? usw.
  Ähnliche Überlegungen werden selbstverständlich auch in der Gruppe B ablaufen.

In einem Entscheidungsprozeß beschließt Gruppe A nun, einen Repräsentanten (a) zur Gruppe B zu schicken, der mit der Befugnis eines Delegierten ausgestattet ist, d.h., er kann Botschaften übermitteln und entgegennehmen, nicht jedoch Entscheidungen - etwa über weitere Kontakte - treffen. Damit beginnt die oben dargestellte Transaktion.

○ Während dieser Transaktion gehen die Prozesse in A weiter. Eventuell macht sich die Gruppe Gedanken darüber, wie (a) mit seinem Auftrag vorankommt (und projiziert damit ihre eigene Unsicherheit auf ihn), sie kann sich fragen, ob er seinen Auftrag gut erfüllt (und stellt damit die

Gültigkeit der mit dem Auftrag übertragenen Autorität in Frage), sie kann sich auf seine Rückkehr vorbereiten (nach der sie vielleicht kritisiert wird; womit sie sich zugleich auf darauf vorbereitet, die u.U. wahrgenommene Schwäche der Autorität auf ihn zu projizieren, indem sie ihm zeigt, daß er nicht richtig gehandelt hat), und sie kann sich auch mit einer ganz anderen Aufgabe befassen und den Repräsentanten und seinen Auftrag darüber vergessen (was im Sinne des Tavistock-Modells eine Art Aufhebung der verliehenen Autorität bedeutet, die ja aus dem Wunsch hervorging, mit der Außenwelt zu kommunizieren).

○ Inzwischen ist der Delegierte (a) in der Gruppe B. Er stellt fest, wie er von dieser Gruppe aufgenommen wurde und überprüft seine Vorstellungen dieser Gruppe anhand dieser Erfahrungen. Vielleicht ist er in Gruppe B auf wenig Bereitschaft gestoßen, ihn anzuhören; möglicherweise hat er den Eindruck, daß sein Auftauchen willkommen war, da es der Gruppe B in einer schwierigen Lage neue Anstöße gegeben hat o.a. Unter Umständen hat er auch einen Eindruck davon gewonnen, wie in B Entscheidungsprozesse verlaufen.
Er selbst kann beim Überbringen seiner Botschaft den Eindruck eines mit voller Autorität ausgestatteten Delegierten machen - oder Zweifel daran aufkommen lassen, welche Vollmacht ihm die Gruppe übertragen habe. Es kann sein, daß er sich in Sympathie zu B verstrickt und seine eigene Gruppe fast vergißt.

○ Für B ist die Frage, ob (a) eine Stimme der Außenwelt, ein autorisierter Repräsentant einer anderen Gruppe oder einfach ein Strohmann ist. Gruppe B wird eine Entscheidung treffen: man wird a mit einer Antwort beauftragen oder auch nicht.

○ Der Delegierte (a) kehrt schließlich zu seiner Gruppe zurück. Für ihn ist die Frage, ob er sich noch ungeteilt seiner Gruppe A zugehörig fühlt, vielleicht erwartet er Bekräftigung für seine Auftragserfüllung. Es kann aber sein, daß seine Gruppe sich inzwischen gar nicht dafür interessiert, was er gemacht hat. Seine Gruppe kann sich geändert haben, vielleicht weil andere Delegierte von anderen Gruppen zurückgekehrt sind, weil Repräsentanten anderer Gruppe da waren oder noch anwesend sind usw. Möglicherweise ist seine Rückkehr auch sehnlichst erwartet worden und ihm wird jetzt eine neue Rolle übertragen, die ihm Führungsverantwortung in Außenkontakten zuschreibt.

Anhand solcher Prozesse wird in der Intergruppen-Veranstaltung des Tavistock-Modells die Bedeutung von Macht und Autorität in Organisationen untersucht (vgl. dazu auch Ricciardi 1981). Diese Intergruppenveranstaltung ist besonders kennzeichnend für das Tavistock-Modell.

Sie beginnt im Plenum; der Direktor dieser Veranstaltung gibt bekannt, in welcher Weise sich die Trainergruppe organisieren wird:

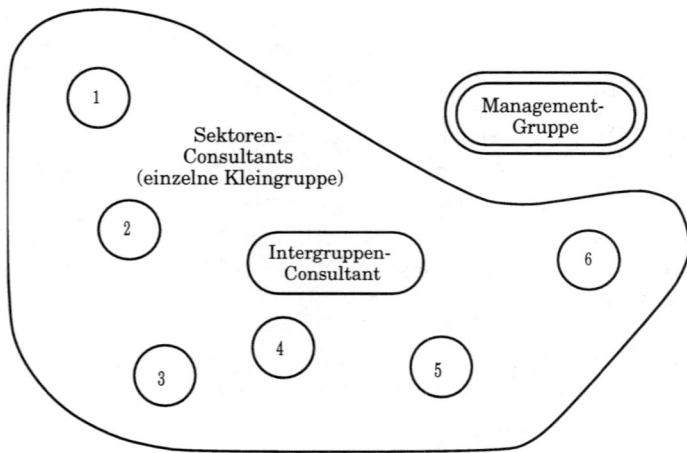

(Nach Däumling et al. 1974, S. 225)

„Nach dieser Ankündigung verlassen die Trainer den Plenumsraum und begeben sich in der skizzierten Weise in verschiedene Räume, wobei – mit einem Funken Humor in diesem sehr realitätsgerechten Design – die Management-Gruppe sich als ‚Management-in-mind' bezeichnet und mit der Versicherung, es sei ‚normalerweise' nicht zu sprechen, ins oberste Stockwerk zurückzieht. Sinn dieser halbfiktiven Gruppe ist es, Zielscheibe für Autoritätsfantasien zu sein.

Vom Moment der Auswanderung der Trainergruppe an (ein Beobachter bleibt zurück) sind die Teilnehmer am Zuge; sie können prinzipiell mit der ihnen dargebotenen Situation umgehen wie sie möchten – nur die Trainer haben bestimmte Rollen und Verhaltensvorschriften" (Däumling et al. 1974, 225).

Übungsaufgabe 16

1. Geben Sie eine kurze Beschreibung der Ziele und Verfahrensweisen des Human-Relations-Trainings.

2. Wie bewerten Sie diese Ziele und Verfahrensweisen?

3. Würden Sie selbst gegebenenfalls an einem HRT teilnehmen? Unter welchen Voraussetzungen und Bedingungen?

Diskutieren Sie dies in Ihrer Arbeitsgruppe und tragen Sie es anschließend in Abschnitt 2.4. ein.

2.3.3.1.4 Teamentwicklung

Das Teamentwicklungstraining geht (nach Comelli 1985) auf McGregor (1967) zurück, der zum Aufbau eines effektiven Management-Teams bei Union Carbide eine Bewertungstabelle zu Beziehungen und Arbeitsklima in Teams entwarf. Ein solches Management-Team sollte folgenden Anforderungen genügen:

○ Verständnis, Vereinbarung und Anerkennung der Teamziele durch die Mitglieder;
○ nach allen Seiten hin offene Kommunikationswege;
○ gegenseitiges Vertrauen;
○ gegenseitige Unterstützung;
○ wirksames Umgehen mit Konflikten;
○ zutreffender und genauer Umgang mit Konzept und Begriff des Teams;
○ effizienter Umgang mit den bei den Teammitgliedern vorhandenen Ressourcen an Wissen und Fähigkeiten;
○ Herausbildung einer effizienten Führungsgruppe.

Ausgangspunkte

Zur Diagnose des jeweilig erreichten Standes dient der im folgenden dargestellte Bewertungsbogen.

In der Teamentwicklungsgruppe werden diese Punkte zunächst besprochen, im Anschluß daran wird der Entwicklungsstand des Teams von jedem Mitglied anonym anhand der acht Dimensionen des Bewertungsbogens eingeschätzt, und zwar in Punktwerten von 1 bis 7. Niedrige Bewertungen (linke Seite der Skala) sind negativ, hohe Bewertungen positiv. Die Wertungen aller Gruppenmitglieder werden zusammengefaßt und bilden die Grundlage für mögliche Veränderungen.

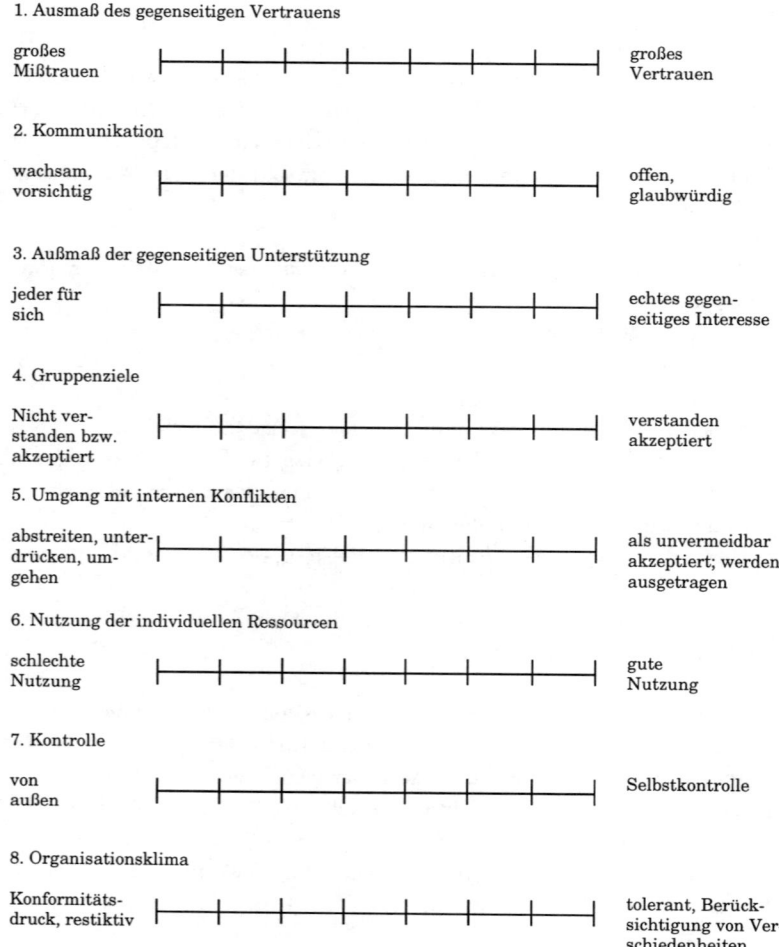

1. Ausmaß des gegenseitigen Vertrauens

großes
Mißtrauen
┤─┼─┼─┼─┼─┼─┼─├
großes
Vertrauen

2. Kommunikation

wachsam,
vorsichtig
┤─┼─┼─┼─┼─┼─┼─├
offen,
glaubwürdig

3. Außmaß der gegenseitigen Unterstützung

jeder für
sich
┤─┼─┼─┼─┼─┼─┼─├
echtes gegen-
seitiges Interesse

4. Gruppenziele

Nicht ver-
standen bzw.
akzeptiert
┤─┼─┼─┼─┼─┼─┼─├
verstanden
akzeptiert

5. Umgang mit internen Konflikten

abstreiten, unter-
drücken, um-
gehen
┤─┼─┼─┼─┼─┼─┼─├
als unvermeidbar
akzeptiert; werden
ausgetragen

6. Nutzung der individuellen Ressourcen

schlechte
Nutzung
┤─┼─┼─┼─┼─┼─┼─├
gute
Nutzung

7. Kontrolle

von
außen
┤─┼─┼─┼─┼─┼─┼─├
Selbstkontrolle

8. Organisationsklima

Konformitäts-
druck, restiktiv
┤─┼─┼─┼─┼─┼─┼─├
tolerant, Berück-
sichtigung von Ver-
schiedenheiten

Teamentwicklung ist in Situationen relevant, in denen es darauf ankommt, wie Führungsprozesse verlaufen, in welchem Ausmaß zielorientiert und prozeßbewußt gearbeitet wird, wie hoch die Integration der Teammitglieder ist, wie ausgeprägt das Engagement ist usw. Comelli (1985, S. 367f) nennt folgende zwingende Anlässe:

– schnell wechselnde Bedingungen, auf die Team und Vorgesetzte reagieren müssen, und zugleich komplizierte Interaktionsstrukturen, so daß intensives Mitdenken der Mitarbeiter unerläßlich ist,

– hohe wechselseitige Abhängigkeit innerhalb eines Teams, die reibungslose Kooperation erfordert,

– Mangel an genügend ausgearbeiteten Kommunikationsverbindungen für den Austausch dringend benötigter Informationen, Analysen, Bewertungen und Entscheidungen unter den Teammitgliedern,

– Kooperationsprobleme, die bekannt sind, aber längere Zeit unbearbeitet geblieben sind.

Die Zielsetzungen in solchen Situationen sind dann in erster Linie: Ziele

1. Besseres Verständnis für die Rolle eines jeden Teammitgliedes innerhalb der Arbeitsgruppe,

2. Besseres Verständnis für die Beschaffenheit des Teams und für seine Rolle innerhalb der Gesamtabläufe der Organisation,

3. Bessere Kommunikation zwischen den Teammitgliedern über alle Punkte, welche die Effektivität der Gruppe angehen,

4. Stärke gegenseitigen Unterstützung unter den Gruppenmitgliedern,

5. Klareres Verständnis für ablaufende Gruppenprozesse, d.h. für gruppendynamischen Ereignisse, die in jeder Gruppe vorkommen, in der Leute eng zusammenarbeiten,

6. Entdecken effektiverer Wege, die in der Gruppe bestehenden Probleme auf der Sach- wie auf der Beziehungsebene zu bewältigen,

7. Entwicklung der Fähigkeit, Konflikte positiv (statt destruktiv) zu nutzen,

8. Verstärkung der Zusammenarbeit zwischen den Teammitgliedern und eine Verringerung von Wettbewerb auf Kosten der jeweiligen Gruppe bzw. der Organisation,

9. Verbesserung der Fähigkeit, mit anderen Arbeitsgruppen innerhalb der Organisation zusammenzuarbeiten,

10. Förderung des Bewußtseins des gegenseitigen Aufeinanderangewiesen-Seins innerhalb des Teams." (vgl. Comelli 1985, S. 365f).

Sie sehen, daß diese Zielsetzungen der Team-Entwicklung denen eines auf Gruppenprozesse fokussierenden Laboratoriums weitgehend entsprechen.

Übungsaufgabe 17

1. Geben Sie eine kurze Beschreibung der Ziele und Verfahrensweisen der Teamentwicklung.

2. Wie bewerten Sie diese Ziele und Verfahrensweisen?

3. Würden Sie selbst gegebenenfalls an einem Training zur Teamentwicklung teilnehmen? Unter welchen Voraussetzungen und Bedingungen?

Diskutieren Sie dies in Ihrer Arbeitsgruppe und tragen Sie es anschließend in Abschnitt 2.4. ein.

2.3.3.2 Organisationsentwicklungstraining

Definition

Unter Organisationsentwicklung versteht man die Zusammenfassung aller Ansätze, „die durch eine Änderung der Einstellung und des Verhaltens von einzelnen und Gruppen sowie eine Veränderung von Organisationsstrukturen und Technologien eine Organisation leistungsfähiger, die Zusammenarbeit zwischen Arbeitsgruppen effizienter und die Arbeitsbedingungen befriedigender gestalten wollen" (Zink 1979, S. 2).

Ausgangspunkt

Während in den Organisationstrainings der Aspekt der Leistungsverbesserung bzw. der Optimierung betrieblicher Abläufe im Rahmen der bestehenden Organisation mehr oder weniger einseitig im Vordergrund der Bemühungen steht, geht es bei der Organisationsentwicklung (OE) auch um eine Veränderung der Organisation. Dabei stehen auch die zwischenmenschlichen Beziehungen, die Identifikation der Mitarbeiter mit der Organisation und ihre Selbstverwirklichung im Blickpunkt.

> Der Versuch, konkret umschriebene sogenannte Führungsmodelle wie etwa das des ‚managerial grid' einzuführen, wird heute mehr und mehr als gescheitert angesehen (vgl. etwa Hofmann 1980) und die Erkenntnis beginnt sich durchzusetzen, daß das menschliche Verhalten als Einflußfaktor für Führungsprozesse von grundsätzlicher Bedeutung ist, daß aber bestimmtes Verhalten oder gar Verhaltensänderung nicht einfach angeordnet oder befohlen werden kann. Entsprechende Bemühungen ohne weitere flankierende Maßnahmen bleiben erfolglos. Als Instrument, überhaupt erreichbare und erwünschte Veränderungen im Führungs- und Organisationsbereich von Institutionen zu realisieren, gilt heute die Organisationsentwicklung.

Innerhalb der Veränderungsbemühungen der OE stellen Organisationsentwicklungstrainings das auf der Ebene der Einstellungen und des Verhaltens der Organisationsmitglieder ansetzende Instrument dar.

Das eigentliche Ziel eines Organisationsentwicklungs-Trainings besteht in erster Linie darin, das im Unternehmen vorhandene Problemlösepotential zu aktivieren und für seine Realisierung angemessene Strukturen zu schaffen.

„In der Organisationsentwicklung ... sieht der Berater das System der zu beratenden Organisation als seinen eigentlichen Klienten und nicht die auftraggebende Person oder Personengruppe" (Lindner & Vater 1986, S. 147).

Ausgangspunkt für die OE ist die Annahme, daß eine Organisation um so   **Grundziele**
überlebensfähiger ist, desto „gesünder" sie ist. Das elementare Ziel der Organisationsentwicklung ist demnach, zu erreichen,

○ daß intra- und interpersonellen Prozesse harmonisch verlaufen,

○ daß das Unternehmen seine ökonomischen Zielsetzungen in einem sich selbststeuernden Sozialgebilde realisiert,

○ daß der einzelne Mensch sich im jeweiligen Arbeitszusammenhang gemäß seinen Möglichkeiten und Neigungen entfalten kann (vgl. Rehn 1982, S. 23)

Organisationsentwicklung ist also als ein Versuch zu verstehen, den organisch-dynamischen, permanenten Wandlungs-, Konflikthandhabungs- und Lernprozeß eines Sozialgebildes in seinen Elementen bewußt zu verstehen und betriebsumfassend zu gestalten (vgl. Rehn 1982, S. 29).

Die Organisationsentwicklung geht hierbei von vier Grundannahmen aus: **Grundannahmen**

1. Jeder Mensch ist entwicklungs- und lernfähig. Verhaltensweisen werden erlernt und können auch schrittweise wieder verlernt werden.

2. Zur Überwindung bestehender personaler und strukturaler Lernunfähigkeiten, -widerstände und -barrieren bedarf es planmäßiger Interventionen von außen.

3. Leistungsoptimierung bzw. Effektivität der Organisation und Bedürfnisberücksichtigung der Arbeitnehmerinteressen schließen sich nicht prinzipiell aus. Vielmehr bedingen sie sich gegenseitig und können sich in engem Zusammenhang mit Veränderungen der Umwelten gegenseitig befruchten.

4. Methoden zur Veränderung von Organisationen haben dann die besten Realisierungschancen, wenn organisatorische Veränderungen unter Einbeziehung der Wünsche und Hoffnungen der Beteiligten durchgeführt werden. (vgl. Koch, Meuers & Schock 1982, S. 10f)

Zielsetzungen der OE werden häufig nach den Ebenen geordnet, auf denen sie angesiedelt sind, nämlich der organisatorischen und der individuellen Ebene, z.B.:

Interventionsebenen

Ebene der Organisation:
– Innovationsfähigkeit
– Anpassungsfähigkeit
– Effektivität

individuelle Ebene:
– Humanisierung der Arbeit
– Autonomie
– Selbstverwirklichung

Versöhnung von Interessensgegensätze?

Ausgegangenen wird dabei oft von der Annahme, daß es bestimmte „Verhaltenssituationen" in Organisationen gebe, die die Realisierung beider Zielbündel zulasse, etwa:

○ intrapersonale und interpersonale Sensitivität oder Kompetenz
○ Teamfähigkeit (Kooperation)
○ sachbezogene Konfliktaustragung
○ Vertrauen
○ Machtausgleich
(vgl. Bennis 1966).

Eine solche Illusion der „restlosen" Auflösung der Interessengegensätze kann vorteilhaft sein, um überhaupt einen Prozeß der Konfliktanalyse einzuleiten, muß jedoch auch wieder problematisiert werden, um andere Vorgänge wie Macht- und Zwangsstrategien nicht zu übersehen.

Kritik an der ‚Versöhnungstheorie'

„Die Anpassung an Umweltimperative und die Förderung personalen Wachstums werden in der Regel als gleichrangige Basisziele betrachtet, die sich nebeneinander konfliktfrei verfolgen lassen. Bei näherer Hinsicht erweist sich jedoch, daß diese Ziele strukturell unvereinbar sind" (Schreyögg 1981, S. 315).

„Wenn man sich einmal vergegenwärtigt, für welche Organisationen ebenfalls die bezeichneten idealen Verhaltenssituationen als Leitprinzipien gedient haben und dienen (z.B. die Organisation des NS-Rüstungsministeriums durch A. Speer [Singer & Wooton 1976], oder Konzerne, die wegen der Nichtachtung nationaler Belange oder durch Produktion umweltfeindlicher Produkte bekannt sind), dann wird erst der unlösbare Zusammenhang zwischen Prozessen und ihren Ergebnissen, die wohl in den genannten Beispielen niemand ernsthaft als human bezeichnen würde, deutlich. Es ist offenbar möglich, eine Reihe positiv besetzter partizipativer und humanistischer Vokabeln geschickt zu handhaben, um Organisationsziele zu erreichen, die oftmals von Grund auf im Widerspruch zu jenen Werten selbst stehen." (Kubiceck, Leuck & Wächter 1980, S. 290f)

Organisationsentwicklungstrainings orientieren sich in ihrem Aufbau meist am Design des klassischen gruppendynamischen Laboratoriums mit einem Wechsel zwischen T-Gruppen- und Plenumsarbeit. Sie versuchen, Sensibilität für den erforderlichen Ausgleich von Selbstverwirklichung und Teamfähigkeit zu erreichen und diese in Verhaltensweisen umzusetzen, die die Zufriedenheit des einzelnen erhöhen und zugleich die Entwicklungsprobleme der Organisation lösen helfen. So wird sich ein Organisationsentwicklungslaboratorium einerseits an organisationsrelevanten Entscheidungs- und Planungsproblemen, andererseits an gruppendynamischen Prozessen und an sozialen Fertigkeiten orientieren. Die Inhalt der OE sind Probleme der täglichen Zusammenarbeit. Als Prozeß orientiert sie sich an dem dreiphasigen Modell von Lewin (vgl. 3.1.1):

Auftauen – Verändern – Einfrieren (unfreezing – move – refreezing).

Es gibt eine Reihe weiterer Prozeß-Modelle, die sich im Grundsatz aber alle auf den Ansatz von Lewin zurückführen lassen.

Organisationsentwicklung stellt keineswegs einen einheitlichen Ansatz dar. In der Vielzahl der Konzepte bekommen dann auch die Organisationsentwicklungstrainings eine je eigene Bedeutung. Allen Ansätzen ist jedoch gemeinsam, daß sie a) psychosoziale Prozesse und b) Elemente der Aktionsforschung umfassen.

Die Zusammensetzung des Teilnehmerkreises kann dabei sehr unterschiedlich sein. Häufig findet sich die folgende Unterscheidung:

○ *stranger lab*: Mitarbeiter verschiedener Unternehmen, die einander unbekannt sind;

○ *cousin lab*: einander (teilweise) bekannte Mitarbeiter desselben Unternehmens mit ähnlicher hierarchischer Position;

○ *family lab*: Mitarbeiter eines bestehenden Teams;

○ *team development lab*: Mitglieder eines neu zu bildenden Teams;

○ als Ausnahme: Mitarbeiter eines Unternehmens mit unterschiedlicher hierarchischer Position.

Typisch für die Organisationsentwickung im eigentlichen Sinne – im Gegensatz etwa zum klassischen Sensitivity Training oder zum gruppendynamischen Laboratorium, aber auch zu anderen Formen der Organisationstrainings oder der Management-Entwicklung – ist jedoch, daß ihre Träger echte organisatorische Einheiten sind, das *stranger lab* daher hier keinen Platz hat (vgl. Lauterburg 1980; Comelli 1985).

Anlässe und Gegenstände für gruppendynamische Intervention innerhalb der OE:

○ Führungsprobleme

○ Kooperationsprobleme in und zwischen Gruppen

○ Kommunikations- und Informationsprobleme

○ Feedback-Probleme

○ Konflikte und Konfliktlösungsprozesse

○ Entscheidungsprobleme und Entscheidungsprozesse.

Im Qualifikationsprofil für Management-Trainer, das nach Comelli (1985, S. 257) nahezu unverändert auf OE-Trainer übertragen werden kann, finden sich auch eine Reihe gruppendynamischer Anforderungen, insbesondere:

○ Empathie

○ Ausdrucks- und Kommunikationsfähigkeit

○ Kooperationsbereitschaft und Kooperationsfähigkeit.

Ein Überblick über OE-Maßnahmen, der auch heute noch gültig ist, stammt von Porter, Lawler und Hackmann aus dem Jahr 1975; (vgl. Comelli 1985). In ihm wird der Ort verschiedener gruppendynamischer Trainings-maßnahmen deutlich:

Bezugsebenen für Änderungen	typische Interventions-techniken	unmittelbat angestrebte Ergebnisse	Annahmen über Verhalten in Organisationen
Individuum	Laboratoriums-training	Steigerung sozialer Geschicklichkeit und Belastbarkeit	im wesentlichen bestimmt durch Eigenschaften der Menschen, die die Organisation bilden
organisatori-sche und technologische Struktur	Änderung von solchen organi-satorischen Regelungen und technologi-schen Bedin-gungen, die auf das Arbeitsver-halten der Menschen Einfluß haben	Schaffen von (dauerhaften) Bedingungen, in denen funktio-nales Verhalten honoriert wird und individuelle Bedürfnisse berücksichtigt werden	im Wesentli-chen bestimmt durch die orga-nistorische Struktur, in der Menschen tätig sind
soziale Bezie-hungen der Organisations-mitglieder	Survey-Feed-back-Methode, Lab-Training für Arbeits-gruppen, Pro-zeßberatung, Konfrontations-sitzungen	Vertrauen und Offenheit der Organisations-mitglieder untereinander, Abbau dys-funktionalen Konflikts und Wettbewerbs	im Wesentli-chen bestimmt durch das Klima in den Beziehungen der Organisa-tionsmitglieder untereinander

Gebert (1974) unterscheidet

○ den personalen Ansatz (Veränderungen der ‚inneren' Situation, z.B. über Gruppendynamik) und

○ den strukturalen Ansatz (Veränderung der ‚äußeren' Situation, z.B. durch Zentralisierung).

Dabei können personaler und strukturaler Bereich nicht isoliert voneinander betrachtet werden:

Eine Veränderung der Strukturen hat Auswirkungen auf das Verhalten der betreffenden Personen, andererseits bleiben veränderte Verhaltensweisen nicht ohne Rückwirkung auf die Strukturen. Unter Umständen erzeugen sie die Notwendigkeit ihrer Veränderung (vgl. Comelli 1985, S. 344).

Der Beitrag der angewandten Gruppendynamik ist dabei im Bereich des personalen Ansatzes zu sehen, und zwar liegen ihre Interventionen auf drei Ebenen: gruppendynamische Interventionsebenen

○ auf der Ebene des Individuums,

○ auf der interpersonellen Ebene und

○ auf der Intergruppen- und Institutionsebene.

Individuelle Interventionsebene

An Trainingsmaßnahmen, die am individuellen Teilnehmer, seinen Einstellungen, Wahrnehmungsprozessen, Fertigkeiten usw. ansetzen, finden sich hier die oben bereits beschriebenen gruppendynamischen Verfahren in ihrer vollen Breite – vom klassischen Laboratorium über Sensitivity Training, Encounter, Gestaltgruppen, Themenzentrierter Interaktion usw. bis hin zu Gestalt-Gruppen. Als Besonderheit muß hier herausgestellt werden, daß alle diese Maßnahmen als sinnvoll betrachtet werden können – unter der Voraussetzung, daß sie in ein Gesamtkonzept von Veränderungsmaßnahmen eingebettet sind. Isoliert eingesetzte Maßnahmen auf der Ebene des Individuums versprechen kaum Verhaltensänderungen im Sinne der Organisationsentwicklung (vgl. Gebert & von Rosenstiel 1981).

Interpersonelle Ebene

Gruppendynamische Maßnahmen auf dieser Ebene betreffen die Beziehungen zwischen zwei und mehr Personen innerhalb einer Organisation sowie Maßnahmen zur Verbesserung der Arbeit innerhalb eines Teams. Dazu können verschiedene Formen des (Social) Skill Trainings gehören, ferner Kommunikations- und Interaktionstrainings, Laboratorien mit dem Fokus auf Rollenbeziehungen, Konfliktlösung und Kooperation, und Maßnahmen der Teamentwicklung.

Institutions- und Intergruppenebene

Diese Ebene betrifft Veränderungsmaßnahmen, von denen mehrere Abteilungen oder Bereiche einer Organisation berührt werden. Als gruppendynamische Trainingsmaßnahme in diesem Bereich bietet sich zunächst das gruppendynamische Laboratorium mit mehreren Kleingruppen (T-Gruppen, Skill-Trainingsgruppen) an, wobei ein Fokus auf der Kommunikation zwischen diesen Gruppen liegt. Hierher gehören z.B. Erarbeitung einer Gruppenidentität, Selbst- und Fremdbild, Zusammenarbeit mit anderen Gruppen, Konfliktprozesse zwischen Gruppen, Verhältnis von Gruppen und Gesamt-Laboratorium usw.

Übungsaufgabe 18

1. Geben Sie eine kurze Beschreibung der Ziele und Verfahrensweisen von Organisationsentwicklungs-Trainings.

2. Wie bewerten Sie diese Ziele und Verfahrensweisen?

3. Würden Sie selbst gegebenenfalls an einem OE-Training teilnehmen? Unter welchen Voraussetzungen und Bedingungen?

Diskutieren Sie dies in Ihrer Arbeitsgruppe und tragen Sie es anschließend in Abschnitt 2.4. ein.

Die lange Zeit gute Verständigung zwischen OE-Experten und Gruppendynamikern ist allerdings in der zweiten Hälfte der achtziger Jahre tendenziell in Frage gestellt, seit die *systemische Familientherapie* den Anspruch erhebt, Organisationen grundsätzlich besser zu verstehen als alle anderen zuvor (Lindner 1990, S. 3).

Es ist hier nicht der Ort, auf die Kontroverse zwischen Familientherapie einzugehen oder gar einen Theorievergleich anzustellen; ich verweise daher z.B. auf das Heft 1/1990 der Zeitschrift „Gruppendynamik". Eine auch für das Selbstverständnis der Gruppendynamik interessante Folge dieser Diskussion ist jedoch der Versuch, die gruppendynamische Tradition mit Hilfe der systemischen Konzepte zu interpretieren. Für die klassische T-Gruppe ergibt sich dabei auch auch dieser Perspektive, daß es sich um eine ungewöhnliche soziale Erfindung mit einem außerordentlichen Lernpotential handelt (vgl. Wimmer 1990, S. 6).

Übungsaufgabe 19

Wie beurteilen Sie den Einsatz von Verfahren der angewandten Gruppendynamik in Organisationen?

1. Welche Ziele sind sinnvoll und erreichbar?

2. Welche Verfahren halten Sie für angebracht?

Diskutieren Sie dies in Ihrer Arbeitsgruppe und tragen Sie es anschließend in Abschnitt 2.4. ein.

2.3.4 Weitere Anwendungsgebiete

Überall dort, wo Menschen in Gruppen zusammen sind, gibt es Kommunikation, Interaktion, die Dynamik einer Gruppenentwicklung und Gruppenstabilisierung und Phänomene, die von dieser Dynamik beeinflußt werden.

Aus dieser Präsenz der Gruppen-Dynamik folgt auch, daß der Umgang mit ihr und den von ihr berührten Prozessen Gegenstand der Reflexion und sowohl Gegenstand als auch Anlaß und Raum von gezielten oder ungezielten Lernprozessen sein kann. Mit anderen Worten: Jeder zwischenmenschliche Bereich, in dem sich Gruppen-Dynamik vollzieht, ist per se auch potentieller Zielbereich angewandter Gruppendynamik.

Eine erschöpfende Behandlung aller dieser Anwendungsbereiche ist daher kaum möglich. Er ist nach meiner Einschätzung auch kaum nötig; ich denke nämlich, daß Sie vor dem Hintergrund der Informationen, die Sie sich in der bisherigen Arbeit an diesem Kurs erarbeitet haben, eine Vielzahl solcher Anwendungsbereiche selbst entdecken können. Das folgende dritte Kapitel wird diese Fähigkeit noch vertiefen, indem Sie sie mit wichtigen Interventions- und Trainingsprinzipien bekannt macht.

Dennoch möchte ich eine Auswahl weiterer Anwendungsgebiete gruppendynamischer Verfahren einfach benennen:

○ Aus- und Weiterbildung von Psychologen, Sozialpädagogen, Heilpädagogen, und anderer sozialer Berufe,
○ Aus- und Weiterbildung von Krankenhauspersonal,
○ Juristenausbildung u.ä.,
○ öffentliche Verwaltung,
○ Sport-Teams
○ Drogenarbeit (denken Sie an die Synanon-Gruppen aus dem ersten Kapitel) usw.

Übungsaufgabe 20

Bitte tragen Sie weitere mögliche Anwendungsgebiete zusammen. Vielleicht fallen Ihnen auch solche aus dem nicht-beruflichen Bereich ein.

Diskutieren Sie dies in Ihrer Arbeitsgruppe und tragen Sie es anschließend in Abschnitt 2.4. ein.

Selbstverständlich wird es häufig angebracht und notwendig sein, für bestimmte Anwendungsbereiche spezielle Mofikationen vorzunehmen, die die besonderen Bedürfnisse und die Bedingungen des jeweiligen Kontextes berücksichtigen. Daß solche Modifikationen und Neuentwicklungen möglich sind, haben Sie in den Abschnitten dieses und des vorhergehenden Kapitels erfahren.

2.4. Zusammenfassung und Überblick

Dieser Abschnitt dient zur Eintragung der bei der Bearbeitung der Übungsaufgaben gefundenen Lösungen.

2.4.1. Trainingsformen

Zur Übungsaufgabe 5

Begriffsbestimmung des Gruppendynamischen Laboratoriums (GDL)

Zur Übungsaufgabe 6

Sensitivity Training

152

Zur Übungsaufgabe 7

Encounter

Zur Übungsaufgabe 8

Marathon-Training

Zur Übungsaufgabe 9

Themenzentrierte Interaktion (TZI)

Zur Übungsaufgabe 10

Skill-Training

154

Zur Übungsaufgabe 11

Kommunikations- und Interaktionstraining

2.4.2. Anwendungsbereiche

Zur Übungsaufgabe 12

Gruppendynamik in der Erwachsenenbildung

Zur Übungsaufgabe 13

Gruppendynamik in der Lehrerbildung

Zur Übungsaufgabe 14

Managerial Grid

Zur Übungsaufgabe 15

Survey-Feedback

Zur Übungsaufgabe 16

Human Relations-Training

Zur Übungsaufgabe 17

Teamentwicklung

Zur Übungsaufgabe 18

Organisationsentwicklungstrainings

Zur Übungsaufgabe 19

Bewertung von Verfahren der angewandten Gruppendynamik in Organisationen

Zur Übungsaufgabe 20

Weitere mögliche Anwendungsbereiche der angewandten Gruppendynamik

3 Angewandte Gruppendynamik: Arbeitsprinzipien, Interventionen, Techniken

Lehrziele

Nach der Bearbeitung dieses Kapitels sollten Sie

○ klassische Grundprinzipien der angewandten Gruppendynamik, insbesondere

◊ das Prinzip des Hier-und-Jetzt sowie

◊ unstrukturierte vs. strukturierte Trainingsarbeit

kennen, kritisch diskutieren und relativieren können;

○ zwischen *instrumentellem* und *reflexivem* Einsatz gruppendynamischer Verfahren unterscheiden und

○ diese kritisch reflektieren können;

○ zwischen *Prozeßorientierung* und *Übungsorientierung* als Trainingsstrategien differenzieren können;

○ wichtige Methoden der angewandten Gruppendynamik, insbesondere

◊ Feedback,

◊ Metakommunikation und

◊ partnerzentrierte Kommunikation

kennen und auf ihre Bedeutung für soziale Situationen im Privat- und Berufsalltag prüfen können.

3.1. Einführung

Die verschiedenen Trainingsformen, die Sie im vorangehenden Kapitel kennengelernt haben, bestimmen weitgehend über die Vorgehensweisen, Ziele, Zielgruppen, Inhalte und Formen der in ihnen ablaufenden gruppendynamischen Arbeit. In gewissem Sinne geben sie dieser eine Struktur auf der *Makroebene*.

Bei aller Unterschiedlichkeit lassen sich in ihnen jedoch eine Reihe gemeinsamer Grunddimensionen beschreiben, die auf die Anfänge des gruppendynamischen Laboratoriums zurückgehen und insofern als klassische Grundprinzipien der angewandten Gruppendynamik bezeichnet werden können. Diese betreffen zum einen den Aufbau und die Ausrichtung eines konkreten Trainings oder einer T-Gruppe, zum anderen das Verhalten des Trainers/der Trainerin innerhalb des Trainings bzw. in bestimmten Arbeitssituationen. Auf diese strukturgebenden Orientierungen der mittleren und der Mikroebene werde ich in diesem Kapitel eingehen.

> Wenn ich von gemeinsamen Grunddimensionen spreche, so ist das nicht so zu verstehen, daß diese in allen Trainings und Trainingsformen in gleicher Ausprägung zu finden seien. So wird etwa die Dimension „Ausmaß der Strukturiertheit" in sehr vielen verschiedenen Ausprägungen zu finden sein, und diese werden häufig kontrovers diskutiert. Sie ist jedoch eine Dimension, die mit Grundvorstellungen der angewandten Gruppendynamik eng verbunden ist, sich daher zur Beschreibung von Trainingsveranstaltungen eignet und Orientierungen für die Gestaltung der gruppendynamischen Arbeit bietet.

Neben diesen Orientierungen auf der mittleren Ebene und der Mikroebene der Intervention werde ich einige grundlegende gruppendynamische Methoden und „Techniken" darstellen: Feedback, Metakommunikation und partnerzentrierte Kommunikation.

Was Sie *nicht* finden werden, ist eine Sammlung verschiedener gruppendynamischer Übungen – mit Ausnahme des „kontrollierten Dialoges", der als solche Übung eingesetzt werden kann. Aus Erfahrung weiß ich, daß solche Sammlungen immer wieder dazu verleiten, daß Personen mit keiner oder geringer gruppendynamischer Erfahrung selbstgeschneiderte „Trainings" zusammenstellen und durchführen. Abgesehen davon, daß es Übungen gibt, die bei unqualifiziertem Einsatz unangenehme und schädigende Wirkungen haben können, wird dadurch eine unzutreffende Vorstellung von Arbeitsweise und Möglichkeiten der angewandten Gruppendynamik erzeugt – etwas, dem ich keinen Vorschub leisten möchte.

Wenn Sie jedoch gute Gründe haben, sich für bestimmte gruppendynamische Übungen zu interessieren: es gibt auf dem Markt eine ganze Reihe von speziellen Übungsbüchern, und in der von mir angegebenen Literatur finden sich an verschiedenen Stellen Übungsbeschreibungen.

3.2 Grundprinzipien gruppendynamischer Arbeit

3.2.1 „Auftauen – Verändern – Stabilisieren"

Schon bei Lewin (1947) werden für die im Laufe eines gruppendynamischen Laboratoriums erwarteten Lern- und Veränderungsprozesse drei Phasen unterschieden:

1. Die Phase des Auftauens („unfreezing") festgefahrener Verhaltensmuster,
2. die Phase der Veränderung („change"), und
3. die Phase der Stabilisierung neuerworbenen Verhaltens („refreezing").

Diese – sehr plausibel erscheinende – Phasenvorstellung kann als erste Leitlinie dafür dienen, welche Art von Aktivitäten zu bestimmten Zeitpunkten eines Trainingsprozesses angebracht sind.

Auftauen

In der ersten Phase eines gruppendynamischen Trainings, der „unfreezing"-Phase, steht das Bewußtwerden des gewohnten, nicht mehr hinterfragten und stereotypisierten Verhaltens, das ein jeder Teilnehmer in das Laboratorium mitbringt, im Vordergrund. Die ungewohnte, emotional aufrüttelnde Anfangssituation der klassischen, unstrukturiert beginnenden T-Gruppe, in der sich diese mitgebrachten Muster als unbrauchbar erweisen, soll diesem Bewußtwerdungsprozeß dienen.

unfreezing: Bewußtmachen von Stereotypisierungen

Stereotype Einstellungen und Verhaltensweisen werden meist schon in den ersten Sitzungen einer T-Gruppe sichtbar. In dieser Phase besteht die vordringliche Aufgabe nicht darin, solche Gewohnheiten zu verändern, sondern darin, auf sie aufmerksam zu werden, sie als solche wahrzunehmen. Dies geschieht zunächst durch Fokussierung seitens des Trainers/der Trainerin, später übernehmen auch Gruppenmitglieder diese Funktion, womit der Prozeß des *Unfreezing* beginnt. Er bildet die Voraussetzung dafür, daß Verhaltensweisen in der Phase der Veränderung Gegenstand von *Feedback* werden und modifiziert werden können.

> „Voraussetzung für das Unfreezing ist allerdings, daß die habituellen Verhaltensweisen unter Belastungssituationen erst einmal innerhalb der T-Gruppe manifest werden. Allein schon der Umstand, daß der Trainer nicht die erwartete Rolle des zielbewußten Führers oder wissenden Therapeuten übernimmt, pflegt stark frustrierend zu wirken. Dazu kommt noch die Isolierung von gewohnter Umgebung sowie die Fremdheit und Andersartigkeit der Gruppenmitglieder, die gleich anfangs oder auch erst bei engerer Berührung, unter einem gewissen Streß, typische Reaktionen auslösen. Hier nun setzt der Prozeß des Unfreezing ein, der sich … am Kontrast zum Gewohnten, Selbstverständlichen, Unabänderlichen und an der Ambiguität in der unstrukturierten T-Gruppe entfaltet. …

Gerade die scheinbar so selbstsicheren und routinierten Zeitgenossen geraten dabei etwas ‚aufs Trockene'..." (Däumling 1973, S. 9-10)

Oft werden diese mitgebrachten Verhaltensformen und sozialen Geschicklichkeiten als Ergebnis der Sozialisation innerhalb der Primärgruppe, in der wir unsere ersten Lebensjahre verbracht haben, thematisiert. „Insoweit Trainer und Gruppentherapeuten diese Ansicht teilen, ist es deren Bestreben, die Teilnehmer zurückfinden zu lassen zu diesen frühen Situationen, oder, andersherum, die Kontrollinstanzen, die sich über diese emotionalen Schichten gelegt haben, zu lockern. In dem Ausmaß, in dem das gelingt, wird in der Gruppe regressives Verhalten ermöglicht. Normierungen werden zurückgeschraubt, Tabuisierungen werden bewußt gemacht und hinterfragt. Im wesentlichen geht es in allen Lebensphasen … um Fragen von Liebe und Macht in ihren vielfältigsten Gestalten und Äußerungsformen" (Wieringa 1981, S. 304).

Das Fokussieren gewohnter (und im Alltag erfolgreicher) Verhaltensweisen ist zwangsläufig mit Verunsicherung und Angst verbunden. Es wird oft verstanden als Angriff, als Aufforderung zur Rechtfertigung, als „in-den-Mittelpunkt-geschoben-werden", wobei sich andere dahinter verstecken können. Teilnehmer und Teilnehmerinnen werden mit einer Situation konfrontiert, die sie zunächst nicht bewältigen können und in der sie sich als defizitär erleben, - und es bedarf eines längeren Erfahrungsprozesses, bis dieser Fokussierung, der Thematisierung und Hinterfragung von Altgewohntem mit Interesse begegnet werden kann.

Aus lerntheoretischer Sicht liegt dem ein Konzept zugrunde, nach welchem ein bestimmter Grad an Angst für Lernprozesse erforderlich ist. Nach der Theorie der operanten Konditionierung bedeutet „unfreezing" den Wegfall positiver sozialer Verstärker (Zustimmung, Anerkennung) für bestimmte Verhaltensweisen (vgl. dazu Dorst 1977, S. 56-57).

Aus der Sicht der an der humanistischen Psychologie orientierten Trainings- und Therapieverfahren beinhaltet „unfreezing" eine Steigerung der *awareness* „als der wachen Bewußtheit dessen, was in mir und um mich herum hier und in diesem Augenblick ist" (Rechtien 1988, S. 87) und stellt das wesentliche agens von Entwicklung und Veränderung dar.

Aufgabe des „unfreezing" ist es, die „entfremdeten Beziehungsformen zwischen den Menschen … bewußt zu machen und zu verändern" (Fritz 1974, S. 60), eine Parallele zur Auffassung der Gestalt-Therapie, in der eingeschränkte *awareness* als Entfremdung und deren Aufhebung als Voraussetzung für befriedigenden Kontakt zur (physischen, psychischen und sozialen) Umwelt ansieht (vgl. z.B. Bünte-Ludwig 1984).

In gewisser Weise entscheidet sich hier, wie der weitere Prozeß des einzelnen oder sogar der T-Gruppe verläuft. Führt die Verunsicherung und das Defizit-erleben der Auftauphase zu Orientierungsbedürfnis, zum Suchen nach neuen Kommunikations- und Verhaltensweisen und zum experimentierenden

Umgang mit solchen, so sind die Voraussetzungen für die Lernprozesse der Veränderungsphase geschaffen. Ein Übermaß an Orientierungslosigkeit, Labilisierung und Angst kann allerdings das Gegenteil bewirken: die Mobilisierung aller zur Verfügung stehenden Abwehrmaßnahmen und Widerstände. Bei einem zu geringen Ausmaß an Verunsicherung schließlich gibt es nicht hinreichend Anlaß, alte Gewohnheiten gegen Ungewohntes auszutauschen.

Es gehört somit zu den wichtigsten Aufgaben des Trainers/der Trainerin in dieser Phase, für ein ausreichendes Maß an Verunsicherung auf der einen und genügend Sicherheit auf der anderen Seite zu sorgen, eine nicht ganz leichte Aufgabe, die gutes Wahrnehmungs- und Einfühlungsvermögen, sowie viel „Fingerspitzengefühl" in der Handhabung komplexer sozialer Situationen voraussetzt.

Verändern

Die Lockerung fester Gewohnheiten findet oft unter schmerzhaften Prozessen der Selbsterkenntnis statt, mündet jedoch in das Erproben neuer Kommunikations- und Verhaltensweisen ein. Die Veränderungen in dieser Phase (*change*) sind keineswegs immer befriedigend, erfolgreich oder von Dauer, sie sind oft experimentell oder von Rückschlägen begleitet.

Ist das „unfreezing" gelungen und die T-Gruppe in der Lage, konstruktiv mit der Situation und ihren Herausforderungen umzugehen, dann kann sie im nächsten Schritt Veränderungen erproben, d.h., neue Verhaltensweisen entwickeln und mit ihnen experimentieren. In dieser Phase wird ein grundlegendes Arbeitsmittel der angewandten Gruppendynamik wichtig: das Feedback. Durch Feedback erhalten die Trainingsteilnehmer(innen) Informationen über die Wahrnehmung neuen (und alten) Verhaltens durch andere und seine Wirkung auf diese und gewinnen Orientierung für ihr weiteres Handeln.

Feedback gehört sowohl zu den Grundprinzipien gruppendynamischer Arbeit als auch zum Bereich der Methoden und Techniken. Ich werde es in diesen Ausführungen etwas willkürlich den letzteren zuordnen und im Zusammenhang damit ausführlich darauf eingehen.

Stabilisieren

Die Festigung des in der Veränderungsphase neu erworbenen Verhaltens und die Prüfung seiner Anwendbarkeit in verschiedenen sozialen Situationen (Transfer) außerhalb des Trainings bildet die dritte und letzte Phase eines Trainingsprozesses. „Diese Phase ist gekennzeichnet durch die Auswertung der in der Gruppe gemachten Erfahrungen sowie durch die Lösung aus der Gruppe. ... Jeder muß für sich sein eigenes ‚back home' ins Auge fassen" (Wieringa 1981, S. 307).

Das *refreezing* der neu erworbenen Verhaltensweisen geschieht dadurch, daß diese wiederholt unter wechselnden Bedingungen und Situationen geübt wird. Dieser Prozeß ist leicht dem Mißverständnis ausgesetzt, er schaffe einfach neue Stereotypen, er erschöpfe sich im Maskenwechsel. Das Gegenteil wird jedoch durch das Trainingsprinzip intendiert: An die Stelle des starren Verhaltens soll mehr innere Elastizität und eine größere Rollenflexibilität treten.

Das Arbeitsprinzip des „unfreezing – change – refreezing" kann als eines der Hauptziele der T-Gruppenarbeit betrachtet werden, soweit es auf mehr Freiheit und Lockerheit in den zwischenmenschlichen Beziehungen zielt. Diese „entkrampfte" und „offenere" Kommunikation wiederum soll sich günstig auf die Sozialwahrnehmung und auf die Kooperationsfähigkeit auswirken. Das Einüben neuer Verhaltensweisen verhilft dabei nicht nur dem einzelnen zu einem weiteren Ausdrucks- und Handlungsspielraum, es dient auch der Entwicklung von spezifischen Gruppenerfahrungen, z.B. der ständigen Umstrukturierung unter dem Aspekt von „auftauen – verändern – stabilisieren".

Bei der Beschreibung des Sensitivity Trainings habe ich die von Massarik beschriebenen fünf Prozeßphasen dargestellt. Ein genauerer Vergleich mit den auf Lewin zurückgehenden Phasen zeigt, daß sich erstere durchaus an letzteren orientieren, dabei allerdings die Veränderungsphase differenzieren. So kann man in etwa die Phasen (2) Kristallisieren neuer Regeln, (3) beginnende intra- und interpersonale Exploration und (4) intensive intra- und interpersonale Exploration als Teil der Veränderungsphase betrachten.

3.2.2 „Hier-und-Jetzt" versus „Da-und-Dort"

In praktisch allen wichtigen Ansätzen der psychologischen Gruppenarbeit – so auch in den klassischen Trainingsverfahren der angewandten Gruppendynamik – spielt das Arbeitsprinzip des Hier-und-Jetzt eine zentrale Rolle, d.h., die Teilnehmer werden weniger mit externen Themen konfrontiert. Vielmehr steht die Arbeit an den Interaktionsweisen, Verhaltensformen, Machtverhältnissen, Koalitionen, Entscheidungsprozessen und den Erlebensweisen der augenblicklichen Situation im Vordergrund, so daß die unmittelbaren Erfahrungen der Teilnehmer die Grundelemente im Lernprozeß bilden (vgl. z.B. Bradford, Gibb & Benne 1972, S. 68f, S. 257ff).

> „Der Hauptfokus der Gruppenarbeit ist die Gegenwart, das Hier-und-Jetzt. Die Inhalte der Interaktionen in der Gruppe müssen in gewisser Weise ihre Raum-Zeit-Distanz verlieren. Die Suche eines Teilnehmers nach seiner Identität mag durch das Faktum kompliziert werden, daß sein Vater ihn eingeschränkt hatte, ihm die Freiheit, als Persönlichkeit zu wachsen, versagt hat. Was aber für die Gruppe wichtig ist, ist die Art, wie das Mitglied sich gegenwärtig in der Welt bewegt … Das Mitglied mag durchaus über die Vergangenheit sprechen, aber die Vergangenheit muß für die Gegenwart relevant gemacht werden. Es mag darüber sprechen, was außerhalb der Gruppe geschehen ist oder geschehen wird, aber dieses ,dort' muß gleichfalls zu einem ,hier' gemacht werden" (Egan 1970, S. 93).

Diese Bedeutung besaß das Hier-und-Jetzt-Prinzip nicht von Anfang an. Wie Sie aus dem Abschnitt 1.4 wissen, stand im Mittelpunkt der Weiterbildungsveranstaltung in Connecticut die Arbeit an und mit Problemen der Teilnehmer, die diese aus ihrem Berufsalltag, also aus dem Da-und-Dort mitbrachten. Auch die Basic Skill Training Groups der NTL arbeiteten nicht ausschließlich im Hier-und-Jetzt, sondern bemühten sich um eine Verbindung zwischen den aktuellen Gruppenereignissen und dem Da-und-Dort. Erst in der Folge der Erfahrung, daß die Ansprüche der BST-Gruppen eine restlose Überforderung darstellen, kam zu einer Betonung der Aktionsforschungselemente und der Arbeit im Hier-und-Jetzt in den sich entwickelnden T-Gruppen (vgl. auch Sbandi 1975, S. 175). Es standen also weniger theoretische Überlegungen zu Lernprozessen als vielmehr praktische Notwendigkeiten am Anfang dieser Entwicklung.

Die Popularität, die das Hier-und-Jetzt-Prinzip in der Folge gewann, ist vor dem Hintergrund der Entfremdung der amerikanischen Gesellschaft zu Beginn der sechziger Jahre mit ihrem Primat der Rationalität, ihrer Betonung des wirtschaftlichen Erfolges und ihrer Entleertheit der zwischenmenschlichen Beziehungen zu sehen, auf das das Human Potential Movement und die Humanistische Psychologie eine Antwort geben wollten. In dieser Situation bot (und bietet) das Hier-und-Jetzt-Prinzip „eine Möglichkeit, bedrückender Vergangenheit sowie bedrohlicher Zukunft zu entgehen und in Unmittelbarkeit die gegenwärtigen Körpersensationen, Gefühle und Kontakte zu leben." (Petzold 1981, S. 216). So ist es „aus der Gruppenarbeit des Human Potential Movement beziehungsweise der Humanistischen Psychologie nicht mehr wegzudenken als ‚technique, prescription and ideal' ...; jedoch muß in allen drei Bereichen eine theoretische Fundierung geleistet werden, die noch nicht in Sicht ist." (Petzold 1981, S. 222).

Ungeachtet der Bedeutung, die diesem Konzept beigemessen wird, sind gründliche Auseinandersetzungen mit ihm noch immer selten. Vor allem in den zur Standardliteratur der Gruppendynamik gerechneten Werken findet sie sich nicht (vgl. Petzold 1981). Es ist in der Tat auffallend, daß auch die unmittelbaren Lewin-Schüler nicht auf dessen entsprechende Überlegungen zum Zeitproblem zurückgreifen. Ebenso wie beim Prinzip von „unfreezing – change – refreezing" finden sich die theoretischen Grundlagen des Hier-und-Jetzt-Prinzips in der Feldtheorie Lewins: nur solche Ereignisse können Einfluß auf aktuelle psychologische Prozesse nehmen, die im gegenwärtigen Lebensraum real vorhanden sind.

Diese Betonung des aktuellen psychologischen Feldes und der Standpunkt, daß vergangene Ereignisse nicht zur Erklärung gegenwärtigen Geschehens herangezogen werden können, geht zurück auf Lewins Unterscheidung zwischen historischen und systematischen Fragen (Lewin 1936), die er besonders in seiner Auseinandersetzung mit der Psychoanalyse prägnant machte (vgl. Lück & Rechtien 1989).

Die Gegenüberstellung psychoanalytisch-tiefenpsychologischer vs. gruppendynamischer Vorgehensweise beruht auf diesem Gegensatz, der allerdings in seinen theoretischen Wurzeln nicht nachvollzogen wird und der in dieser Strenge auch nicht existiert. Auch bei Lewin selber finden sich Hinweise darauf, daß der Lebensraum keineswegs ahistorisch ist. Zwar sind für ihn Vergangenheit und Zukunft lediglich „in der ‚gegebenen Zeit' anwesend, d.h. daß sie nicht als solche, sondern in ihrer jeweiligen, erlebnishaft aktualen Repräsentanz bedeutsam sind, dennoch schließt der Lebensraum die Zukunft, die Gegenwart und auch die Vergangenheit ein. Die Handlungen, die Gefühle und bestimmt die Moral eines Menschen hängen in jedem Augenblick von seiner totalen Zeitperspektive ab." (Lewin 1953, S. 153).

Petzold weist darauf hin, daß trotz der mangelnden theoretischen Fundierung das Hier-und-Jetzt des Laboratoriums und der T-Gruppe sich in seiner Ideologie von der Gegenwartszentriertheit als Lebensideal der Growth-Gruppen und der Gestaltisten (nicht der Gestalttherapeuten!) unterscheidet. „Es bezieht sich auf das Dort-und-Dann, denn es ist auf Lerntransfer gerichtet ... und es umfaßt nicht nur den ‚Augenblick', sondern die nähere Vergangenheit und Zukunft der Gruppe, das Hier-und-Jetzt des gesamten Laboratoriums ... Das Hier-und-Jetzt wird als Technik instrumental eingesetzt zur Statusentkleidung, zur ‚Primitivierung des Verhaltens' ..., um sozusagen die ‚rohe Person' zu schaffen, die durch das *Feedback* ... der Gruppe in der entstandenen Gruppenkultur neues Verhalten aufbaut" (1981, S. 227).

In diesem Sinne ist Feedback zwar eine spezifische Hier-und-Jetzt-Technik, dennoch bezieht es sich stets auf etwas schon Vergangenes, womit es wiederum darauf verweist, daß die Zeitperspektive des Lebensraumes keineswegs ein punktförmiges hic-et-nunc darstellt, welches in monadischer Isoliertheit keine Berührungspunkte mit anderen „hic-et-nuncs" des Zeitstromes hat.

Kritik und Relativierungen

Ebenso wie die Begründungen *für* das Hier-und-Jetzt-Prinzip sind auch die kritischen Einwände *gegen* dieses kaum auf theoretische Überlegungen fundiert, sondern eher praxeologisch oder politisch begründet. Sie reichen von der Ausklammerung der gesellschaftlichen Dimension bis hin zum Zweifel an der Übertragbarkeit des Gelernten, zum Realitätsverlust und zur (nostalgischen?) Rückkehr zu vergangenen Gesellschaftsmodellen: „Zweifelsohne wird in dieser ausschließlichen Hier-und-Jetzt-Orientierung an ein gesellschaftliches Zeitmodell angeknüpft, wie es vor dem ... arbeitsorientierten Muster in sozialen Gesellschaften üblich war. Es sind die Ackerbau- und Hirtenkulturen, die Zeit nie zum Thema machten, und die jeweils jenen Anforderungen lebten, die sich aus der je gegenwärtigen Situation ergaben." (Geißler 1987, S. 126). Bereits 1968 beschrieb Don Klein, ein Mitbegründer der NTL die eingeschränkten Möglichkeiten der T-Gruppenarbeit, was die Analyse von Stereotypen und anderen externen Phänomenen für Intergruppenbeziehungen angeht (vgl. Binbaum 1975, S. 343). Die sog. clarification group (C-Group), die sich mit den im Workshop repräsentierten sozialen Gruppierungen, ihrer Geschichte, ihrem Weltbild usw. befassen sollten, wurden in den NTL niemals entwickelt (ebd.).

Mit der zahlen- und bedeutungsmäßigen Zunahme berufsbezogener Trainings-veranstaltungen wird die Orientierung am Hier-und-Jetzt nicht aufgehoben, aber relativiert: „Verglichen mit einem klassischen gruppendynamischen Training wird der Interventionsrahmen in einem berufsbezogenen Training erweitert. In einem ‚klassischen‘ gruppendynamischen Training galt (und gilt) die Hier-und-Jetzt-Regel. In einem berufsbezogenen Training ist die Gruppe nicht mehr alleiniges Thema, sondern auch Bühne, Medium und Resonanzboden für Verhaltens(steuerungs)probleme am Arbeitsplatz. Es gibt demzufolge immer zwei Interventionsbereiche: Das Hier-und-Jetzt der aktuellen T-Gruppe und das Dort-und-Dann konkreter Probleme (um deren Bearbeitung willen das Training durchgeführt wird)“ (Schmidt 1983[b], S. 307).

In der gruppendynamischen Tradition des Tavistock Institutes findet sich dieses unbedingte Beharren auf dem „Hier-und-Jetzt“ nicht. Entsprechend der psychoanalytischen Arbeitsweise werden sowohl laboratoriumsexterne als auch vergangene oder zukünftige Ereignisse einbezogen.

An die Idee der C-Gruppe knüpft ein Modell an, das von Evangelina Holvino entwickelt wurde und in welchem Arbeitsprinzipien von NTL und Tavistock miteinander verknüpft werden (1998). Holvino geht davon aus, daß in sozial divergenten Gruppen zwei verschiedene Prozesse parallel ablaufen: ein „herkömmlicher“ gruppendynamischer und ein Prozeß der „sozialen Bewußt-heit“ (social awareness), welcher Macht, Unterdrückung, soziale Ungleich-heit, kulturelle Verschiedenheit usw. betrifft. In ihrem relationalen Prozeß-modell integriert sie die Ansätze von Schutz (1958, 1987) zur interpersonalen Gruppendynamik auf der einen und von Friedman (1995) über die Entwick-lung sozialer Differenzen. Soziale Gegensätze können somit auf T-Gruppen-Ebene behandelt werden und der Gegensatz von „Hier-und-Jetzt“ und „Da-und-Dort“ kann zumindest tendeziell aufgehoben werden.

Wir wir im folgenden Abschnitt sehen werden, hängt die veränderte Bedeu-tung, die dem Hier-und-Jetzt-Prinzip beigemessen wird, mit einer Verände-rung in der Bewertung eines weiteren „klassischen“ Arbeitsprinzip der angewandten Gruppendynamik, nämlich dem der „relativen Unstrukturiert-heit“ zusammen.

Übungsaufgabe 21

1. Bitte geben Sie im folgenden freien Raum eine kurze Zusammenfassung der Argumente für und gegen das Hier-und-Jetzt-Prinzip in der gruppen-dynamischen Arbeit. Überprüfen Sie Ihre Aufstellung anschließend anhand des Textes.

2. Wie bewerten Sie persönlich das Prinzip des Hier-und-Jetzt? Sehen Sie Unterschiede für verschiedene Zielsetzungen, Trainingsformen oder Anwendungsbereiche?

3.2.3 Relative Unstrukturiertheit

Die T-Gruppenarbeit im gruppendynamischen Laboratorium ist in besonderem Maße durch „initiale Unstrukturiertheit mit frustrierender bzw. evozierender Wirkung" (Däumling 1973, S. 13) gekennzeichnet. Durch das Ausbleiben der von den Gruppenmitgliedern erwarteten Führung durch den Trainer wird eine starke Verunsicherung hervorgerufen, die anhält, solange die Rollenverteilung innerhalb der Gruppe ungeklärt bleibt. Auf diese Verunsicherung reagieren die Teilnehmer(innen) unterschiedlich: entweder mit Rückzug und Anstau von Angst und Ärger, oder durch Agieren etwa im Ausdruck ihres Unwillens, oder durch Strukturierungsversuche mit Hilfe von Vorschlägen usw.

Vor allem zur Anfangszeit der gruppendynamischen Bewegung, zur Hoch-Zeit des Sensitivity Trainings, erwartete man sich von dieser unstrukturierten Anfangssituation „jene evozierende Wirkung ..., die jedes Gruppenmitglied veranlaßt, unbewußt die ihm für Angst- und Konfliktsituationen zu Gebote stehenden Verhaltensmuster darzulegen und damit die Gruppendynamik im Sinne eines Energiegefälles oder affektiver Spannungen zu ermöglichen, ohne daß vom Trainer her dirigierend eingegriffen werden muß" (Däumling 1973, S. 13).

Die generelle Befürchtung der Mitglieder einer neuen Gruppe besteht darin, daß ‚innere Tatbestände' den anderen offenbar werden könnten. Diese Befürchtung wird jedoch zunächst verleugnet: „Wir sind doch alle hier erwachsene und nette Leute, die sich gegenseitig nichts Übles wollen", so ähnlich ist die allgemeine *öffentliche* Haltung, wenn eine unstrukturierte T-Gruppe nach der formalen Vorstellung von Trainer(inne)n und Teilnehmer(inne)n vor dem Problem steht, was sie nun tun soll – und wie. Dahinter jedoch bestehen Ängste, wieweit die bisherige Identität angetastet wird (vgl. Brocher 1967, S. 88).

Die bis zur Verweigerung gehende Zurückhaltung des/der Trainer(innen) erinnert stark an das Verhalten des Analytikers in der (klassischen) Psychoanalyse, das die Produktion von verbalem Verhalten (Aussprechen aller freien Assoziation) unter möglichst weitgehender Ausschaltung von Einflüssen des Analytikers ermöglichen soll. Zumindest für das Setting des Gruppendynamikers ergibt eine genaue Betrachtung jedoch, daß die Unstrukturiertheit allenfalls sehr relativ ist: prägnante und vorgegeben Strukturmerkmale sind bereits   Einschränkungen

○ die Positionsvorgabe des/der Trainer(in) und

○ außerdem entstammen Trainer und Teilnehmer gewöhnlich der gleichen Schicht mit gemeinsamen Sozialisationsmustern und Normen.

Werden solche strukturellen Merkmale nicht transparent gemacht, so entstehen leicht illusionäre Vorstellungen über die dem Gruppenprozeß zugrundeliegenden und ihn beeinflussenden Faktoren. „Wenn man dies übersieht, läuft man Gefahr, falsche Konsequenzen zu ziehen, man

- gaukelt sich … vor, als unabhängige Individuen etwas Neues schaffen zu können, und interpretiert das Ergebnis als pure Folge der Interaktionsbeziehungen zwischen den Mitgliedern einer Gruppe,
- verkennt das durch extrasystemische Einflüsse determinierte Handeln als Freiheit,
- prägt einen falschen Begriff von Gruppendynamik" (Däumling u.a. 1974, S. 89).

Benne, Bradford und Lippitt (1972) begründen die unstrukturierte Ausgangssituation mit der Notwendigkeit, angesichts der Lernziele des Laboratoriums vermehrt solche sozialen Verhaltensweisen der Teilnehmer(innen) hervorzurufen, die der Überprüfung und Verbesserung bedürfen, und der Unmöglichkeit, dies durch den Trainer tun zu lassen, da er die vorhandenen Lernbedürfnisse und Defizitgefühle noch nicht kennt. So wird ein soziales Vakuum hervorgerufen, welches die Gruppenmitglieder zu füllen versuchen, sobald die dadurch erzeugte Spannung ein gewisses Maß erreicht. „Im Bestreben der Gruppe, eine lebensfähige Struktur und Organisation zu bilden, geraten die einzelnen Mitglieder in Situationen und in Dilemmas, in denen sie noch nie gewesen sind, und so beginnen sie einen Prozeß immer erneuten Prüfens und Experimentierens" (S. 64).   Begründungen

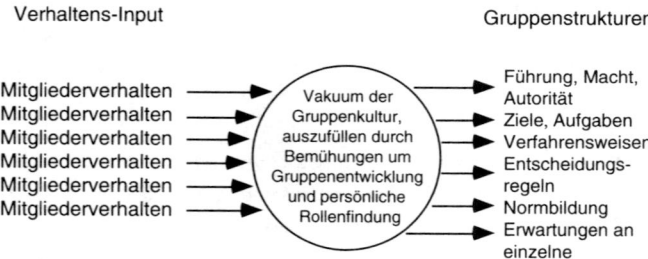

(Abbildung nach Benne, Bradford & Lippitt 1972, S. 64)

Auch lerntheoretische Erwägungen werden als Begründung für den unstrukturierten Beginn eines Laboratoriums herangezogen. Die initiale Motivation zum Lernen entsteht aus einer Frustration, einer Unterbrechung des Gewohnten, das bislang zum Erfolg führte (Thorndike 1932, Skinner 1953, Heigl-Evers 1973).

Die Unstrukturiertheit eines „klassischen Trainings" hat zwei wesentliche Elemente: Die durch die Verweigerung des/der Trainer(innen) hervorgerufene Führungslosigkeit und die „Projektlosigkeit" der Gruppe, die aus dem Fehlen eines vorgegebenen externen Themas entsteht.

Sie sehen hier den Zusammenhang zwischen der Orientierung am Hier-und-Jetzt-Prinzip und dem Grundsatz der relativen Unstrukturiertheit. Das für eine T-Gruppe implizit oder explizit vorgegebene Thema »Selbst- und Fremdwahrnehmung innerhalb des Gruppenprozesses« korrespondiert so wenig mit den bisherigen Lernerfahrungen der Teilnehmer(innen) und stößt zusätzlich auf so viele sozial erzeugte Widerstände, daß es in der Anfangsphase nicht struktursetzend wirken kann.

Relativierungen Mit der Abnahme der Bedeutung des Sensitivity Trainings und anderer frei ausgeschriebener, unspezifischer Laboratorien parallel ging die Zunahme berufs- und tätigkeitsfeldorientierter Trainingsmaßnahmen. Diese hatten und haben die Verbesserung des Verhaltens in Arbeitssituationen zum Gegenstand: Kommunikations- und Kooperationstrainings, Team- und Führungstrainings usw. Die Frage nach dem Zusammenhang zwischen *Training*swirklichkeit und *Alltags*wirklichkeit stellte sich zunächst, zur „Hoch-Zeit" der offenen, d.h. für jeden Interessenten zugänglichen Laboratorien mit ihren allgemeinen (und gelegentlich auch vagen) Zielsetzungen, als die relativ einseitige Frage nach dem Transfer des im Training Gelernten auf andere Situationen. Mit der zunehmenden Zahl von Trainingsmaßnahmen für Institutionen oder für bestimmte Tätigkeitsfelder trat das Problem des „umgekehrten Transfers" mehr und mehr in den Vordergrund: welche Elemente der Alltagsrealität sollen in das gruppendynamische Laboratorium aufgenommen werden, und in welcher Weise kann das geschehen?

Dabei wurde die Anfangskonfrontation mit einer relativen und bewußt geplanten, „strukturierten Strukturlosigkeit" (Geißler 1987, S. 129) immer weniger als sinnvoll angesehen, Merkmale und der Institutionen und insgesamt der Arbeitswelt wurden zunehmend in das Laboratorium mitaufgenommen. Die Anfangssituationen gruppendynamischer Veranstaltungen zeichnen sich daher zunehmend durch eindeutige und detaillierte Strukturierungsangebote seitens der Trainer(innen) aus.

Wenngleich Unstrukturiertheit – wie auch hier – im allgemeinen anhand der Anfangssituation diskutiert wird und dort von Teilnehmer(inne)n als besonders bedeutsam erlebt wird – die Frage nach ihrem Sinn, oder dem Sinn ihres Gegenteiles, stellt sich für jede Situation während eines Trainings erneut. Ich werde darauf bei der Diskussion des Einsatzes gruppendynamischer Übungen zurückkommen.

Übungsaufgabe 21

1. Bitte stellen Sie die wesentlichen Argumente für und gegen unstrukturiertes Vorgehen in der angewandten Gruppendynamik zusammen.

2. Wie bewerten Sie diese – auch im Hinblick auf unterschiedliche Ziele und Anwendungsbereiche? Würden Sie für sich selbst als Teilnehmer(in) eher ein unstrukturiertes oder eher ein strukturiertes Trainingskonzept akzeptieren?

3.2.4 Relativierungen

Seit den Anfängen der gruppendynamischen Laboratorien werden „unfree-zing" mit den nachfolgenden Phasen „change" und „refreezing", „Arbeit im Hier-und-Jetzt" und „relativ unstrukturierte Initialsituation" immer wieder als Grundprinzipien genannt, an denen sich gruppendynamische Trainings-arbeit orientiert. Während das erstgenannte Phasenmodell für einen erfolg-versprechenden Veränderungsprozeß unangefochten geblieben ist, werden die Prinzipien des Hier-und-Jetzt und der relativen Unstrukturiertheit seit einiger Zeit kontrovers diskutiert und liegen vielen Trainingsveranstaltungen nicht oder in eingeschränkter Form zugrunde.

> Möglicherweise ist Ihnen aufgefallen, daß die drei genannten Orientierungs-prinzipien auch nicht auf der gleichen (erkenntnistheoretischen) Ebene zu liegen scheinen. Die Vorstellung, daß Veränderungsbemühungen dann erfolg-versprechend sind, wenn ihnen eine Phase des Infragestellens und Auflockerns („auftauen") vorangeht und eine Phase der Konsolidierung des Neugelernten („Stabilisieren") folgt, ist von empirischer Qualität[3], während das Hier-und-Jetzt- und das Unstrukturiertheitsprinzip eher normativen Charakter haben[4] oder vielleicht besser: in ihrem ursprünglichen Geltungsanspruch hatten.

War und ist der Anlaß, das Hier-und-Jetzt und die Unstrukturiertheit in Frage zu stellen und durch Inhalte und Strukturen aus dem Da-und-Dort zu ergänzen oder sogar zu ersetzen, in der Problematik des Bezuges zur Realität außerhalb des Trainings und im Transfer des Erlernten auf die Situationen des (beruflichen) Alltages zu suchen, so unternimmt Geißler (1987) einen interessantes Plädoyer *für* wenig strukturiertes Arbeiten im Hier-und-Jetzt. Sein Ansatzpunkt ist nicht die unmittelbare Nützlichkeit der neuen Erfah-rungen für die Arbeitswelt, sondern das Verhältnis zu und der Umgang mit Zeit.

Als Gegentypus zu Trainingsveranstaltungen, in denen die Organisation von Arbeit zum Bezugspunkt von Entscheidungen über ihre Struktur ma-chen, sieht er solche, in denen für den Umgang mit der Zeit die entsprechen-den Erfahrungen in der Veranstaltung selbst entscheidungsrelevant sind. Geißler plädiert gegen einen *instrumentellen* Umgang mit der Zeit, der dann gegeben ist, wenn anhand äußerer Effektivitätskriterien über die Zeit-organisation entschieden wird (etwa bei der Entwicklung eines Trainings-Designs) und diese nicht mehr durch die Realität der Beziehungsdynamik im Laboratorium problematisiert und revidiert werden kann: „D.h., wenn die Zeit und deren Strukturierung vor der Veranstaltung eine wichtige Rolle spielt, in der Veranstaltung aber kein Thema mehr ist ..." (S. 127).

---

[3] d.h. sie stellt einen Versuch dar, Realität anhand von Erfahrung zu *beschreiben*. Diese epistemologische Qualität ist unabhängig von der Frage, wie zutreffend diese Realitätsbeschreibungen sind.
[4] d.h. Realität *setzen* wollen.

Aus dieser Sichtweise eines reflexionsfördernden Umgangs mit der Zeit erscheinen für Geißler die Gründe für Strukturvorgaben durch die Leiter wenig überzeugend, im Gegenteil sieht er in diesem Thema eine Möglichkeit, Anfangskonfrontationen mit einem neuen Sinn auszustatten:

> „Die durch das Schweigen der Trainer/Trainerinnen strukturierte Strukturlosigkeit in Anfangssituationen hat ja den symbolischen Aufforderungscharakter an die Teilnehmer/Teilnehmerinnen mit der Zeit in kollektiver Souveränität umzugehen. Die normativen Erwartungen der Teilnehmer/Teilnehmerinnen, die durch die herrschenden Schemata des alltagsüblichen Umgangs mit der Zeit gesetzt sind, werden konfrontiert mit der Aufforderung, selbststrukturierend mit Zeit umzugehen. Dies widerspricht den zeitbezogenen Handlungs- und Erwartungsmustern der Beteiligten. ..." (S.129-130)

Mir scheint auch hier eine ausschließende Gegenüberstellung von strukturiert tätigkeits- oder arbeitsfeldbezogener und relativ unstrukturierter beziehungsorientierter Gruppendynamik – die sicher auch nicht in Geißlers Absicht liegt – verfehlt. Die Hereinnahme von Strukturen und Inhalten aus der Alltagsrealität kann die Relevanz der Trainingsaktivitäten erhöhen, zu den drängenden Fragen der Alltagsrealität gehört aber zweifellos auch, wie wir mit der Zeit umgehen, die wir immer häufiger nicht zu haben scheinen. Unsere immer mehr an der Erwerbsarbeit orientierten Zeitmodelle partiell außer Kraft zu setzen schafft Raum für eine alternative Beziehung zur Zeit, in der ihre *Verschwendung* gelegentlich produktiv und notwendig erscheint:

> „Dafür stellt die Anfangskonfrontation eine wichtige ... Interventionsform dar. Deutlich kann werden, daß sich Beziehungen nicht ohne Folgen für deren Qualität beschleunigen und auch nicht kalkulatorisch herstellen lassen. ...
>
> Wirkliche Gruppenentwicklung ist auf die Fähigkeit ihrer Mitglieder angewiesen, sich Zeit nehmen zu können" (Geißler 1987, S. 130).

3.2.5 Zusammenfassung

Gegründet auf feldtheoretische Überlegungen von Lewin wurde und wird der Lern- und Veränderungsprozeß im gruppendynamischen Laboratorium anhand des Phasenmodells „Auftauen-Verändern-Stabilisieren" beschrieben. Dieses Modell bietet zugleich Anhaltspunkte für Anforderungen und Erwartungen an die Trainingsteilnehmer und ihre Aktivitäten zu verschiedenen Zeitpunkten im Prozeß.

Im Gegensatz dazu sind die Prinzipien des „Hier-und-Jetzt" und der „relativen Unstrukturiertheit" weniger als deskriptiv denn als normativ aufzufassen; sie sind auch keineswegs unangefochten geblieben. Insbesondere in der Folge von Überlegungen zum Transfer des Gelernten auf Alltagssituationen und der zunehmenden Bedeutung von tätigkeitsfeld- und berufsbezogenen Trainings wurde das Hier-und-Jetzt auch durch Da-und-Dort-Inhalte ergänzt oder sogar ersetzt. Angewandte Gruppendynamik kann heute daher anhand einer Skala auf dieser Dimension beschrieben werden, auf der das ausschließliche Hier-und-Jetzt bzw. Da-und-Dort nur die Extrempole dar-stellen, zwischen denen es eine große Anzahl verschiedener Abstufungen gibt.

Ähnliches läßt sich auch für das Prinzip der relativen Unstrukturiertheit sagen. Nachdem dieses zu den Hochzeiten des Sensitivity Training weithin unangefochten galt, sind heute mehr oder minder strukturierte Trainings-veranstaltungen eher der Regelfall. Auch hier gilt aber, daß Strukturvorgabe und Strukturlosigkeit je nach Veranstaltung in verschiedenen Abstufungen zu finden sind.

3.3 Gruppendynamik – instrumentell oder reflexiv?

In der Diskussion um die Entwicklung und den gegenwärtigen Standort der angewandten Gruppendynamik[5] spielt das Begriffspaar „instrumentell vs. reflexiv" häufig eine zentrale Rolle. Diese Unterscheidung hängt eng zusammen mit dem zunehmenden Tätigkeitsfeldbezug gruppendynamischer Veranstaltungen: als „instrumentell werden vorwiegend die Trainings bezeichnet, die im Bereich der Industrie durchgeführt werden, während Trainings mit Angehörigen helfender Berufe eher als „reflexiv" gelten (vgl. Edding 1987, S. 107).

In dieser Diskussion wird mit dem Begriff „instrumentell" oftmals eine Gruppendynamik bezeichnet, die mit Hilfe „fremdbestimmter unkritischer Instrumentalisierung der Einübung in die Anpassung oder der Übernahme von fertigen, nicht zu hinterfragenden Handlungs- und Denkmustern ... Vorschub leistet", während Reflexivität als „Weg zu einer zunehmend funktionalen Bewußtheit, zu einem Durchschauen der Grundlagen und Funktionen sozialer Prozesse, Normen und Phänomenen" bei gleichzeitigem Verlust der Handlungsfähigkeit dagegen gesetzt wird (vgl. Doppler 1987). Nach Doppler wird die Diskussion um die beiden Pole der angewandten Gruppendynamik weitgehend verkürzt geführt. Der instrumentelle Ansatz wird von seinen Gegnern als unreflektierte Vermittlung vorgefertigter Skills verstanden und ist wegen fehlender Reflexivität kaum fähig, seine Instrumente und deren Einsatz wertebezogen zu steuern und zu verändern; der reflexive Ansatz erscheint als reine Innenschau, ohne die Fähigkeit, Zukunft nicht nur zu erwarten, sondern auch zu gestalten (vgl. Doppler 1987, S. 139).

instrumentelle vs. reflexive Gruppendynamik

Aus dem Abschnitt 2.2.2 kennen Sie die Zielsetzungen, die zu Anfang der Entwicklung der angewandten Gruppendynamik in der Bundesrepublik formuliert wurden. Es sind dies *Reifung durch Selbstkonfrontation*, *Verbesserung der Sozialwahrnehmung*, *Fundierung der Kooperation* und *Neubegründung der Autorität*. Gelten sollten sie für die einzige zu der Zeit (1968) existierende Trainingsart, und das war das Sensitivity Training in Laboratoriumsform.

Im Hinblick auf die hier diskutierte Unterscheidung zwischen instrumenteller und reflexiver Gruppendynamik differenziert Schmidt (1989) diese vier Ziele in zwei Dimensionen. Für ihn zielen die beiden ersteren auf individuelle Veränderungswünsche, während die letzteren auch Arbeitsprozesse einbeziehen. Demnach scheinen die beiden genannten Pole bereits in dieser Anfangsphase angelegt gewesen zu sein, sie wurden allerdings noch nicht in unterschiedlichen Trainingsformen, sondern in einem einzigen methodischen Ansatz, eben dem Sensitivity Training angestrebt.

---

[5]   die vorwiegend innerhalb der Sektion Gruppendynamik des DAGG geführt wird

Eine genauere Betrachtung dieser Ziele läßt diese Zuordnung und Gegenüberstellung jedoch weniger plausibel erscheinen. Allenfalls Reifung durch Selbstkonfrontation läßt sich mit einiger Berechtigung der postulierten individuellen Ebene zuordnen, die jedoch sofort auch wieder überschritten wird: letztes Anliegen ist es nämlich, habitualisierte Verhaltensweisen im Hinblick auf ihre Angemessenheit in sozialen Situationen zu überprüfen und gegebenenfalls zu verändern. Es geht also um Flexibilität gegenüber der sozialen Umwelt und ihren Anforderungen.

Ein ausgesprochen interindividuelles Anliegen ist die Schärfung sozialer Wahrnehmungsfähigkeit, die als Voraussetzung für Kooperationsfähigkeit und einen kritischen Umgang mit Autorität gelten kann und schon von daher aus dem Verhalten im Arbeitsbereich nicht weggedacht werden kann.

> Darüber hinaus setzt Schmidt die individuellen Veränderungswünsche mit latenten Therapiewünschen gleich. Diese Zuordnung erleichtert zwar die genannte Gegenüberstellung, übersieht jedoch die *kurative Dimension* in den Anforderungen an und den Zielsetzungen von Psychotherapie. Weder der Wunsch nach eigener Weiterentwicklung im Erleben und Verhalten noch der nach einer Verbesserung der Wahrnehmungsfähigkeit liegt auf dieser Dimension – wobei zugestanden werden soll, daß diese Vermischung von Therapie und Training eine lange Tradition hat, wie das Wort vom Sensitivity Training als einer „Therapie für Normale" zeigt. Sicher ist es auch so, daß die unstrukturierten Sensitivity Trainings und T-Gruppen Anziehungskraft für potentielle Therapie-Klienten besaßen; dies war (und ist) aber *nicht das Ziel* dieser Form der angewandten Gruppendynamik – eher ihr Problem!

Auch die Zuordnung von Kooperation und Umgang mit Autorität zu eher arbeitsfeldbezogene Gruppendynamik erscheint nicht zwingend: die Frustrationstoleranz zu erhöhen, die Fähigkeit des Aufeinander-Eingehens zu entwickeln, angemessene Konfliktlösungsstrategien zu erarbeiten, sich selbst in Führungs- und Unterwerfungsrollen zu erproben, Autorität zu akzeptieren oder in Frage zu stellen ist auch, aber keineswegs nur oder überwiegend in der Arbeitswelt virulent (denken Sie an den nicht-beruflichen Umgang mit Autoritätsinstanzen wie Behörden und Verwaltungen, Polizei, Ärzten oder einfach Personen mit wirklich oder vermeintlich höherem Status).

Die Differenzierung in „unspezifische" und „arbeitsfeldbezogene" Gruppendynamik als bereits in den Zielsetzungen der bundesdeutschen Sensitivity Trainings angelegt zu sehen, erscheint so doch eher als präsentistisch[6], als eine Konstruktion a posteriori. Aus dieser Perspektive ergibt sich das Bild einer tätigkeitsfeldspezifischen Operationalisierung unter Hinzufügen neuer gruppendynamischer Zielsetzungen und weniger das einer Auswahl aus dem Spektrum der vorhandenen Ziele.

---

[6] Präsentismus: Vergangene Ereignisse werden aus der Sicht der Gegenwart gedeutet.

Als wichtige Triebkräfte für die zunehmende Anwendungsorientierung und damit dem zunehmenden instrumentellen Charakter der Trainings sind die Bedürfnisse der auftraggebenden – und finanzierenden – Institutionen anzusehen. Unternehmen, Institutionen der öffentlichen Verwaltung, der psychosozialen Versorgung usw. entdeckten die Gruppendynamik, der sich zur Verbesserung des Verhaltens und der Qualifizierung von Mitarbeitern im zwischenmenschlichen Bereich anbot . Um im Bereich der Arbeitswelt Fuß zu fassen, war eine Adaptation der Verfahren notwendig; es entstanden die Führungs-, Team-, Kooperations-, Kommunikations-, Entscheidungs- und ähnliche Trainings (vgl. Schmidt 1989).

Gründe für Instrumentalisierung:

Bedürfnisse der Auftraggeber ...

In diesem Anpassungsprozeß waren institutionelle Bedingungen, die Arbeits- und Anforderungsprofile verschiedener Berufsgruppen usw. zu berücksichtigen. Er gelang in der Entwicklung der genannten Trainingsformen; dieses Gelingen hatte jedoch seinen Preis, der in der Abwandlung wichtiger Ziele und Wertvorstellungen bestand. Nellessen (1987, S. 116) beschreibt dies pointiert:

> „Die Bearbeitung der klassischen Inhalte gruppendynamischer Trainings ist an die Form des Sensitivity-Trainings ... gebunden. Insistiert auf deren Form und Inhalt, so schwinden die Chancen, sie in bestimmten, vor allem industriellen Arbeitsfeldern, anwenden zu können. Wahrnehmungseinstellung und Interventionsspektrum des Sensitivity-Trainings erlauben es zudem oft nicht, für die arbeitsfeldspezifischen Probleme solche Lösungen zu finden, die für das Verwaltungs- und Industrieumfeld geeignet, erforderlich sind und greifen.
>
> Beim praxisbezogenen gruppendynamischen Trainings- und Beratungsansatz liegen die Verhältnisse genau umgekehrt: effektive Problembewältigung ist nur möglich, weil viele Konfliktbereiche ausgeblendet werden."

Mit den Veränderungen und der Ausweitung des Anwendungsbereiches der angewandten Gruppendynamik einher ging eine zunehmende Professionalisierung. Die Zahl der hauptberuflich tätigen Trainer stieg, d.h. also derjenigen, deren Lebensunterhalt von den finanziellen Erträgen ihrer Trainingstätigkeit abhängt. Aus dieser Sicht ergibt sich eine Erklärung für die abnehmende Bedeutung der reflexiven Gruppendynamik, die auf mehr als nur den enttäuschten Therapieerwartungen (Schmidt 1989, S. 300) der Teilnehmer des Sensitivity Trainings beruht. Der Boom der (gruppenorientierten) Therapieverfahren aus der Humanistischen Psychologie nahm sicherlich einen Großteil der mit latenten Therapiewünschen ausgestatteten Teilnehmer auf. Solche enttäuschten Erwartungen reichen jedoch als Interpretation nicht hin: „Mit Sensitivity-Trainings, reflexiver Gruppendynamik kann man nicht genug Geld verdienen. ... Verwaltung und Industrie zahlen den drei- bis fünffachen Betrag sozialer bzw. kirchlicher Institutionen." (Nellessen 1987, S 117).

... Professionalisierung

Der unbestrittene, aus der Professionalisierung folgende Prozeß der Anpassung der angewandten Gruppendynamik an bestehende gesellschaftliche Konventionen, ihre „Selbstdomestizierung", brachte auch den Verlust einer weiteren Dimension kritischen Potentials, nämlich im Bereich der politischen Arbeit, mit sich. Der Kontakt zu den außerinstitutionellen Unruhe- und Veränderungspotentialen wie Selbsthilfegruppen, Bürgerinitiativen, Frauenbewegung, Friedensbewegung usw. ging weitgehend verloren: heute „ist die professionelle ‚Gruppendynamik' ... de facto von den zukunftsträchtigsten Veränderungspotentialen und -prozessen abgekoppelt" (Schmidt 1989, S. 309).

Übungsaufgabe 22

Versuchen Sie, kurz zu erläutern, was mit instrumenteller bzw. reflexiver Gruppendynamik gemeint ist, welche Ziele diesen beiden Richtungen zugeschrieben werden, und geben Sie eine Bewertung aus Ihrer persönlichen Sicht.

3.4 Grundlagen der Intervention

Mit „Intervention" wird in der angewandten Gruppendynamik das gruppenbezogene Handeln des Trainers/der Trainerin bezeichnet, mit welchem diese(r) auf die Laboratoriumsarbeit einwirkt. Interventionen werden als Aufgabe demnach nur dem Trainer zugeschrieben, sie gehören zum Bestandteil seiner professionellen Rolle. Zwar übernehmen im Verlaufe eines gruppendynamischen Trainings durchaus auch Teilnehmer Einfluß Führungsfunktionen, jedoch eben nicht als Teil einer durch die Laboratoriumssituation definierten professionellen Rolle.

Voigt und Antons (1987) verstehen unter Intervention in der Gruppendynamik „ein theorie- und indikationsbezogenes, absichtsvolles Verhalten, das darauf gerichtet ist, Veränderungen im Prozeß einer Gruppe oder ihrer Mitglieder zu bewirken" (S. 30).

Definition

In dieser Begriffsbestimmung wird *Intervention*

1. unterschieden von unbeabsichtigtem, spontanen Verhalten des Trainers

2. unterschieden von einem inhaltlichen Mitarbeiten, einem pädagogischen Experten-Verhalten.

Interventionen in diesem Verständnis erfolgen damit *absichtlich und zielgerichtet* – und zwar mit dem Ziel, den Ablauf von Ereignissen in der Gruppe, zwischen einzelnen Mitgliedern oder intrapersonal zu beeinflussen. Eine solche Handlung sollte (mehr oder weniger unmittelbar) an einer *intersubjektiven* Theorie der Veränderung orientiert sein – theoriegeleitet wird sie stets sein, im Minimalfall durch eine subjektive, sog. „naive Verhaltenstheorie" (vgl. dazu Laucken 1974), im Idealfall durch eine subjektive Theorie, die der Überprüfung durch eine intersubjektive Theorie unterliegt (vgl. dazu Rechtien 1982).

> So mag sich etwa eine Auseinandersetzung zwischen zwei Teilnehmern darüber, ob bestimmte Ereignisse im Laboratorium in der T-Gruppe oder im Plenum zu thematisieren seien, länger hinziehen, ohne daß Klärungen sichtbar werden. Ausgehend von der Annahme, daß Beziehungsprobleme oftmals – und dann unzureichend – auf der Ebene der sachlichen Inhalte ausgetragen werden (vgl. die Kommunikationstheorie von Watzlawick et al. 1969), und daß es sowohl für die Entwicklung interpersoneller Sensibilität als auch für den Gruppenprozeß förderlich ist, dieses deutlich zu machen, kommt der Trainer oder die Trainerin etwa zu der Intervention „Ich habe den Eindruck, daß es hier eigentlich um ganz andere Dinge geht als um Plenum oder Kleingruppe" und gibt somit den Beteiligten die Möglichkeit, die Rivalitätsproblematik zu erkennen.

3.4.1 Orientierungen

Angesichts der Bedeutung des Trainerverhaltens für den Laboratoriumsprozeß einerseits und der Komplexität dieser Steuerungsaufgabe hat es eine Reihe verschiedener Versuche gegeben, eine Systematik der Trainerinterventionen zu erstellen. Solche Versuche entstammen nicht nur der angewandten Gruppendynamik, sondern auch der Gruppenpsychotherapie (etwa Heigl-Evers & Heigl 1983). Doppler (1983) unterscheidet zwischen

○ individuellen/intrapersonalen,
○ interpersonalen/interaktionellen,
○ gruppenprozeßbezogenen
○ und strukturellen/institutionalen Interventionen,

Lomranz, Lakin und Schiffmann zwischen

○ interpersonell und gruppenorientierten
○ korrektiv-klinischen
○ und personell expressiven Interventionen.

In seinem Versuch, gruppendynamische Interventionen zu systematisieren, differenziert Schmidt (1983) zwischen dem *sachlichen Inhalt* (dem *Was*) und der Durchführungsebene (dem *Wie*) einer Intervention. Wenngleich diese Ebenen keineswegs logisch äquivalent sind, sondern auf verschiedenen Ebenen liegen, so bieten sie doch einen brauchbaren Ausgangspunkt. Geht es im ersten Bereich darum, auf welche Prozesse und Verhaltensweisen und mit welchen Interessen fokussiert wird - und welche Konsequenzen dies haben wird, so bezieht sich das *Wie* auf die Gesamtstrukur eines Laboratoriums, auf die grundsätzliche Handhabung von Konflikten usw. sowie auf das aktuelle Geschehen (Timing, Richtung, Intensität usw. einer konkreten Intervention).

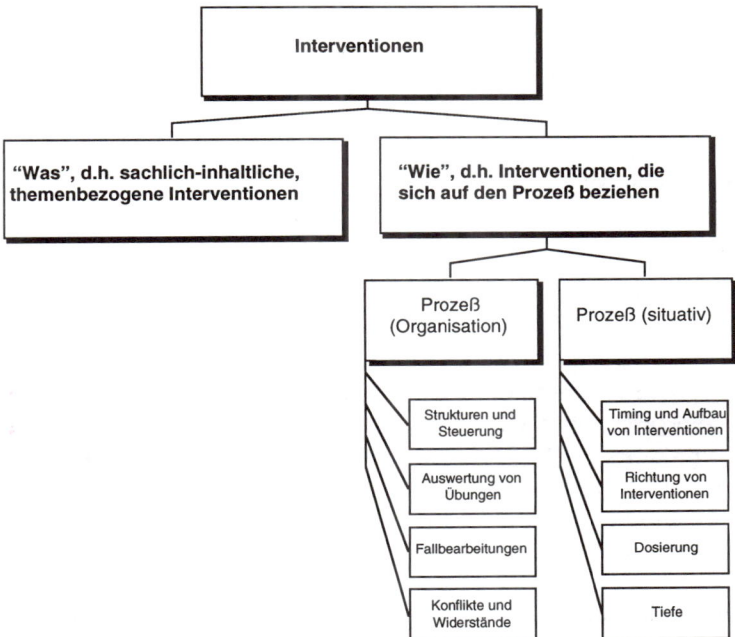

(nach Schmidt 1983, S. 308)

Ein Beispiel für einen Eingriff auf der „Was-Ebene" ist die oben geschilderte Intervention, die auf Rivalitätsproblematik bzw. auf unterschiedliche Ebenen der Kommunikation fokussiert.

Zur Ebene der Prozeßorganisation gehören die Gestaltung der Struktur eines Laboratorium, die Prozeßsteuerung, Übungsauswertungen, Umgang mit Konflikten und Widerständen. Zu struktursetzenden Interventionen gehört z.B. die Festlegung, ob und wann in Kleingruppen, im Plenum usw. gearbeitet wird, ob es bestimmte Arbeitsregeln gibt und wenn ja, welche, die Festlegung von zeitlichen Strukturen (Arbeitszeiten, Pausen usw.) und auch die Frage, ob das Training mit „relativer Unstrukturiertheit" begonnen wird. Schließlich gehören nach Schmidt hierhin auch die Entscheidungen, wie mit Konflikten und Widerständen umgegangen werden soll: stellen sie einen zentralen Arbeitsgegenstand dar und werden sie fokussiert, evtl. sogar provoziert etwa durch die Enthaltsamkeit der Trainer, werden sie bearbeitet, sobald und solange sie die Arbeitsfähigkeit der Gruppe beeinträchtigen?

Der zuletzt genannte Interventionsbereich berührt bereits die Ebene der situativen prozeßbezogenen Intervention, insofern es um die Intensität der Intervention geht: wird nachdrücklich oder eher beiläufig auf Konflikte, Vermeidungen, Kommunikationsstörungen usw. hingewiesen, zu welchem

Zeitpunkt geschieht dies, richtet es sich an Individuen, die Gesamtgruppe, Untergruppen, wird auf Erleben und/oder Verhalten abgestellt usw. Voigt und Antons (1987) greifen diese Überlegungen auf und versuchen eine Konzeptualisierung in vier Dimensionen, an denen sich Interventionen orientieren (sollen):

○ Zielebene
○ Interventionsarten
○ Interventionsebenen
○ Intensität.

Zielebene

Die Zielebene wird weitgehend beschrieben durch den expliziten oder impliziten Kontrakt zwischen Teilnehmern und Trainer(n) über allgemeine und spezielle Ziele sowie Wege der Zielerreichung (etwa Arbeitsformen). Insbesondere gehören hierhin (wiederum ausdrückliche oder stillschweigende) Vereinbarungen über den Umgang mit Beziehungen und Prozessen innerhalb der Gruppe.

a) In Selbsterfahrungsgruppen, gruppendynamischen Trainingsgruppen und Therapiegruppen ist es *Ziel und Zweck* der Gruppenarbeit, Interaktionen, Beziehungen und Prozesse zu erfahren, zu klären und zu bearbeiten.

b) Hier werden Veranstaltungen zusammengefaßt, in denen Selbsterfahrung, Klärung und Bearbeitung von Interaktionen, Beziehungen und Prozessen insoweit vereinbart sind, als sie zum Gesamtziel und zum sachlichen Gegenstand der Arbeit gehören oder dazu in relevantem Zusammenhang stehen. Dazu gehören Supervisionsgruppen, Balintgruppen, Verhaltens- und Skill-Trainings, sowie viele Weiterbildungsveranstaltungen im psychosozialen Bereich (Pädagogik, Sozialarbeit, Beratung usw.). Sach- und Beziehungsebene erscheinen in etwa mit gleichem Gewicht.

c) Wenn die Ebene der Beziehungen der thematischen Sachebene eindeutig nachgeordnet ist, dann sind Beziehungs- und Prozeßinterventionen nur dann legitim, soweit sie auf die Beseitigung von Störungen im Arbeitsprozeß zielen. Das Kriterium ist daher die Arbeitsfähigkeit der Gruppe. Wenn Sie an das Kapitel 2 zurückdenken, dann wird Ihnen hierzu wahrscheinlich die Themenzentrierte Interaktion einfallen.

d) In den meisten Gruppen des „realen Alltagslebens" wird die Thematisierung von Beziehungen und Prozessen nicht erwartet oder ist sogar tabu. Der Beziehungsaspekt der Zusammenarbeit wird offiziell nicht zur Kenntnis genommen; für Störungen gibt es informelle Ventile.

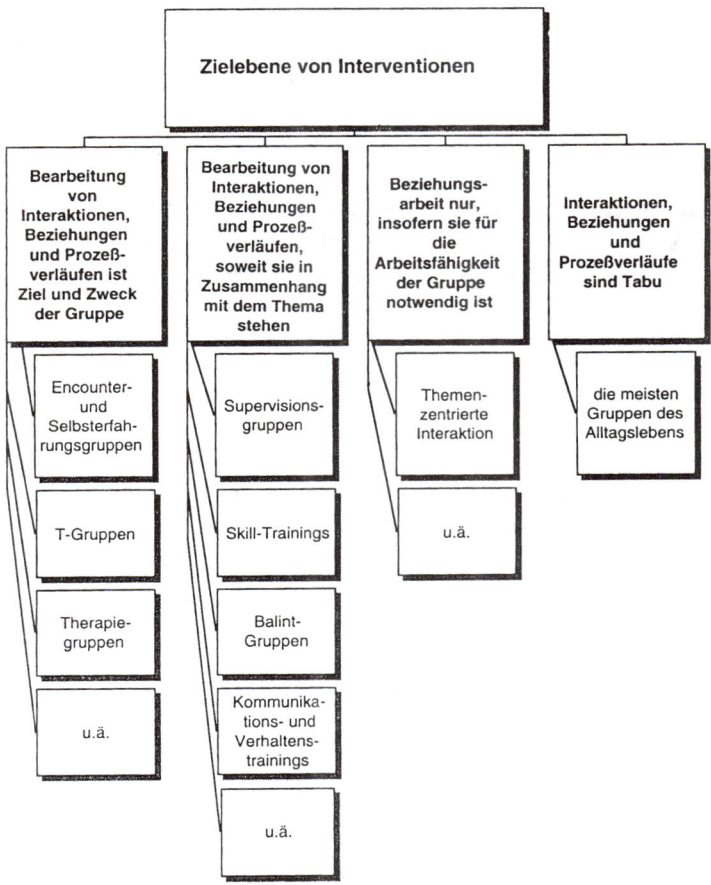

Interventionsarten

Auch hier können vier grundlegende Differenzierungen vorgenommen werden: stukturbezogene Interventionen, prozeßbezogene Interventionen, personbezogene Interventionen und Interventionen zur Auswertung.

Die Unterscheidung von struktur-, prozeß- und personbezogenen Interventionen erinnert an die erwähnte Systematisierung von Doppler (1983), während die Kategorie der auswertungsbezogenen Intervention auf Schmidt (1983) zurückgeht.

a) Strukturbezogen sind Interventionen dann, wenn sie zur Durchsetzung, Aufrechterhaltung oder auch Modifikation der Veranstaltungsstruktur dienen (Gesamtkonzept, zeitliche Struktur, Arbeitsweisen und Setting usw.).

b) Eingriffe in einen laufenden Gruppenprozeß gehören zu den Prozeß-interventionen. Sie können etwa in einem Feedback des Gruppenleiters zu Ereignissen im Trainingsprozeß bestehen, in Deutungsvorschlägen, Problemanalysen, Lösungsvorschlägen usw., wenn diese auf eine Beeinflussung des Ablaufs abzielen.

c) Personbezogene Interventionen zielen darauf ab, einem einzelnen zu helfen, ihn mit Beobachtungen seines Verhaltens zu konfrontieren, so daß er diese reflektiert, verändert oder seine Beziehung zu anderen thematisiert, einen Konflikt oder eine Klärung mit einem einzelnen Gruppenmitglied zu ermöglichen usw. Daneben gibt es auch unterstützende und impulsgebende Interventionen.

d) Schließlich gibt es Eingriffe des Gruppenleiters/Trainers, die die Auswertung eines Vorganges, einer Übung usw. einleiten und steuern. Dazu gehören zunächst die entsprechenden Aufforderungen, und weiter Auswertungshilfen in Form von Interpretationen, Beobachtungen oder auch strukturierte Arbeitshilfen wie Metakommunikation, Blitzlicht, formalisierte Feedback-Runde.

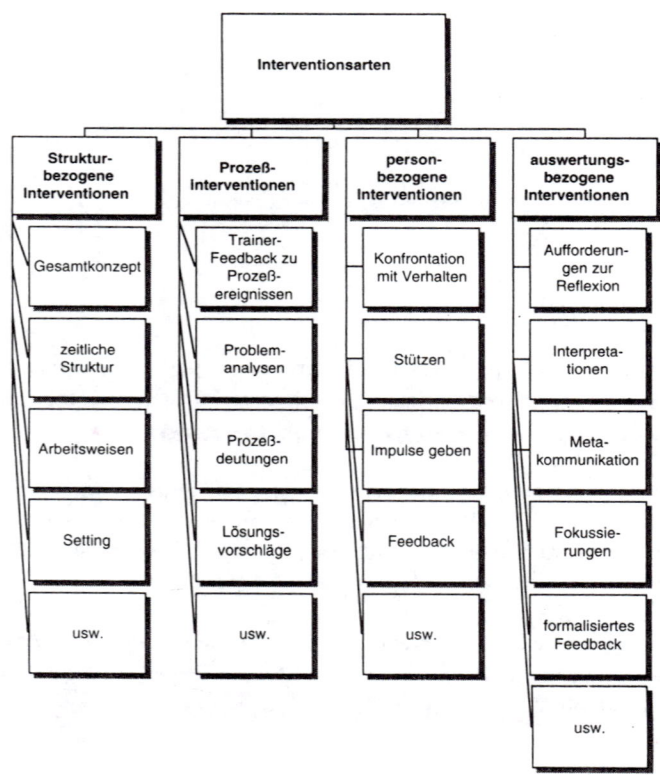

Interventionsebene

In Abhängigkeit von der Ebene der Zielsetzung können Interventionen mehr oder weniger „in die Tiefe" gehen. Diese „Tiefung" reicht von Interventionen auf der strukturellen Ebene – dies entspricht etwa den oben dargestellten strukturbezogenen Interventionen – bis zu solchen auf der existentiellen Ebene menschlicher Grunderfahrungen.

Insgesamt werden bei Voigt und Antons fünf solcher Tiefenniveaus unterschieden: strukturelle Ebene, thematisch-sachliche Ebene, Ebene der psychosozialen Interaktionsdynamik, Beziehungs-Bedeutungsebene und archaisch-symbolische Ebene.

a) Bei arbeitsfeldbezogenen gruppendynamischen Laboratorien betreffen Interventionen auf der strukturellen Ebene etwa das Bewußtmachen und Bewußthalten der (hierarchischen) Organisationsstruktur, die Normen, Interessen und auch die informelle soziale Struktur der Institution, in welcher oder für welche das Laboratorium stattfindet, aber auch die aktuelle Struktur der Veranstaltung selbst. Neben der Bewußtmachung gilt es auch, konstruktive Auseinandersetzungen mit diesen Bedingungen zu initiieren, insofern sie als Einflußfaktoren für Prozesse oder Einzelereignisse erkannt werden oder gar selbst beeinflußt werden können.

b) Auf der inhaltlich-thematisch-sachlichen Ebene geht es um Themenformulierung, Interventionen im Bearbeitungsprozeß (Orientierungen, Fragen, Stellungnahmen, Vorschläge, Zusammenfassungen) und Rückführungen zum Thema nach Beseitigung von Störungen in der Arbeitsfähigkeit (wie etwa bei Zielebene c).

c) Die Ebene der Interaktionsdynamik umfaßt die „eigentlichen" gruppendynamischen Interventionen im Hier-und-Jetzt der aktuellen Beziehungen, Widerstände, Abwehrprozesse usw. Sie zielt darauf ab, diese sichtbar zu machen, zu thematisieren und zu klären.

d) Die von Voigt und Antons „Beziehungs-Bedeutungs-Ebene" genannte Kategorie von Interventionen entspricht in psychoanalytischer Terminologie das Fokussieren auf Übertragungs- und Gegenübertragungsbeziehungen innerhalb der Gruppe. Hier hat die Zielsetzung der Veranstaltung einen entscheidenden Einfluß: in gruppenzentrierter Arbeit werden Übertragungen mit Entwicklungsstand und Ziel in Verbindung gebracht, in beziehungs- und interaktionszentrierten Laboratorien werden die Beteiligten dies im Hinblick auf ihre gegenseitigen Wahrnehmungen und Bedeutungszuschreibungen thematisieren („Ich sehe bei Dir … und vermute … für mich bedeutet das …"), und steht das Individuum im Zentrum der Arbeit, geht es etwa um den (biographischen) Nachvollzug von Beziehungsmustern und ihrer Bedeutung für den einzelnen.

e) Interventionen, die zum Umgang mit menschlichen Grunderfahrungen wie Geburt, Tod, Einsamkeit, Glück usw. anleiten, finden sich in erster Linie in tiefenpsychologisch orientierten Selbsterfahrungsgruppen. Voigt und Antons nennen dies die archaisch-symbolische Ebene, da hier die gewohnte Sprachform zu versagen beginnt und Symbole, Bilder, Träume als Medium dienen.

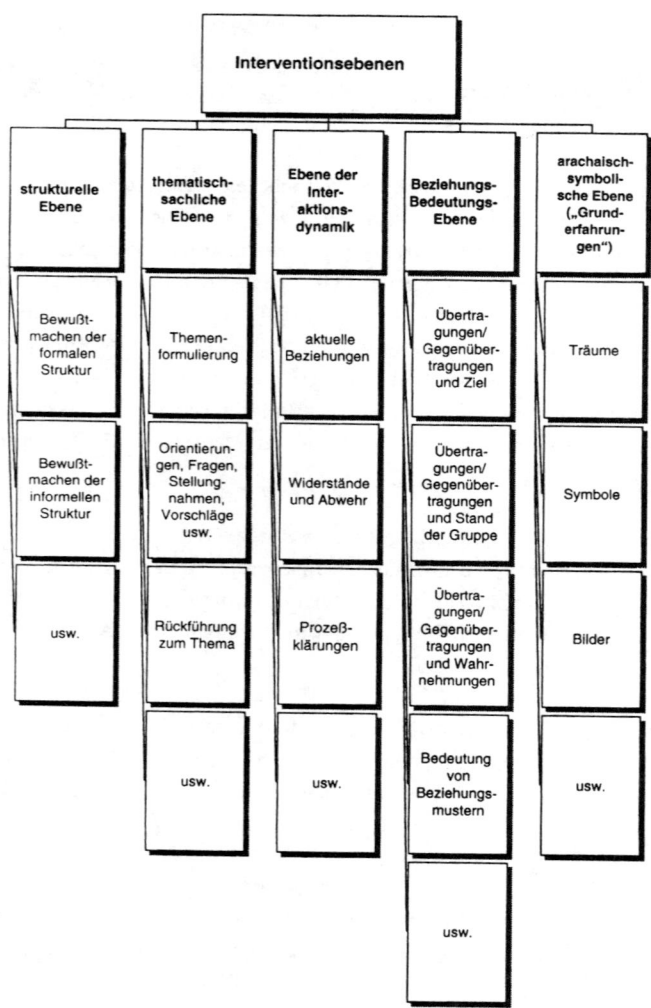

Intensität der Intervention

Je nach dem Ausmaß der angestrebten Beeinflussung lassen sich tangentiale, direkte und konfrontierende Interventionen unterscheiden.

a) Tangentiale Interventionen intendieren keine Unterbrechung oder wesentliche Veränderung des laufenden Prozesses, sondern wollen ein Ereignis, einen Sachverhalt in die Aufmerksamkeit rücken oder verständlich machen. Sie reichen vom „Aufhellen, Verdeutlichen oder Akzeptieren einer Situation oder eines Geschehens … bis hin zum Antippen einer aktuellen Konfliktlage" (Voigt & Antons 1987, S. 39).

b) Bei direkten Interventionen greift der Trainer/die Trainerin direkt in den Prozeß ein und verändert diesen aktiv und gezielt. Sie zielen darauf ab, Prozesse anzuhalten und ihnen eine neue Richtung zu geben, Vermeidungen, Verleugnungen und Verdrängungen aufzuheben oder eingefahrene Interaktionsmuster zu verändern.

c) Graduell von der direkten Intervention unterschieden ist die Konfrontation. Der Trainer benennt ausdrücklich und deutlich den Kern eines Problems, etwa einer Auseinandersetzung und besteht mit persönlichem Einsatz auf der Bearbeitung des von ihm Angesprochenen. Er kann etwa einander widersprechende Aussagen gegenüberstellen („während Eva die Sachlage so beurteilt, sieht Klaus im Gegenteil …"; „vorhin haben Sie gesagt, daß Sie das schön finden, und jetzt sagen Sie etwas anderes") oder verbales und nicht verbales Verhalten aufeinander beziehen („Du sagst, daß dich das traurig macht - und gleichzeitig sehe ich dich lächeln"), er kann Gruppe und Gruppenmitglieder mit eigenen Wahrnehmungen, Deutungen, Assoziationen und mit seinen eigenen Gefühlen wie Langeweile, Freude, Ärger usw. konfrontieren.

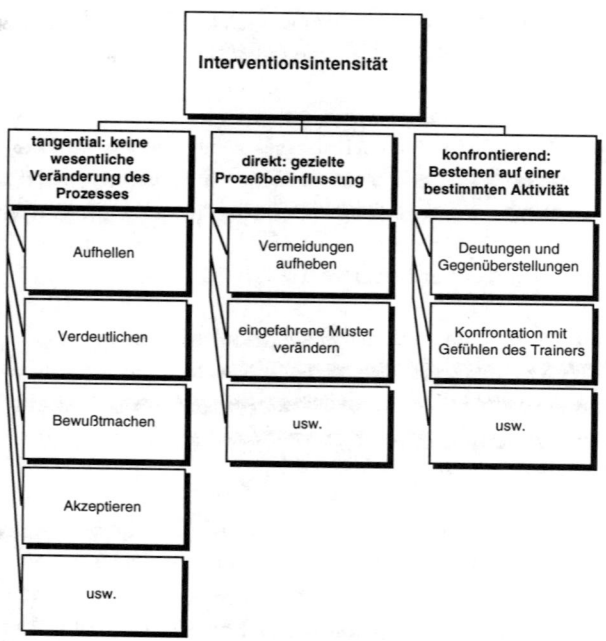

Die vier von ihnen identifizierten „Grunddimensionen" verdeutlichen Voigt und Antons in folgendem Schema (1987, S 41):

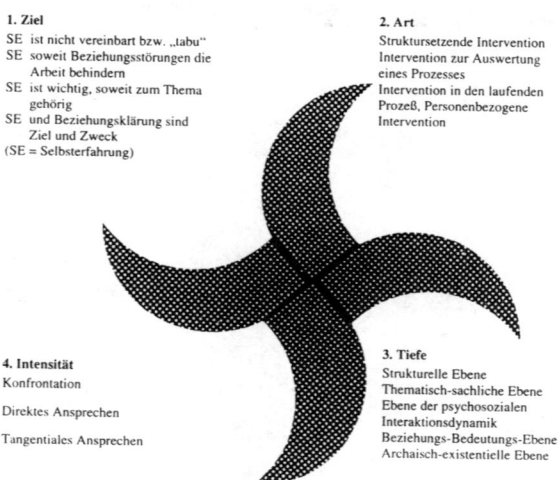

Neben diesen Orientierungspunkten sind weitere Bedingungen zu identifizieren, die die Wahl der Interventionen beeinflussen, etwa:

○ die Phase der Gruppenentwicklung;
○ die Zusammensetzung des Teilnehmerkreises;
○ Vorerfahrungen und
○ Belastbarkeit der Teilnehmer;
○ Erfahrung,
○ aktuelle Belastbarkeit und
○ Kompetenz des/der Trainers/Trainerin;
○ Zeitpunkt innerhalb des Laboratoriums

u.a.m.

Eingriffe in einen laufenden Prozeß im Sinne einer *gruppendynamischen Intervention* wird es in Alltagssituationen wohl nur selten geben, wohl aber Interventionen, die einen analogen Stellenwert besitzen können. So ist es u.a. auch Aufgabe eines Sitzungsleiters, den Prozeßverlauf etwa eine Diskussion zu verfolgen und gegebenenfalls einzugreifen, um Konflikte deutlich zu machen, auf Lösungsmöglichkeiten hinzuweisen, auf gemeinsame Ziele zu fokussieren usw.

Übungsaufgabe 23

Achten Sie in der nächsten Zeit einmal in Gruppensituationen verschiedener Art auf dort ablaufende Prozesse, und darauf, wie die Anwesenden damit umgehen. Gibt es strukturbezogene, prozeßbezogene und personbezogene „Interventionen", wie sehen diese aus und wie schätzen Sie deren Wirksamkeit ein?

3.4.2 Strategien

Grundsätzlich kann man zwei Strategien in der gruppendynamischen Intervention unterscheiden:

a) die Orientierung am Prozeß der Gruppe,

b) die Strukturierung des Gruppengeschehens mit Hilfe von Übungen oder anderen standardisierten Hilfsmitteln,

wobei zu fragen ist, in welchem Verhältnis diese beiden Strategien zueinander stehen, ob sie Gegensätze darstellen oder ob sie sich ergänzende Interventionsrichtungen darstellen können. Zuvor ist jedoch zu klären, was „Übungen" und „Hilfsmittel" im Sinne der angewandten Gruppendynamik eigentlich sind.

Antons (1973) definiert diese als strukturierte Gruppensituationen, in denen Situationen durchgespielt werden, durch die die Teilnehmer dazu gebracht werden, sich selbst und ihre interaktiven Verhaltensweisen wahrzunehmen

Antons (1973) definiert diese als strukturierte Gruppensituationen, in denen Situationen durchgespielt werden, durch die die Teilnehmer dazu gebracht werden, sich selbst und ihre interaktiven Verhaltensweisen wahrzunehmen und/oder neue Verhaltensweisen zu erproben. Wenn Sie sich die entsprechende Literatur ansehen, werden Sie eine riesige Menge verschiedener solcher Übungen finden. Diese Vielzahl allerdings täuscht, da sie auf relativ wenige Grundmuster zurückgeht, die lediglich in einzelnen Aspekten variiert werden.

Interventionen mit Hilfe einer Übung oder anderer standardisierter Hilfsmittel fokussieren die Aufmerksamkeit der Teilnehmer auf bestimmte Ereignisse und Prozesse, evtl. intendieren sie auch die Vermittlung bestimmter Fertigkeiten: Kommunikation (wie z.B. der „kontrollierte" Dialog, den ich Ihnen weiter unten vorstellen werde), Kooperations- und Entscheidungsprozesse, Normen, Rollen usw. In jedem Fall wird durch den Einsatz einer Übung auf den laufenden Prozeß eingewirkt und diesem eine neue Dynamik verliehen.

Rollenspiele können verschiedenen Zielen dienen. Sie können Verhalten in definierten Situationen erproben, sie können auf wiederkehrende Verhaltensmuster aufmerksam machen oder vergangene Erfahrungen wiederbeleben. Gegenüber der Arbeit etwa mit realen Situationen haben sie den Vorteil, daß in ihrer verfremdeten Situation weniger Angst und Abwehr evoziert wird, daß Anforderungen und Streß regulierbar sind, so daß der Rückgriff auf dominante Reaktionen weniger zwingend ist und mit anderen Verhaltensweisen experimentiert werden kann.

Fragebögen leiten entweder formalisierte Feedback-Prozesse, Analysen des Gruppenprozesses oder Auswertungen bestimmter Einzelsituationen wie etwa eines (Rollenspieles) ein. Sie bieten somit im Sinne der Aktionsforschung Rohmaterial für weitere Prozesse.

Unter Entscheidungslabyrinthen versteht man eine Art weiterentwickelter Fragebögen, in denen der Teilnehmer aufgefordert ist, Entscheidungen für vorgegebene Situationen treffen. Der so entstehende „Entscheidungsweg" kann auf seine individuellen psychologischen Informationen hin ausgewertet werden. Den Entscheidungslabyrinthen liegt die plausiblen, aber nicht belegte Annahme zugrunde, daß jeder Mensch ein stabiles psycho-logisches Entscheidungsmuster besitzt, das auch in der verfremdeten Trainingssituation „greift" (vgl. Schmidt 1983, S. 136).

In der ersten Zeit der bundesrepublikanischen Gruppendynamik war die einzige Organisationsform das Sensitivity Training, in welchem an relativ vorherbestimmbaren Stellen der Gruppenentwicklung standardisierte Übungen eingebaut wurden, die auf bestimmte Prozeßbestandteile fokussierten. In der Folge der Modifikationen des aus den USA importierten Laboratoriumsaufbaues wurde auch der Gruppenprozeß schwerer vorhersagbar, was den Umgang mit ihm schwieriger und den so vorhergeplanten Einsatz standardisierter Übungen zunehmend problematischer machte. Das minderte zunächst nicht den Stellenwert gruppendynamischer Übungen, sondern machte die Kenntnis möglichst vieler von ihnen und ihren spontanen Einsatz in schwierigen Situationen zu einem Qualifikationsmerkmal innerhalb des Staffs[7]:

---

[7]   Stab, Gruppe der Trainer/innen

„Übungen und Spiele wurden ... in diesen Jahren also als rettende All-
heilmittel gegen die eigene Desorientiertheit, den mangelnden Durchblick
und die ungenügende Handlungskompetenz eingesetzt." Dennoch kam es
„nur selten zu einem totalen Durchstrukturieren einer Veranstaltung mittels Übungen – ohne Luft für den Prozeß zu lassen ..." (Antons-Volmerg 1989,
S. 122).

Parallel zu dieser Entwicklung kamen zu den klassischen gruppendynamischen Übungen[8] solche aus anderen Arbeitsfeldern, v.a. aus dem
Bereich der Gruppenpsychotherapie und der körperorientierten Therapien
hinzu.

Mit der zunehmenden Orientierung am Gruppenprozeß auch innerhalb der
Ausbildung der Trainer/innen nahm die Bedeutung der Übungen als Not-
anker in schwierigen Situationen ab und sie verschwanden immer mehr aus
den Trainingsveranstaltungen:

„Das ursprüngliche, sozialpsychologische Lernziel – zu lernen, wie sich   Bedeutungsverlust von
Mensch in Gruppe verhält – ist heute unattraktiv geworden ... Und für dieses   Übungen
Ziel sind Übungen ein geeignetes Interventionsinstrument. – Heute divergie-
ren die Lernziele auf der einen Seite in Richtung persönliches Wachstum –
und da verbindet sich die Gruppendynamik mit den Richtungen der Humanistischen Psychologie, die die Person, nicht das Interesse am System Gruppe
in den Vordergrund stellt. ... Auf der anderen Seite steht der Einsatz der
Gruppendynamik für Innovationsprozesse in Organisationen. Und da passen
eventuell noch Planspiele rein, aber kaum noch Übungen – denn auch hier
geht es nicht primär um das Verstehen von Kleingruppenprozessen, sondern
um das Eingreifen in die Organisationsdynamik" (Antons-Volmerg 1989, S.
127).

> Antons-Volmerg, der Autor der nahezu klassischen Zusammenstellung gruppen-
> dynamischer Übungen (Antons 1973 usw.), betont 1989, daß die Ausbildungs-
> kandidaten/innen des DAGG heute kaum noch mit dem Gebrauch von Übun-
> gen vertraut sind, sondern von vornherein das anspruchsvollere Arbeiten mit
> und an dem Prozeß der Gruppe erlernen. Und Ute Volmerg schreibt, daß sie
> auch nach dem Abschluß ihrer Trainerinnenausbildung die Standardübungen
> aus den Anfängen der Gruppendynamik nur vom Hörensagen oder aus der
> Literatur kennt (1989).

Ganz aufgegeben wurden Übungen als Mittel der Intervention jedoch nicht
– nach wie vo ist die Übung konstituierender Bestandteil von Lernprozessen
in den verschiedenen Verfahren der angewandten Gruppendynamik. Die
Frage ihrer Indikation wird allerdings systematischer behandelt. So stellt

---

[8] meist solche, die aus den sozialpsychologischen Experimenten in der Nach-
folge Lewins stammten; Antons-Volmerg (1989, S. 124) nennt „Alte Frau
– Junge Frau", Einweg-Zweiweg-Kommunikation, Quadrate-Übung,
Prisoner's Dilemma und das Asch-Experiment.

Fengler (1989, S. 141-153) Gründe für (und gegen) ihre Verwendung zusammen, die sich an Trainingsform, Lehr- und Lernzielen, Gruppenprozeß, Kompetenz der Durchführenden und Konsequenzen der Durchführung orientieren.

1. Lernziel ist die Vermittlung *instrumentellen gruppendynamischen Wissens*. In diesem Fall wird eine Übung etwa deshalb durchgeführt, damit Gruppenleiter sie und ihre möglichen oder wahrscheinlichen Auswirkungen in der Praxis und am eigenen Leibe erfahren. Dies ist sicher die beste Möglichkeit, herauszufinden, was ich als Trainer/in oder Gruppenleiter/in den Teilnehmern etwa an Belastung zumute, wenn ich ihnen diese Übung vorschlage.

2. Die Übung fokussiert auf ein Ereignis, eine Situation, auf einen Prozeßbestandteil usw., der ohne sie nicht verdeutlicht werden kann und verloren ginge. Das kann etwa ein Paarinterview zu Trainingserwartungen zu Beginn einer Veranstaltung sein, oder eine Übung, die auf das Verhältnis der Geschlechter zueinander fokussiert, wenn dies im Gruppenprozeß als Thema anklingt.

3. Die Übung fügt sich in den Gruppenprozeß ein, d.h. sie greift etwas auf oder führt etwas fort, was sich in diesem andeutet oder was fällig ist.

4. Die Übung verdeutlicht notwendige, von der Gruppe aber verleugnete oder vernachlässigte Aspekte des Geschehens, die ohne die Übung nicht thematisiert werden könnten. In diesem Sinne kann sie durchaus auch bewußt gegen vorhandene Tendenzen eingesetzt werden.

5. Durch die Übung kann eine unproduktive Blockierung rasch und ökonomisch behoben werden, ohne die Gründe für diese Schwierigkeit unter den Teppich zu kehren (z.B. wenn Schweigen zu Apathie zu führen droht).

6. Die Übung ermöglicht eine Konfliktklärung, die ohne sie nicht möglich wäre. Das kann z.B. für das Einüben bestimmter klärender Gesprächsweisen in Konfliktsituationen gelten.

7. Die Übung führt zu universellen menschlichen Erfahrungen, für die in der Gruppe der Boden bereitet ist, etwa durch ritualisierte Formen des Ausprechens ungeklärter bzw. unerledigter Beziehungsgeschäfte in der Abschiedsrunde.

8. Unter mehreren möglichen Übungen ist diejenige indiziert, die näher an der Alltagsrealität der Teilnehmer ansetzt.

9. Der Einsatz einer gruppendynamischen Übung soll ein ernsthaftes und nachvollziehbares Lernziel haben, die Übung soll Neuigkeitswert besitzen und schlüssig aufgebaut sein.

10. Eine Übung ist dann angebracht, wenn die Teilnehmer/innen sie gern durchführen.

11. Eine Übung ist dann sinnvoll, wenn jemand mit einer Gruppe arbeiten soll, aber prozeßorientiertes Vorgehen nicht beherrscht. In diesem Fall mag die Einführung von Übungen das kleinere Übel darstellen.

12. Übungen sind indiziert, wenn in fremden oder sehr großen Gruppen in kurzer Zeit etwas verdeutlicht werden soll, der Gruppenleiter der (fast) einzige gemeinsame Bezugspunkt ist und eher allgemeine, reduzierte Lernziele verfolgt werden, die in unmittelbarem Gespräch nicht erreichbar sind.

13. Schließlich ist der Einsatz gruppendynamischer Übungen dann sinnvoll, wenn der Seminarerfolg gegenüber einer vielleicht skeptischen Institution (Auftraggeber) sichergestellt werden muß und garantiert nichts schief gehen darf.

Sie sehen, daß der **Aufbau eines gruppendynamischen Trainings** weitgehend unter Zuhilfenahme von Übungen dieses einigermaßen voraussehbar und planbar macht und allen Beteiligten (Staff und Teilnehmern) Sicherheit geben kann. Es läßt zugleich aber kaum Raum für spontane Lernsituationen und Lernbedürfnisse, die nicht vorhersehbar sind.

Andererseits stellt die Orientierung am Prozeß des Laboratoriums eine komplexe und mit Unsicherheiten behaftete Angelegenheit dar; für die Entscheidung, ob, wann und wie er intervenieren, worauf er die Aufmerksamkeit der Gruppe richten soll, ob und wie er den ablaufenden Prozeß unterbrechen oder beeinflussen soll, stehen dem/der Trainer(in) hier die Orientierungen zur Verfügung, die ich oben dargestellt habe. Ihr Einsatz setzt neben entsprechend fundierter Ausbildung viel Erfahrung voraus.

Deutlich wird aber auch, daß „Prozeßorientierung" oder „Strukturierung durch Übungen" nicht ein „Entweder-Oder" darstellen muß. Auch bei einer weitgehenden Orientierung am Prozeß ist der gezielte Einsatz von Übungen möglich und sinnvoll.

3.4.3 Zusammenfassung

Intervention in der angewandten Gruppendynamik ist eine bewußte und gezielte Einflußnahme durch Trainer oder Trainerin, um einen Gruppenprozeß in Gang zu setzen, zu verändern oder auf Wahrnehmung bzw. Verhalten von Gruppenmitgliedern einzuwirken. Ein solcher Eingriff orientiert sich in seiner Zielsetzung und seiner Art unter anderem an Aufbau und übergreifenden Zielen des Laboratoriums, am gegenwärtigen Stand des Gruppenprozesses, an den Voraussetzungen und dem Lernstand der Teilnehmer, an der Bedeutung des Ereignisses oder Themas, welches Anlaß für die Intervention ist, und natürlich auch an den Voraussetzungen, Fähigkeiten und Erfahrungen des Trainers. Dabei ist die Entscheidung, ob und wie interveniert werden soll, eine hochkomplexe Aufgabe.

Eine wichtige Rolle spielt dabei, inwieweit das vorgesehene Trainingskonzept eine Orientierung am – sich entwickelnden und daher langfristig kaum vorhersehbaren – Prozeß der Gruppe erfordert. Eine überwiegende Prozeßorientierung erfordert das präzise Erkennen solcher Verläufe sowie das Wissen um mögliche Einflußnahmen und deren wahrscheinliche Konsequenzen, die schließlich an den Lernzielen des Laboratoriums zu messen sind.

Prozeßorientierung schließt den Einsatz von Übungen als gezielte Intervention nicht aus, ebenso wie der Einsatz von Übungen durchaus wichtige Gruppenprozesse in Gang setzen kann. Allerdings ist eine völlige Durchstrukturierung einer Trainingsveranstaltungen durch Übungen nur in Ausnahmefällen sinnvoll und nimmt die Möglichkeit, den Verlauf des Gruppenprozesses als Lerngegenstand zu nutzen. Auch der Transfer der Erfahrungen auf Situationen außerhalb der Veranstaltung ist erschwert; schließlich weist eine übungszentrierte Gruppe noch weniger Gemeinsamkeiten mit den Gruppen unseres Alltages auf als dies bei einer prozeßorientierten Gruppe schon der Fall ist.

3.5 Gruppendynamische Interventionsmethoden

3.5.1 Feedback

Erst wenn ich die Antwort höre, weiß ich, was ich wirklich gesagt habe.[9]

Als die erste und grundlegende Methode des gruppendynamischen Trainings gilt das Geben und Nehmen von Feedback über das gezeigte und wahrgenommene Verhalten. Diese Einschätzung wird sowohl von Teilnehmern (vgl. Liebermann, Yalom und Miles 1973, S. 361) als auch von Trainern geäußert. Fengler spricht sogar davon, daß Feedback in der Gruppendynamik ähnliche Bedeutung habe, wie die Deutung von Traum und Fehlleistung in der Psychoanalyse (1975, S. 25). Auch für Trainingsformen, in denen es eher um Gruppenbildung, Führungsfunktionen, Rollendifferenzierung usw. geht, wird explizites Feedback als eine der förderlichen Bedingungen für den Lernprozeß angesehen (vgl. z.B. Sbandi 1981, S. 198). Das gilt auch für moderne Formen der angewandten Gruppendynamik, wie etwa der Organisationsentwicklung (vgl. z.B. Comelli 1985; Schrader, Gottschall & Runge 1984). Es gibt allerdings auch Untersuchungsergebnisse, die hinsichtlich der Wirksamkeit von Feedback ein uneinheitliches Bild erzeugen und die seine absolute und zentrale Stellung als Methode, um Verhaltensänderungen einzuleiten, relativieren: „There's more to learning than feedback" (Liebermann, Yalom & Miles 1973, S 423).

Bedeutung von Feedback

Der Begriff Feedback oder Rückkoppelung entstammt der Kybernetik[10] und bedeutet im allgemeinsten Sinne, daß das, was von einem System an Wirkungen auf seine Umwelt ausgeübt wird, auch Rückwirkungen auf das System selbst hat. In der Kybernetik spricht man von Feedback, wenn die Änderung einer Ausgangsgröße eines Systems auf eigene Eingangsgrößen oder auf die Eingangsgrößen eines anderen Systems zurückwirken. In diesem Sinne beeinflussen, kontrollieren sich die Teile eines Systems oder zwei beteiligte Systeme gegenseitig. Im zwischenmenschlichen Kontext besteht Feedback in der Rückmeldung darüber, wie das Verhalten vom Gegenüber wahrgenommen und interpretiert wurde und welche Wirkungen es bei diesem hat.

Grundsätzlich kann man zwei Hauptformen des Feedback unterscheiden: die kompensierende und die kumulative Rückkoppelung.

---

[9] Diese Äußerung wird dem im folgenden erwähnten N. Wiener zugeschrieben. Selbst wenn er sie nicht getan haben sollte, ist sie doch wenigstens gut erfunden.

[10] Theorie der Steuerungs- und Regelungsprozesse in informationsverarbeitenden (belebten oder unbelebten) Systemen, wobei von deren physikalischen, physiologischen, soziologischen oder psychologischen Besonderheiten abstrahiert wird. Der Begriff *Kybernetik* geht auf das griechische *kybernetike-techne* = Steuermannskunst) zurück. In seiner heute gebräuchlichen Bedeutung wurde er von dem amerikanischen Mathematiker Norbert Wiener in den vierziger Jahren geprägt (vgl. Wiener 1968).

○ Im Falle der *kompensierenden Rückkoppelung* tragen die Rückwirkungen dazu bei, die bestehende Situation bzw. das Gleichgewicht im oder zwischen den Systemen aufrechtzuerhalten. Im technischen Bereich ist das bekannteste Beispiel wohl das des Thermostaten an einer Heizung oder im Kühlschrank. Hier führen Temperaturveränderungen dazu, daß Kühl- oder Heizaggregate ein- bzw. ausgeschaltet werden, so daß die gewählte Temperatur bestehen bleibt.

○ Beim *kumulativen Feedback* führen die Rückwirkungen dazu, Abweichungen vom vorhandenen Zustand noch weiter zu vergrößern. Sie kennen dies aus Situationen, in denen streitende Parteien sich gegenseitig „aufschaukeln": die Wahrnehmung der Aggressivität des Gegenüber steigert die eigene Aggressivität, und diese wiederum macht das Gegenüber noch aggressiver ....

Als *sozialpsychologisches* Konzept steht Feedback in engem Zusammenhang mit der Entwicklung des gruppendynamischen Laboratoriums, wo frühzeitig die kommunikationsregulierende Funktion von Rückmeldungen erkannt wurde – Sie erinnern sich an die Ereignisse auf dem Connecticut-Seminar, die ich im 1. Kapitel geschildert habe. Dabei wurde auch deutlich, daß in der Wirkung von explizit gegebenem Feedback und den impliziten Rückmeldungen, die durch Analogiekommunikationen nichtintentional zustandekommen, wichtige Unterschiede bestehen. Besonders wichtig ist dabei die Eindeutigkeit ausdrücklich gegebenen, sprachlich vermittelten Feedbacks.

Speziell im Hinblick auf die Verwendung im Rahmen der angewandten Gruppendynamik geben Bradford, Gibb und Benne (1972, S. 45) die folgende Begriffsbestimmung:

> „Feedback bezeichnet ... die von anderen auf eine ‚Verhaltenseinheit' abgegebenen verbalen und non-verbalen Reaktionen, die zeitlich so eng wie möglich an das Verhalten anschließen und die von dem Individuum, von dem das Verhalten ausging, wahrgenommen und genutzt werden können. Feedback kann im Hinblick auf das ursprüngliche Verhalten eine Validierungsfunktion erfüllen. Es kann zur Steuerung und Orientierung des anschließenden Verhaltens dienen. Ebenso kann es zu Veränderungen in Verhalten, Gefühlen, Einstellungen, Wahrnehmungen und Kenntnissen des Verhaltensinitiators stimulieren."

Nach Sbandi (1973, S. 90) kann Feedback sowohl verbal als auch nonverbal, informell oder formell (z.B. durch Fragebögen), spontan oder geplant, absichtlich oder nicht absichtlich gegeben werden: jede von anderen wahrnehmbare Äußerung kann Feedback darstellen. Gelegentlich wird der Feedback-Begriff jedoch auf *bewußte und verbale* Rückmeldung beschränkt (z.B. Lehmenkühler, Roscher & Theis 1976, S. 93). Für die Analyse und Erklärung von Kommunikationsprozessen ist dieser Ausschluß der nicht-verbalen und nicht-intentionalen Anteile aus dem Feedback-Begriff sicher nicht sinnvoll. Er macht jedoch im Bereich der angewandten Gruppendynamik insofern einen Sinn, als hiermit eine spezifische gruppendynamische Methode gemeint ist.

Im Bereich der angewandten Gruppendynamik verstehen wir also unter Feedback eine explizite und in der Regel verbale Rückmeldung vom Rezipienten an den Kommunikator, die diesem Aufschluß über die Aufnahme und Interpretation sowie die Wirkung von Kommunikationsvorgängen gibt.

Definition

Zu den regelmäßigen Entwicklungs- und Lernprozessen einer Gruppe in einem gruppendynamischen Laboratorium gehört die Ausbildung einer Gruppennorm, die offenes und „experimentierendes" Verhalten und das Erteilen von Feedback über solches Verhalten und seine Konsequenzen ermutigt. Experimentierendes Verhalten und das dazugehörende Feedback ermöglicht die Erweiterung des Repertoires der Mitgliedschaftsfertigkeiten der einzelnen. Im Verlaufe dieses Prozesses versuchen die Gruppenmitglieder zunehmend, ihre Wahrnehmung des Geschehens auf Übereinstimmung zu prüfen und entwickeln die Bereitschaft, ihr eigenes Verhalten, das der anderen und das der Gruppe genauer zu erkunden. So entwickeln sie die Bereitschaft, Feedback entgegenzunehmen und Feedback zu geben. Dabei stellen sie fest, daß Gefühle und Wahrnehmungen wichtige Informationen für die Veränderung des Verhaltens von einzelnen und von Gruppen bedeuten und das Verbesserungen nur möglich sind, wenn solche Informationen gegeben, aufgenommen und geprüft werden.

Feedback impliziert nicht nur, daß verstanden wird, was gesagt wird. Darüber hinaus ist es wesentlich, daß der Feedback-Empfänger das Gesagte produktiv nutzen kann, etwa um einen neuen Gedanken, eine neue Perspektive oder ein verändertes Verhalten, aber auch eine Bestätigung für sich daraus abzuleiten. Nach Lewin verläuft der Prozeß sozialen Lernens umso besser, je vollständiger und angemessener das Feedback ist, das der Lernende aus seinem sozialen Umfeld auf sein Verhalten hin erhält.

Es ist offensichtlich, daß gelungenes Feedback eine gute Methode zur Überprüfung von Kodierungs-, Übermittlungs- und Dekodierungsvorgängen und somit zur Aufdeckung etwaiger Kommunikationsstörungen sein kann. Mit seiner Hilfe können wir überprüfen, ob das Ergebnis einer Mitteilung dem entspricht, was wir beabsichtigten bzw. wenn nicht, woran dies liegen kann.

Rückmeldungen über Kommunikationsvorgänge erhalten wir in unserem Alltag in der Regel nicht direkt und ausdrücklich, sondern wir entnehmen sie den Analogkommunikationen. Wir bekommen und holen uns ständig Rückmeldung, um unser Verhalten zu orientieren und zu organisieren, und wir geben anderen ständig Rückmeldung. Wir verhalten uns, reagieren auf andere - und dies wird von unserem Gegenüber als Feedback interpretiert.

indirektes Feedback

Dieses „indirekte" Feedback kann sich vor allem in problematischen und komplexen sozialen Situationen als unzureichend erweisen; so kann es z.B. geschehen, daß

○ ein Verhalten gar kein Feedback darstellt, sondern ein Ausdruck innerer Vorgänge des Gegenübers sind, die mit meinem Verhalten nicht zusammenhängen;

○ man ein etwas als Rückmeldung zu einem Verhalten auffaßt, was sich tatsächlich auf anderes Verhalten bezieht – etwa nicht auf den Inhalt meiner Äußerung, sondern auf die Art und Weise, wie ich spreche;

○ beabsichtigte (oder unbeabsichtigte) Rückmeldungen nicht als solche wahrgenommen werden – etwa Schweigen nicht als Ablehnung des eigenen Redeflusses gedeutet wird;

○ Feedback falsch interpretiert wird – etwa Lächeln als Ironie statt als Zuwendung und Zustimmung.

(vgl. Lehmenkühler, Roscher & Theis 1973, S. 87)

Hinzu kommt, daß Rückmeldung in unserer Gesellschaft in den meisten Fällen als ungewöhnlich, ungebührlich, unhöflich oder gar als Tabu gilt. Daher erfolgt Feedback meist in indirekter Form: statt zu sagen „das, was du erzählst, interessiert mich nicht", hören wir nicht zu und fangen möglichst bald ein anderes Thema an. Derartiges *indirektes* Feedback wirkt sehr häufig destruktiv auf die Beziehungen zwischen den Kommunikationspartnern. Oft wird Feedback gar nicht gegeben, aus Angst, zu verletzen, zu beleidigen, oder ,weil man es nicht tut'. Die Folge ist, daß wir über unser eigenes Verhalten und darüber, wie es von anderen wahrgenommen wird, und wie es auf diese wirkt, wenig wissen.

> Angenommen, jemand erlebt häufiger die Situation, daß andere Menschen desinteressiert und gelangweilt erscheinen, wenn er (oder sie) anfängt zu reden. Diese analoge Mitteilung ,Du langweilst mich' kann sehr verschieden interpretiert werden: sie kann auf das Aussehen bezogen werden, sie kann bedeuten, daß die anderen von den Kenntnissen des Sprechers nichts halten, man könnte auch daraus schließen, ,die anderen mögen mich einfach nicht' usw. Daß es tatsächlich daran liegt, daß sich der Betroffene einfach ständig wiederholt, wird er u.U. nie erfahren, wenn ihm nicht ein ausdrückliches und eindeutiges Feedback gegeben wird.

Zur Überprüfung und Veränderung des eigenen sozialen Verhaltens brauchen wir gezielte und offene Rückmeldungen. Im Alltag erhalten wir solche Feedbacks in der Regel nur dann, wenn wir uns streiten. Das ist eine ungünstige Voraussetzung dafür, aus ihnen etwas zu lernen, denn sie sind dann oft überspitzt, mit Vorwürfen verbunden oder als Angriff vorgetragen, meist jedenfalls sind wir in einer solchen Auseinandersetzung nicht bereit, Feedback entgegenzunehmen und zu prüfen.

Dennoch ist indirektes Feedback in den meisten Situationen des Alltags durchaus hinreichend zur Regulation der Kommunikationsprozesse. In schwierigen Situationen kann es aber auch zu Mißverständnissen führen. Reaktionen werden u.U. falsch interpretiert: der andere ist nicht ärgerlich, sondern engagiert; wir beziehen sie auf uns, obwohl sie durch andere Ereignisse hervorgerufen werden, oder wir erkennen nicht, auf welche unserer Verhaltensweisen eine ablehnende Reaktion zurückgeht.

In erfolgreich arbeitenden Teams findet man daher eine relativ hohe Rate an Rückmeldungen – entweder durch eindeutige Analogiekommunikation wie zustimmendes Nicken, oder auch durch ausdrückliches explizites Feedback.

Nun ist – wie Sie sich sicher denken können – Feedback nicht immer und nicht in jeder Form angebracht. Die Erfahrung mit Kommunikationstrainings hat eine ganze Reihe von Regeln erbracht, die konstruktive Rückmeldungen ermöglichen. Die wichtigsten davon finden Sie im folgenden erläutert[11].

1. Feedback soll möglichst erbeten sein. Aufgezwungene unerwünschte Rückmeldungen erzeugen oft neue Probleme auf der Beziehungsebene. Bitten Sie selbst hin und wieder um Feedback, z.B. „Ich würde gern wissen, wie das, was ich gesagt habe, bei Ihnen angekommen ist." Wenn Sie selbst ein Feedback geben möchten – stellen Sie möglichst sicher, daß es willkommen ist. Allerdings kann auch ein unerbetenes Feedback klärend wirken: „Ich muß sagen, daß mich die häufigen Unterbrechungen ziemlich stören."

    Feedback-Regeln

2. Feedback soll etwas beschreiben, nicht den anderen bewerten oder interpretieren. Statt „Es interessiert dich doch gar nicht, was wir anderen dazu denken" vielleicht „Du sprichst sehr viel über das, was du denkst, und ich komme gar nicht so recht dazu, meine Meinung zu erläutern."

3. Feedback soll konkret sein und nicht verallgemeinern. Nicht „Du bist ein ziemlich dominanter Typ.", sondern „Du hast mich jetzt zum dritten Mal unterbrochen."

4. Feedback soll sich auf etwas beziehen, was veränderbar ist. Es ist z.B. sinnvoll, einen Redner zu bitten, lauter zu sprechen, nicht aber, sein Lispeln zu unterlassen.

5. Feedback soll gegenseitiges Verstehen sicherstellen. „Ich habe das so und so verstanden. Meinten Sie das?"

6. Feedback soll auch positiv verlaufende Kommunikation hervorheben. „Ich finde, das ist eine klare und hilfreiche Analyse der Sachlage."

---

[11] Eine umfangreiche Aufstellung von Regeln für den Umgang mit Feedback finden Sie z.B. bei Schrader, Gottschall & Runge (1984, S 145-151) sowie bei Schwäbisch und Siems (1974, S. 69-71).

7. Feedback soll dazu dienen, die Kommunikation zu verbessern. Wer es benutzt, um sich selbst in ein gutes Licht zu rücken oder andere zu verletzen, betreibt Mißbrauch und diskreditiert das Instrument der Rückmeldung.

Der angemessene Einsatz von Feedback erfordert vor allen Dingen in kritischen Kommunikationssituationen viel Gefühl für die Gesamtsituation und viel Rücksichtnahme auf die Situation der Beteiligten. Es stellt insofern hohe Anforderungen an die Kommunikationspartner. Im gruppendynamischen Laboratorium ist Geben und Nehmen von Feedback daher zunächst ein intensiver Bereich des Lernens und Übens, bevor es als Mittel zur Optimierung von Kommunikations- und Verhaltensprozessen eingesetzt werden kann.

Wirkung von Feedback

Bei einer genauen Betrachtung des Feedbacks, der ihm zugeschriebenen Wirkungsweise und der Bedingung, unter denen diese Wirkung zustandekommen soll, wird Ihnen vielleicht auffallen, daß diesen Vorstellungen ein lerntheoretisches Konzept zugrundeliegt. Es fällt leicht, die Wirkung von Feedback mit Begriffen wie *Verstärkung* und *Löschung* zu beschreiben und auch die Empfehlung Feedback in möglichst großer zeitlicher Nähe zu dem gemeinten Verhalten zu geben, erinnert an Verstärkungsmodelle. So nennen denn Bradford, Gibb und Benne (1972, 45) auch den Begriff der Verstärkung (reinforcement) als einen derjenigen, die für die im gruppendynamischen Laboratorium stattfindenden Veränderungen am nützlichsten sind. So wird positives, zustimmendes Feedback als positives Reinforcement aufgefaßt: „… funktionales Gruppenverhalten wird verstärkt …" (Lutz & Ronellenfitsch 1971, 53).

Feedback und Lerntheorie

Auf den ersten Blick hat das Feedback-Prinzip also sehr viel Ähnlichkeit mit dem Prinzip der Verstärkung. Abgesehen davon aber, daß Feedbacks sehr viel komplexer sind als die beim operanten Konditionieren in der Regel verwendeten Belohnungen bzw. Bestrafungen, gibt es weitere Unterschiede. So soll Feedback etwa Einsicht in Verhalten und seine Folgen vermitteln, während beim operanten Konditionieren gezielte Verhaltensänderungen im Vordergrund stehen und Einsicht eher als Nebenprodukt entstehen kann. Anders als hier wird daher im Feedback-Prozeß hoher Wert auf die Entscheidung des Feedback-Empfängers gelegt, sich zu ändern oder auch, sich nicht zu verändern.

Dennoch ist der lerntheoretische Aspekt für das Verstehen dieser Verfahrensweise der angewandten Gruppendynamik wichtig und auch eine gewisse Skepsis gegenüber dem Ziel der Wertfreiheit eines Feedbacks ist angebracht. Allein die Tatsache, daß Feedback auf *dieses* Verhalten (und nicht auf irgendein anderes) gegeben wird, stellt bereits eine Bewertung dar; es gibt ihm nach dem Figur-Grundprinzip eine besondere Wertigkeit und verweist als soziale Interaktion auch auf soziale Bewertungsprozesse.

Der effektive Einsatz von Feedback setzt eine Klima mit einem Mindestmaß an gegenseitiger Unterstützung voraus. Wo interpersonales Feedback der Entstehung eines solchen Klimas vorausgeht, wird es Mißtrauen und Zurückhaltung eher verstärken. In einem gruppendynamischen Laboratorium entmutigen die Trainer im allgemeinen ein zu frühes persönliches Feedback.

Als gruppendynamisches Verfahren wird Feedback besonders durch die Trainer gefördert, indem sie die Gruppe mit den verschiedenen Aspekten und Wirkungen des von ihnen wahrgenommenen Verhaltens konfrontieren.

„Es ist ganz sicher eine der Trainer-Funktionen, innerhalb und außerhalb der TG feedback zu geben. Er tut es, indem er auf die Schwierigkeit verbal hinweist, die die Gruppe auch fühlt, aber nicht imstande ist zu verbalisieren. Darüber hinaus kann der Trainer der Gruppe helfen, indem er durch sein Verhalten Modelle für das feedback bildet. Die Gruppe kann mit Recht diese Funktion vom Trainer verlangen. Zugleich prüft sie, ob seine Interventionen treffend sind, ein Vorgang, der für die Lösung des sogenannten Trainerproblems auch behilflich sein kann" (Sbandi 1973, S. 90).

Dies geschieht zunächst einfach situationsbezogen. Regeln für förderliches oder hinderliches Feedback werden erst später eingebracht.

In sog. instrumentierten Laboratorien wird Feedback nicht nur als spontane oder strukturierte persönliche Rückmeldung von Gruppenmitgliedern eingesetzt, sondern zusätzlich durch einen Satz von Skalen und Meßinstrumenten unterstützt, die dazu dienen, Merkmale des Gruppenhandelns und des individuellen Handelns zu erfassen. Dabei handelt es sich im wesentlichen um Schätz-(Rating-)Skalen, Merkmalslisten und Rangskalen.

formalisiertes Feedback

○ Rating-Skalen ermöglichen die quantitative Einschätzung von Merkmalen und Ereignissen innerhalb der Gruppe, etwa Ausmaß gegenseitiger Unterstützung, Kooperationsfähigkeit usw.

○ Mit Hilfe von Merkmalslisten werden Verfahren der Entscheidungsfindung, Begriffe zur Beschreibung des Gruppenklimas usw. bestimmt.

○ Rangeinstufungen ermöglichen den Vergleich der Gruppenmitglieder hinsichtlich eines bestimmten Aspektes ihres Verhaltens – etwa Führung – z.B. zwischen den Polen „am meisten" und „am wenigsten". Häufig werden solche Einstufungen sowohl als Selbst- als auch als Fremdeinschätzung durchgeführt, um so Unterschiede zwischen Selbstwahrnehmung und Wahrnehmung durch andere thematisieren zu können.

Faktisch beruht somit ein instrumentiertes Laboratorium auf einem Aktionsforschungsansatz: die Gruppenmitglieder sind aktiv in das Sammeln, Auswerten und Interpretieren von – sie selbst betreffenden – Daten einbezogen.

Übungsaufgabe 24

Bitte betrachten Sie einmal die Rückmeldungsprozesse in einer für Sie bedeutsamen Gruppe Ihres beruflichen oder privaten Alltags und schätzen Sie diese anhand der folgenden Skala ein.

	sehr häufig	manch-mal	selten
Wie häufig wird *explizites* Feedback gegeben?	☐	☐	☐
Wie häufig wird *indirektes* Feedback gegeben?	☐	☐	☐
Werden Rückmeldungen *aufgezwungen*?	☐	☐	☐
Sind Rückmeldungen *verallgemeinernd*?	☐	☐	☐
Wie häufig gibt es *zustimmendes, positives* Feedback?	☐	☐	☐
... wie häufig *kritisches, negatives* Feedback?	☐	☐	☐
Beziehen sich die Rückmeldungen auf *veränderbare* Vorgänge oder Verhaltensweisen?	☐	☐	☐
Wie oft *geben* Sie selbst Rückmeldungen?	☐	☐	☐
Wie oft *erhalten* Sie selbst Feedback?	☐	☐	☐
Wünschen Sie sich gelegentlich *mehr* Feedback?	☐	☐	☐

3.5.2 Metakommunikation

Unter Metakommunikation werden im Bereich der angewandten Gruppendynamik Aussagen über Aspekte eines Kommunikationsprozesses, etwa über Inhalte, Strukturen, Kommunikationsstile usw. verstanden.

Möglicherweise kommt Ihnen an dieser Stelle der Gedanke, daß hier eine gewisse Verwandschaft mit dem Begriff ‚Feedback' vorliegt. Das ist durchaus zutreffend, denn Feedback bezieht sich ja auf Verhaltensweisen[12] des jeweiligen Gegenüber. Insofern kann Feedback als der Teil der Metakommunikation aufgefaßt werden, der das Handeln einzelner Personen betrifft und an diese Personen gerichtet ist. Es wäre dann in der Tat eine ‚Teilmenge' der Metakommunikation (vgl. Sader 1976, S. 100).

---

[12] Es bezieht sich in der Definition von Watzlawick, Beavin und Jackson also auf Kommunikation.

In der Kommunikationstheorie von Watzlawick, Beavin und Jackson (1969) ist der Begriff der Metakommunikation praktisch mit dem des Beziehungsaspektes identisch. Auch das Vier-Seiten-Modell von Schulz von Thun enthält eine ähnliche Vorstellung. Demnach ist eine **Kommunikation**[14] **ohne gleichzeitige Metakommunikation undenkbar.** Eine solche weite Auffassung von Metakommunikation ist sicher geeignet, auf wichtige Aspekte des zwischenmenschlichen Geschehens aufmerksam zu machen. Für einen bewußten Umgang mit ‚Kommunikation über Kommunikation' mit dem Ziel, Reibungen und Störungen aufzudecken, erscheint eine engere Begriffsbestimmung jedoch sinnvoller. So bietet sich für die Lernprozesse im gruppendynamischen Laboratorium an, nur die *intendierte und explizite* Kommunikation über Kommunikation als Metakommunikation zu bezeichnen.

Im engeren Sinne läßt sich feststellen - und so möchte ich den Begriff im weiteren verwenden:

Metakommunikation besteht in explizite *und* intentionalen *Äußerungen über bestimmte Aspekte eines abgelaufenen Kommunikationsprozesses oder über situationsübergreifende Kommunikationsstile.*

Definition von Metakommunikation

Wie eine Metakommunikation aussehen kann, die sich auf Inhalte eines Kommunikationsprozesses bezieht, zeigt das folgende Beispiel:

In einer Besprechung hat sich zwischen zwei Teilnehmern eine Auseinandersetzung über einen Teilaspekt des Sitzungsthemas entwickelt, die schon über einige Zeit andauert. Die übrigen Sitzungsteilnehmer beteiligen sich gar nicht oder nur sehr einsilbig. Einer der beiden Hauptbeteiligten bemerkt dies nach einer Weile und leitet eine Metakommunikation ein:

A: „Die Diskussion ist ziemlich einseitig geworden. Ich sehe, daß nur wir beide uns hierzu äußern. Die anderen schweigen, und mir ist nicht ganz klar, was das bedeutet. Hören Sie interessiert zu oder langweilen Sie sich?"

Ein(e) weitere(r) Teilnehmer(in): „Ich finde das Gespräch im Moment nicht besonders fruchtbar. Für mich ist diese Frage wenig interessant, und ich finde, wir sollten sie hier nicht weiter ausbreiten."

Auch auf übergreifende Kommunikationsstrukturen kann metakommunikativ Bezug genommen und verändernd eingewirkt werden:

„Mir ist aufgefallen, daß unsere Besprechung oft ziemlich gereizt ablaufen. Ich möchte gern wissen, ob die anderen das auch so sehen, und wenn ja, dann versuchen herauszufinden, woran das liegen kann und was wir daran ändern können."

---

[13] In jeder Mitteilung ist neben den Inhalten auch ein Hinweis daraufhin enthalten, wie der Sender diese verstanden haben möchte. Damit wird in gewisser Weise die Beziehung zwischen ihm und dem Empfänger definiert.

[14] in unmittelbar zwischenmenschlichen Situationen – dies ist in der dort gegebenen Definition enthalten.

Möglicherweise führt eine solche Kommunikation über Kommunikation dann zu der Erkenntnis, daß Besprechungen häufig unter Zeitdruck stattfinden, den man durch veränderte Terminwahl vermindern kann (natürlich gibt es eine Vielzahl anderer möglicher Ursachen für die Gereiztheit).

Obwohl Metakommunikation im sozialen Bereich eine wichtige Rolle spielt, wird sie im Zusammenhang mit angewandter Gruppendynamik eher selten ausdrücklich und auch dann nur knapp angesprochen. Als expliziten Lernbereich finden wir sie am ehesten in Kommunikations- und Verhaltenstrainings (vgl. z.B. Fittkau, Müller-Wolf & Schulz von Thun 1977, S. 11). Diese fehlende oder nebensächliche Behandlung liegt wohl darin begründet, daß ihre Funktionen in der Regel unter dem Stichwort Feedback subsumiert werden. Die Definition, die ich oben gegeben habe, zeigt aber, daß Metakommunikation über Feedback hinausgehen kann und insofern eine gesonderte Beachtung verdient.

Funktion vom
Metakommunikation

Die wichtigsten Funktionen von Metakommunikation sind im Vermeiden, Entdecken und Beheben von Störungen in aktuellen Kommunikationsabläufen oder überdauernden zwischenmenschlichen Beziehungen – dazu gehören auch Arbeitsbeziehungen! – sowie im Bewußtmachen und Verstärken positiver Kommunikationsweisen zu sehen. Zum Beispiel liegen viele der in Entscheidungsprozessen auftauchenden Schwierigkeiten darin, daß unklar ist, was als Zustimmung oder Ablehnung zu deuten ist – ist etwa

○ Schweigen = Zustimmung oder
○ Schweigen = Ablehnung oder
○ Schweigen = keine Ablehnung, und ist dies gleichbedeutend mit Zustimmung?

Dies gehört zu den Situationen, in denen Metakommunikation eine Klärung bringen kann, indem Einverständnis hergestellt wird, was ‚Zustimmung‘, ‚Ablehnung‘ und ‚Enthaltung‘ ist (vgl. Sader 1976, S 156).

Sie sehen, daß Metakommunikation – ebenso wie Feedback – keineswegs nur eine ‚Technik‘ für den Einsatz in der T-Gruppe oder dem gruppendynamischen Laboratorium ist, sondern durchaus ganz alltägliche Bedeutung besitzt.

Fehlende oder zu seltene Metakommunikation kann die Ursache dafür sein, daß

○ Sackgassen im Gespräch lange Zeit unentdeckt bleiben;

○ bestimmte Interessen nur deswegen durchgesetzt werden, weil andere Gesprächsteilnehmer durch den Gesprächsverlauf dazu gebracht wurden, ihre abweichenden Interessen nicht zu artikulieren;

○ durch Beziehungsdifferenzen Schwierigkeiten auf der Inhaltsebene entstehen – und umgekehrt Differenzen inhaltlicher Art zu Beziehungsproblemen führen;

○ sich ungünstige, dysfunktionale Kommunikationsweisen weiter verfestigen.

In der Folge kann sich die Kommunikation dann noch weiter verschlechtern, weil sie von vornherein auf Mißverständnissen und falschen Einschätzungen beruht (vgl. Mandel u.a. 1971).

Als Voraussetzung für den erfolgversprechenden Einsatz von Metakommunikation gelten – ähnlich wie beim Feedback – bestimmte Regeln Insbesondere ist wichtig, daß

Regeln für Metakommunikation

○ eine *Zeitbegrenzung* für die Metakommunikation vereinbart und eingehalten wird, etwa 10 min.;

○ vereinbart und unbedingt auch eingehalten wird, daß nicht mehr über die Inhalte, sondern nur *über den Ablauf* der Kommunikation gesprochen wird;

○ vereinbart wird, daß *keine Schuldzuweisungen* vorgenommen werden;

○ diese Regeln eingehalten werden; evtl. ist es angebracht, für den Zeitraum der Metakommunikation einen Gesprächsleiter zu bestimmen, der hierauf achtet.

Die Metakommunikation selbst sollte aus zwei Phasen bestehen:

Phasen der Metakommunikation

1. einer **Verlaufsanalyse**, in welcher es ausschließlich darum geht, wie die Kommunikation vonstatten ging und welche Art von positiven und störenden Elementen vorhanden waren. In ihr sollte *jeder* Teilnehmer die Fragen beantworten:

○ Was ist abgelaufen?

○ Womit war ich zufrieden?

○ Womit war ich unzufrieden?

○ Welche äußeren Bedingungen störten mich?

2. einer Phase, in welcher **Vereinbarungen** für die Zukunft getroffen werden:

○ Was möchten wir beim nächsten Mal wieder tun?

○ Was möchten wir beim nächsten Mal als Kommunikatoren anders machen?

○ Was möchten wir beim nächsten Mal als Zuhörer anders machen?

○ Gegebenenfalls: worauf soll ein Diskussions- oder Gesprächsleiter in Zukunft besonders achten?

Übungsaufgabe 25

Ebenso wie beim Feedback können Sie soziale Situationen Ihres Alltags auch hinsichtlich der Metakommunikation betrachten.

	sehr häufig	manch-mal	selten
Wie häufig gibt es *explizite* Metakommunikation?	☐	☐	☐
Machen Sie selbst metakommunikative Äußerungen?	☐	☐	☐
Ist die Metakommunikation hilfreich?	☐	☐	☐

Falls Ihnen die Metakommunikation in Ihren Alltagsgruppen unzureichend erscheint: Können Sie angeben, woran dies liegt ...

und welche Veränderungsmöglichkeiten Sie sehen?

3.5.3 Partnerzentrierte Kommunikation

3.5.3.1 Der „Kontrollierte Dialog"

Bereits bei der Besprechung von Feedback und Metakommunikation dürfte deutlich geworden sein, welche Rolle eine geschärfte soziale Wahrnehmung sowie die Fähigkeit und Bereitschaft zu genauem und präzisen Zuhören innerhalb des Trainingsprozesses und für viele Situationen des Alltags spielt. In verstärktem Maße gewinnt dies an Bedeutung bei der sog. partnerzentrierten Haltung.

Eine gute Übungsmöglichkeit hierzu bietet eine hochstrukturierte Kommunikationsübung, nämlich der kontrollierte Dialog.

> Aufgrund ihres hochstrukturierten und formalisierten Charakters erscheint diese Übung vielen Teilnehmern als sehr künstlich und wenig motivierend, wenn sie diese zum ersten Mal durchführen. Gerade der durch enge und strikte Regeln festgelegte Ablauf ist jedoch für den Übungseffekt maßgebend. Die Erfahrungen, die Sie machen können, wenn Sie diese Übung unter Beachtung der Regeln durchführen, werden Sie möglicherweise überraschen.

Die Erfahrung, die meist während des kontrollierten Dialoges gemacht wird, ist die, daß Verstehen und Verstandenwerden nicht so selbstverständlich ist, wie wir meist annehmen. Sie führt zu erhöhter Sensibilität gegenüber den Möglichkeiten des Mißverstehens und den Fehlern, die auf Seiten des Sprechenden und des Zuhörenden gemacht werden können.

Im kontrollierten Dialog überprüfen die Kommunikationspartner immer wieder, ob sie ihren Gesprächspartner richtig verstanden haben, indem sie dessen vorhergehende Aussage sinngemäß, aber *nicht wörtlich* wiederholen, und um Bestätigung dafür bitten, daß sie diese richtig und vollständig verstanden haben. Erst nach dieser Bestätigung dürfen sie selbst etwas sagen.

Funktion des kontrollierten Dialogs

Der kontrollierte Dialog wird meist in Dreiergruppen durchgeführt, in welchem zwei Personen über ein kontroverses Thema sprechen, während der/die dritte Teilnehmer(in) auf die Einhaltung der Regeln achtet und gegebenenfalls während des Dialoges auf diese hinweist. Die Beteiligten einigen sich über ein Thema, zu dem sie unterschiedlicher Meinung sind oder zu dem sie versuchsweise gegenteilige Standpunkte vertreten können. A beginnt mit einer Aussage, die eine Behauptung, Stellungnahme u.ä. darstellt. B muß nun zunächst den Inhalt dieses Satzes sinngemäß wiederholen und sich von A bestätigen lassen, daß er richtig verstanden hat und nichts ausgelassen, hinzugefügt oder verändert wurde. Falls nötig, wiederholt A seine Aussage noch einmal. Erst nach einer solchen Bestätigung antwortet B. Jetzt wiederholt A das Gehörte dem Sinn nach und läßt sich dies von B bestätigen … Das kann etwa folgendermaßen aussehen:

Durchführung

A: *Ich finde eine solche Gesprächsform furchtbar unrealistisch, sollen wir denn das überhaupt machen?*

B: *Du meinst, wir sollten diese Übung nicht machen, weil sie wenig mit der Wirklichkeit zu tun hat?*

A: *Stimmt.*

B: *Ich meine aber, daß es wohl sinnvoll sein kann, so etwas mal auszuprobieren und zu üben.*

A: *Du meinst also, daß sei gar nicht so unrealistisch?*

B: *Nein, das stimmt nicht. Was ich meine, ist, daß wir auch in einer künstlichen Situationen etwas Nützliches erfahren können.*

A: *Also eine künstliche Situation kann auch eine brauchbare Lernsituation sein, und deswegen sollten wir es mal probieren?*

B: *Ja.*

Zu Beginn ist es häufig schwierig, sich an diese Gesprächsform zu gewöhnen, und der Übungseffekt stellt sich erst nach einer gewissen Zeit ein, so daß der Dialog über zehn bis 15 Minuten geführt wird, bevor über seinen Verlauf gesprochen wird (Metakommunikation betrieben wird!) und die Partner einen Rollenwechsel vornehmen.

Aufgrund seines hochstrukturierten Verlaufes hat der kontrollierte Dialog ausgesprochenen Übungscharakter und wird sich nur in Ausnahmefällen für den Einsatz in alltäglichen Kommunikationssituationen eignen. Er ist jedoch eine gute Vorübung für die erste Stufe der partnerzentrierten Haltung, in welcher es darauf ankommt, so gut und präzise wie möglich zuzuhören und dieses Bemühen dem Gegenüber zu zeigen.

3.5.3.2 Passiv aufmerksames Zuhören

Definition

Unter aufmerksamem, jedoch passivem Zuhören verstehen wir die Tatsache, daß der Zuhörer seine Aufmerksamkeit so ungeteilt wie möglich auf den Sprecher, auf das, was er (verbal und nichtverbal) mitteilt und darauf, wie er dieses mitteilt. Diese Aufmerksamkeit bringt er zum Ausdruck, indem er Blickkontakt aufnimmt, sein Interesse durch seine Körperhaltung (,zugewandt sein' im Wortsinn!) und zustimmende oder zweifelnde Mimik, Gestik, Lautäußerungen wie „Hmhm", „aha" usw. deutlich macht. Auf diese Art und Weise macht er dem Sprecher deutlich, daß er dem, was gesagt wird, zuhört und Interesse daran hat.

Wahrscheinlich ist Ihnen aufgefallen, daß das, was ich hier beschreibe, zumindest teilweise mit dem identisch ist, was wir unter (nichtexplizitem) Feedback verstehen. In der Tat ist gutes Zuhören eine wichtige Voraussetzung für gelingendes Feedback.

Sie können sich vorstellen, daß solchermaßen signalisierte Aufmerksamkeit kommunikationsfördernd sein kann, indem sie das Formulieren von Mitteilungen fördert. Allerdings kommt sie auch schnell an ihre Grenzen: durch sie kann nämlich nicht sichergestellt werden, daß die Botschaft den Prozeß der Enkodierung, Übermittlung und Dekodierung unbeschadet überstanden hat. Auch Zusicherungen wie „ich habe verstanden" o.ä. können dies nicht leisten, denn sie geben keine Sicherheit darüber, ob der Empfänger wirklich das verstanden hat, was der Kommunikator sagen wollte, oder ob er das nur glaubt.

Funktion

3.5.3.3 Aktives Zuhören

Das aktive partnerzentrierte Zuhören geht daher noch einen Schritt weiter. Dabei bemüht sich der Rezipient darum, aktiv zu überprüfen, ob und wieweit er die Botschaft nicht nur gehört, sondern auch so verstanden hat wie sie gemeint war. Dies kann dadurch geschehen, daß an geeigneter Stelle das Verstandene vom Rezipienten wiedergegeben wird. Wichtig dabei ist, daß das Gesagte nicht einfach mit den gleichen Worten wiederholt wird, da dies allenfalls gutes Gehör und gutes Gedächtnis nachweist. Erst die zutreffende Wiedergabe mit eigenen Worten läßt auf wirkliches Verstehen schließen. Aus diesem Grunde bezeichnet man das aktive Zuhören auch als *Paraphrasieren*.

Definition

Unter aktivem Zuhören oder Paraphrasieren verstehen wir die Wiedergabe dessen, was die Dekodierung einer Mitteilung bei uns ergeben hat, und zwar mit unseren eigenen Worten. Paraphrasieren kann etwa folgendermaßen aussehen:

A: „Ich bin gegen eine vorzeitige Neuwahl des Vorstandes. Erstens kommt mir das etwas zu plötzlich und außerdem sehe ich den Sinn darin nicht."

B: „Sie denken, daß eine so wichtige Entscheidung mehr Zeit braucht, und außerdem sehen Sie keine überzeugenden Argumente. Deswegen wollen Sie einer Neuwahl zum gegenwärtigen Zeitpunkt nicht zustimmen. Habe ich das so richtig verstanden?"

Sie sehen, daß in diesem Kommunikationsverhalten das praktiziert wird, was im kontrollierten Dialog eingeübt werden kann, jedoch unter den Bedingungen eines ‚natürlichen', alltäglichen Gespräches. Paraphrasieren findet dann nicht nach jeder Äußerung statt, sondern in solchen Situationen, wo es besonders auf genaues gegenseitiges Verstehen ankommt.

Wichtig an einer Paraphrasierung ist weniger, daß diese exakt stimmt, sondern vielmehr, daß sie Gelegenheit zur Berichtigung oder Vervollständigung gibt. Oft werden durch diese Art des Zuhörens Mißverständnisse erst aufgedeckt, die anderenfalls gar nicht entdeckt worden und so zu ernsthaften Fehlerquellen geworden wären.

Funktion Aktiven Zuhörens ist in erster Linie geeignet, das *sachliche* Verständnis einer Botschaft zu überprüfen. Der aktive Zuhörer soll sich daher in seiner Paraphrase jeder Art von Stellungnahme, Wertung, Schlußfolgerung enthalten. Solche Reaktionen gehören in die eigentliche Antwort, die dann erfolgt, wenn gesichert ist, daß richtig verstanden wurde.

> Auch hier fällt Ihnen vermutlich wieder die Verwandschaft dieses Vorgehens zum Feedback auf und zur Metakommunikation auf.

Ich habe oben gesagt, daß es beim aktives Zuhören vor allem um den sachlichen Inhalt, also die Inhaltsebene der Kommunikation geht. Aus dem Wissen um das Zusammenspiel der Kommunikationsmodalitäten können Sie aber leicht ableiten, das dies nicht ohne Auswirkungen auf die Beziehungsebene der Kommunikationspartner bleiben wird. Echtes Bemühen um Verstehen beinhaltet eine sehr deutliche, positive Beziehungsdefinition, nämlich: „Ich bin sehr an dem interessiert, was du sagst und meinst.", und ist somit geeignet, auch auf dieser Ebene gute Voraussetzungen für erfolgreichen Austausch zu schaffen. Wichtig ist allerdings, daß dieses Bemühen auch als solches wahrgenommen wird; es kann daher gar nicht deutlich genug betont werden, daß sich der aktive Zuhörer bei seinen Paraphrasen wirklich aller Wertungen und Auswertungen enthält und diese erst dann vorbringt, wenn inhaltliches Verstehen gesichert ist.

> Selbstverständlich ist es nicht sinnvoll, auf jede Äußerungen auch gleich eine Paraphrase folgen zu lassen – das würde Kommunikation nicht optimieren, sondern langatmig und öde machen. Sinnvoll ist dies dann, wenn sachliches Verstehen in allen Details ganz besonders wichtig ist, oder Mißverständnisse besonders folgenreich sein könnten und deshalb von Anfang an verhindert werden sollen. Dies gilt sowohl für Einzelgespräche mit heiklem Inhalt als auch für Besprechungen, Konferenzen und Gruppendiskussionen. Wie Comelli (1985) betont, ist die Beherrschung des aktiven Zuhörens speziell für Konferenzleiter, Moderatoren usw. wichtig. Er kann so z.B. Gedanken auffangen, die sonst verloren gehen würden, Mißverständnissen vorbeugen oder auch einem Redner, der eine gute Idee nicht sofort mit der notwendigen Klarheit äußern kann, gleichsam seine eigene Beredsamkeit verleihen.

3.5.3.4 Empathisches Kommunizieren

Die dritte und zugleich schwierigste Stufe der partnerzentrierten Haltung ist diejenige des empathischen Verstehens und Kommunizierens.

> Der Begriff des empathischen Verstehens (‚empathy' oder ‚accurate empathic understanding') geht zurück auf den personzentrierten psychotherapeutischen Ansatz von Rogers (z.B. 1957) und meint das Bemühen, die *innere*

Realität des Gegenübers soweit wie möglich wahrzunehmen, zu verstehen, und das Verstandene zu kommunizieren. Es richtet sich auf Erleben, Interpretieren, Denken, Fühlen usw.

Während aktives Zuhören sich auf den ausdrücklich ausgesprochenen Inhalt einer Mitteilung richtet, geht es beim empathischen Verstehen gerade um das, was ‚zwischen den Zeilen' oder nicht mit letzter Deutlichkeit ausgedrückt wurde. Der Zuhörer richtet seine Aufmerksamkeit nicht nur auf die offen darliegenden Inhalte einer Botschaft, sondern auch auf das, was nur angedeutet wurde, oder nur mitschwingt. Er versucht dieses ebenfalls zu erfassen und zu verstehen und das so Verstandene in Worte zu fassen, um sein Verstehen zu überprüfen.

Definition

Der Zuhörer bemüht sich, neben dem offenen Inhalt einer Botschaft auch das zu erfassen und zu verstehen, was sein Gegenüber nur indirekt und implizit zum Ausdruck bringt, und dieses dann in so Worte zu fassen, daß der andere dies als positives Beziehungsangebot annehmen kann.

Das, was zwischen den Zeilen mitschwingt, sind zum einen natürlich unausgesprochene Gefühle, die der Sprecher entweder deshalb nicht explizit macht, weil sie vermeintlich nicht zur Sache gehören – der Ärger über eine verpaßte Gelegenheit, die Enttäuschung über eine ausgebliebene Beförderung, die Unsicherheit über eine Reaktion der anderen ... oder weil sie ihm selbst nicht ganz klar und deutlich sind. Für den Zuhörer können solche impliziten Emotionen Unsicherheit darüber bedeuten, wodurch sie hervorgerufen wurden und wem oder welchem Sachverhalt sie gelten. Empathie und empathisches Kommunizieren bietet hier die Möglichkeit zu klären, inwieweit sie den Kommunikationsprozeß beeinflussen, durch ihn hervorgerufen werden oder auch einem der Beteiligten gelten.

Funktion

Zum anderen können ‚zwischen den Zeilen' auch Bewertungen, Urteile usw. angesiedelt sein, die das Gespräch, Entscheidungen oder auch die Beziehungsebene beeinflussen, gegen die aber, bleiben sie unausgesprochen, kaum etwas unternommen werden kann.

Neben dieser Überprüfungsfunktion hat natürlich auch die empathische, partnerzentrierte Kommunikation einen Anteil auf der Beziehungsebene. Verdeckt Kommuniziertes hat oft auch einen Appellcharakter – Sie erinnern sich an die vier Ebenen im Kommunikationsmodell von Schulz von Thun. Wenn jemand etwas, was ihn an sich bewegt und was er schon aussagen möchte, nur verdeckt mitteilt, dann hat er in der Regel gute Gründe dafür. Diese liegen nicht selten in den Erfahrungen, die der Betreffende mit offener und verdeckter Kommunikation gemacht hat. So kann verdeckte Kommunikation zunächst einmal den Versuch darstellen herauszufinden, wie offen mit dem jeweiligen Gegenüber kommuniziert werden kann. Eine empathische Haltung kann es in einer solchen Situation möglich machen, auch heikle Themen anzusprechen, die andernfalls verborgen geblieben wären.

Das folgende Beispiel von Comelli (1985, S 214) macht die in der partnerzentrierten Haltung und Kommunikation liegenden Möglichkeiten deutlich – im Kontrast zu einer nicht partnerzentrierten Verhaltensweise.

> **„Vorgesetzter:** ‚Also Herr Brandt, wir haben in nächster Zeit einiges mit Ihnen vor. Wir möchten Sie nämlich drei Monate nach England schicken, damit Sie Ihre Sprachkenntnisse ein wenig aufpolieren können, und dann werden Sie Niederlassungsleiter in unserem internationalen Speditionsbüro in Hamburg. Na, was sagen Sie dazu?‘
>
> **Herr Brandt:** ‚Ja, eh … ich freue mich natürlich über das Vertrauen … das muß ich erst mal meiner Frau sagen. Außerdem – liegen in Hamburg nicht die Schuljahre anders als hier bei uns?‘
>
> **Vorgesetzter:** ‚Ich wußte doch, daß Sie sich freuen würden! Nun sagen Sie Ihrer Frau mal gleich Bescheid und bereiten Sie alles vor. Sie sind doch unser Mann!‘"

Dieses Beispiel zeigt alles andere als eine partnerzentrierte Haltung. Der Vorgesetzte reagiert nur auf einen (den kleineren) Teil der Botschaft, nämlich auf den Satz „ich freue mich natürlich über das Vertrauen". Dabei liegt schon hier möglicherweise ein Hinweis vor, daß diese Freude nicht ganz ungeteilt ist, nämlich in dem Wort ‚natürlich' – der Satz, in dem es vorkommt, wird ja von einem Zögern („Ja, eh …) eingeleitet. Den Rest der Botschaft interpretiert der Vorgesetzte ganz nach seinen eigenen Vorstellungen („… sagen Sie Ihrer Frau mal gleich Bescheid") bzw. ignoriert ihn („… liegen in Hamburg die Schuljahre nicht anders als bei uns?").

Ein partnerzentriert vorgehender Vorgesetzter wäre an der wirklichen und vollständigen Reaktion von Herrn Brandt auf das Angebot interessiert gewesen und hätte auf dessen Antwort dem Gespräch mit Sicherheit eine ganz andere Wendung gegeben:

> „Herr Brandt, ich sehe, Sie sind ziemlich überrascht. Sie sind nicht ganz sicher, wie Ihre Frau darauf reagieren wird, nicht wahr? Und die Schulsituation in Hamburg ist für Sie auch ein Problem, nicht?"

Diesem empathischen Vorgesetzten hätte Herr Brandt vielleicht erzählt, daß er solche Entscheidungen gern mit seiner Ehefrau besprechen möchte, weil ihm ihre Meinung als Mitbetroffene sehr wichtig ist, und daß er sich zur Zeit ohnehin Sorgen macht über die Schulleistung seines Sohnes. Das hätte den beiden vielleicht die Möglichkeit eröffnet, die vorliegenden Probleme *rechtzeitig* anzugehen und eine Lösung zu finden.

Partnerzentrierte und empathische Kommunikation erfordert ein beträchtliches Maß an Einfühlungsvermögen und vor allem die Bereitschaft, das Wahrgenommene der korrigierenden Interpretation durch das Gegenüber zu unterwerfen. Schließlich kann nur eine Person selbst sagen, was sie fühlt, erlebt und wahrnimmt. Unsere Erlebniswelten sind unterschiedlich, auch

dann, wenn wir die gleichen Ereignisse, Gegenstände usw. erleben. Anzunehmen, daß wir diesen gegenüber auch unbedingt die gleichen Gefühle und
Bedeutungen erleben, wäre ein Irrtum.

Worauf, d.h. auf welche implizit kommunizierten Teile der Botschaft sich die
Aufmerksamkeit des Zuhörers und seine Verbalisierung richtet, kann sehr
unterschiedlich sein und hängt von der jeweiligen Gesprächssituation und
der bereits vorhandenen Beziehung zwischen den Gesprächspartnern ab. Sie
kann sich auf vergangene Gefühle, Ereignisse, Situationen usw. richten, die
möglicherweise auf die gegenwärtige Situation einwirken, sie kann das
Gegenwärtige oder auch das Zukünftige (als Erwartung, Hoffnung oder
Befürchtung) betreffen:

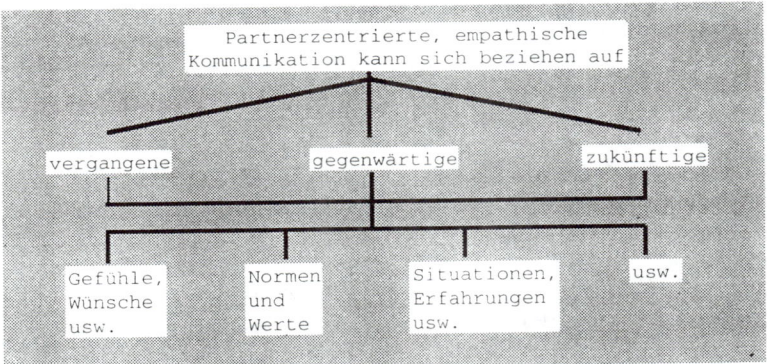

Gegenstände partnerzentrierter Verbalisierung (nach Rechtien 1988, S. 132)

3.5.4 Prozeßanalyse

Es ist ein Spezifikum jeder Veranstaltung, die die Bezeichnung „gruppendynamisch" zu Recht trägt, daß in ihr der Gruppenprozeß als wesentlicher
Lerngegenstand und wesentliches Lernmedium genutzt wird, wenn auch je
nach Trainingsform in unterschiedlichem Ausmaß. Die systematische Betrachtung dieses Prozesses, die *Prozeßanalyse*, gehört daher zu den zentralen
Methoden der angewandten Gruppendynamik.

Diese Analyse des Gruppenprozesses kann auf verschiedenen Aspekte zielen:

○ auf die persönliche Entwicklung der Gruppenmitglieder im Laufe des
Trainings,

Aspekte einer
Prozeßanalyse

○ auf die interpersonellen Beziehungen zwischen den Gruppenmitgliedern, etwa ihre Qualität (Vertrauen, Sympathie, Konkurrenz usw.), ihre Häufigkeit oder ihre Intensität,

○ auf die Rollenstruktur innerhalb eines Laboratoriums oder einer T-Gruppe,

○ und schließlich auf die Abfolge verschiedener Ereignisse innerhalb des Trainingsprozesses und deren Zusammenhang mit anderen Faktoren der Gruppenentwicklung.

Hierfür stehen verschiedene Techniken zur Verfügung, auf die ich im folgenden kurz eingehen werde. Aus der Bezeichnung *Prozeß*analyse ergibt sich aber bereits, daß es sich nur dann um eine solche handelt, wenn der Einsatz der Analyseinstrumente mehrfach zu verschiedenen Zeitpunkten erfolgt und so die Beobachtung von Entwicklungen und Veränderungen ermöglicht. Eine einmalige Erhebung etwa der Beziehungsstruktur in einer Gruppe stellt also keine Prozeßanalyse dar.

Weiter stellt die Durchführung einer Prozeßanalyse – ebenso wie Feedback oder Metakommunikation – keinen Selbstzweck dar. Sie dient vielmehr dem Verständnis der Dynamik, das heißt der innerhalb der Gruppe wirkenden Kräfte und Hindernisse, die einer Entwicklung zugrundeliegen, mit dem schließlichen Ziel, auf diese Dynamik und Entwicklung Einfluß nehmen zu können.

Sie erkennen unschwer die Fundierung der Prozeßanalyse in Feldtheorie und Aktionsforschung. Möglicherweise erinnern Sie sich auch an die Soziometrie Morenos und an dessen Ankündigung des Sociometric Institutes (vgl. Abschnitt 1.3.3.2). In der Tat werden soziometrische Erhebungsverfahren häufig bei Prozeßanalysen angewandt; ich möchte aber noch einmal darauf hinweisen, daß soziometrische Erhebungen nur dann auch *Prozeßanalysen* darstellen, wenn sie mehr als nur einmal innerhalb eines sozialen Prozesses angewandt werden.

Methoden

Einfach einzusetzende und auszuwertende Analysemethoden sind strukturierte Fragebögen, die wiederholt von allen Teilnehmern ausgefüllt werden und deren Ergebnisse gemeinsam erörtert werden. Auf Brocher (1967, S. 128-132) geht beispielsweise folgender Erhebungsbogen zurück, der das emotionale Erleben des einzelnen, seine Beziehung zur Gruppenaktivität und deren Bewertung sowie die Einschätzung des Gruppenleiterverhaltens zum Gegenstand hat :

	sehr wohl				sehr un-behaglich
Wie fühle ich mich in dieser Gruppe?	1	2	3	4	5
	sehr klar				sehr unklar
Wie weit sind die Gruppenziele klar?	1	2	3	4	5
	sehr gründlich				sehr oberflächlich
Wie arbeitete die Gruppe?	1	2	3	4	5
	vollkommen				gar nicht
Habe ich die Unterstützung bekommen, die ich brauchte?	1	2	3	4	5
	lernfördernd				hemmend
Wie wirkte das Verhalten des Gruppenleiters/der Gruppenleiterin?	1	2	3	4	5

Die Anzahl der Antwortstufen pro Frage kann dabei variieren – bei Brocher etwa ist eine siebenstufige Skala vorgesehen. Eine Abstufung von „1" bis „5", wie ich sie hier vorgenommen habe, ist in der Regel hinreichend informationshaltig, ohne die Differenzierungsfähigkeit der Benutzer überzustrapazieren.

Wird ein solcher Erhebungsbogen beispielsweise sechsmal innerhalb eines Trainings eingesetzt, könnte eine quantitative Auswertung etwa so aussehen:

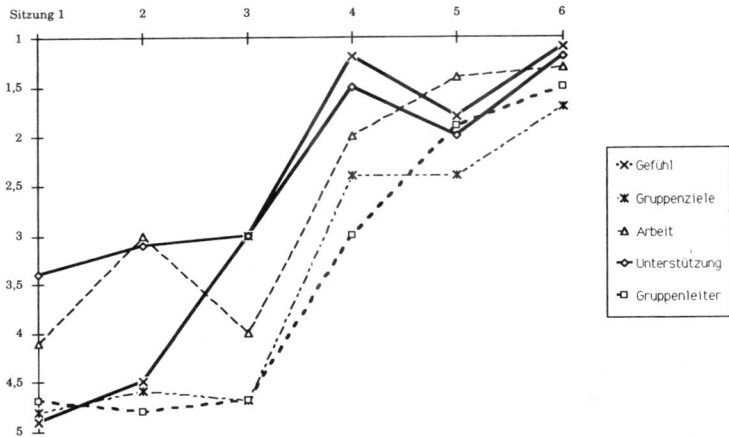

Aus einer solchen Prozeßbeschreibung könnte man beispielsweise entnehmen, daß das „Sich-in-der-Gruppe-wohlfühlen" eng mit der gegenseitigen Unterstützung, die die einzelnen erfahren, zusammenhängt, daß die Zufriedenheit mit der Arbeit ebenso wie die Klarheit der Gruppenziele zunimmt, aber in der dritten Sitzung einen Rückschlag erlitten hat, und daß der/die Trainer(in) in den ersten Sitzungen nicht als sehr förderlich erlebt wurde.

Hypothesen über mögliche Zusammenhänge dieser Dimensionen, etwa inwieweit die Zurückhaltung des Trainers die gegenseitige Unterstützung gefördert haben könnte, usw., sollten dann Gegenstand des Gesprächs innerhalb der T-Gruppe sein. In einer gründlichen Prozeßanalyse würde darüber hinaus versucht, Themen, Ereignisse in der Interaktion usw. der Sitzungen mit solchen Verläufen in Zusammenhang zu bringen.

Die Art und Anzahl der Dimensionen (Fragebogen-Items) in einer solchen Prozeßanalyse kann natürlich von Training zu Training variieren; bei Brocher z.B. finden sich fünfzehn Items. Sie sehen jedoch bereits an obigem Beispiel, daß eine größere Anzahl schnell unübersichtlich werden kann.

Neben Fragebögen ist auch der Einsatz von Beobachtungsmethoden möglich – etwa der Interaktionsprozeßanalyse von Bales (1950). Dabei wird der Gruppenprozeß entweder von einigen dazu bestimmten Gruppenmitgliedern oder von externen Beobachtern (etwa einer anderen T-Gruppe des Laboratoriums) verfolgt und anhand vorgegebener Kategorien protokolliert. Schließlich können zur Prozeßanalyse auch kreative Medien eingesetzt werden. Ich selbst halte zum Beispiel die zeichnerische Darstellung eines Gruppenverlaufes mit Nähe und Distanz innerhalb der Gruppe, Beziehung zum Leiter, bestimmten Prozeßereignissen und farbiger Darstellung von Stimmungen oder bestimmten Assoziationen für sehr geeignet, ein Auswertungsgespräch einzuleiten und zu stimulieren – dies erfordert jedoch viel Erfahrung im Umgang mit solch assoziativem Material und auf Seiten der Gruppe eine entsprechende Bereitschaft, sich auf solche nicht-quantitativen Analysen einzulassen.

3.5.5 Zusammenfassung

Feedback, Metakommunikation, Prozeßanalyse und partnerzentrierte Kommunikation können als klassische und nach wie vor zentrale Arbeitsmethoden der angewandten Gruppendynamik gelten. Insbesondere die drei erstgenannten sind dabei nicht streng getrennte Verfahren, sondern sind eng miteinander verwandt und überschneiden sich oder gehen ineinander über. Auch die Prozeßanalyse hat Feedback-Charakter, wenn sie einzelnen oder der Gruppe Rückmeldung gibt, welchen Anteil verschiedene Verhaltensweisen an der Gruppenentwicklung gehabt haben, und sie ist metakommunikativ, insofern sie im Gespräch die Kommunikations- und Interaktionsverläufe in der Gruppe oder im Laboratorium zum Gegenstand hat.

Je nach Trainingsart, Teilnehmerkreis und Trainingszielen werden sie in unterschiedlichem Ausmaß zu finden sein und in unterschiedlicher Art und Funktion gehandhabt. Das partnerzentrierte Kommunikationsverhalten z.B. kann sowohl in Trainings zum Führungsverhalten von Vorgesetzten als auch in berufsbezogenen Laboratorien für soziale Berufe oder in „unspezifischen" gruppendynamischen Veranstaltungen Lerngegenstand sein; es kann andererseits ganz außerhalb der eigentlichen Trainingsziele liegen und nur dann fokussiert werden, wenn es zur Behebung von Kommunikationsstörungen angebracht erscheint. Ähnliches gilt für Feedback, Metakommunikation und Prozeßanalyse.

Unterschiedlich kann auch die Art und Weise sein, wie diese Verfahren eingebracht werden: dies kann in Form von vorstrukturierten Übungen geschehen, deren erstes Ziel es ist, den Umgang mit dem Verfahren zu vermitteln, es kann unstrukturierter zur Verdeutlichung und Beeinflussung des aktuellen Gruppenprozesses geschehen – und in der ganzen Bandbreite möglicher Abstufungen und Mischungen dazwischen. Wichtig scheint mir aber bei allen Verfahren der angewandten Gruppendynamik eines zu sein: nicht zu vergessen, daß diese nicht als Selbstzweck, nicht als Mittel zum Zeitvertreib oder zur Unterhaltung gedacht sind, sondern zur bewußten Veränderung zwischenmenschlicher Interaktionssituationen.

3.6. Abschließende Bemerkungen

Trainingsverfahren der angewandten Gruppendynamik haben nach wie vor ihren festen Platz in der sozialpsychologisch fundierten betrieblichen und außerbetrieblichen Weiterbildung, wenngleich sie in Zielsetzung und methodischer Praxis Relativierungen und vielfältige Veränderungen erfahren haben.

Der soziale Kontext ihrer *Entstehung* in den Vereinigten Staaten war gekennzeichnet durch krisenhafte Entwicklungen: Arbeitslosigkeit, eine Einwanderungswelle und Strukturveränderungen mit neuen Anforderungen an Beruf und Weiterbildung. Auch die weitere Entwicklung der Gruppendynamik stand im Umfeld sozialer Unruhen in den sechziger Jahren, durch die neue Bedürfnisse und Anwendungsfelder entstanden: neben dem unmittelbar sozialen Anwendungsbereich gab es auch zunehmend sehr individuumsbezogene Entwicklungen, die Teile der gruppendynamischen Bewegung in die Nähe gruppentherapeutischer Verfahren brachte.

Durch Krisen bzw. deren Folgen war auch die soziale Situation in Europa und im deutschsprachigen Raum zu der Zeit, als die Gruppendynamik hier Fuß zu fassen begann – Sie erinnern sich: das erste Laboratorium im deutschsprachigen Raum wurde 1954 in Wien durchgeführt. Die Blütezeit des klassischen gruppendynamischen Trainingsmodells, des Sensitivity Trainings war 1969-1974 und lag ebenfalls in einer Zeit des Aufbruchs und der Unruhe – die Zeit der außerparlamentarischen Opposition und der Veränderungsbemühungen an den Universitäten (die „sog. Studentenrevolte") bestimmte den sozialen Kontext.

Ihren radikal innovativen Impetus hat die angewandte Gruppendynamik im Zuge ihrer Konsolidierung weitgehend verloren – gesellschaftskritische Bewegungen im Bereich der Ökologie, der Bürgerinitiativen, der Frauenemanzipation finden ohne sie statt. Die Einsicht, daß angewandte Gruppendynamik zu einer etablierten Sozialtechnologie geworden ist, mag ernüchternd sein, andererseits bringt diese Ernüchterung auch eine realistischere Einschätzung ihrer Möglichkeiten und Grenzen mit sich und macht es der Gruppendynamik leichter, sich gegen überzogene und messianische Weltverbesserungsvorstellungen anzugrenzen.

Zum Schluß möchte ich noch einige Anmerkungen zum Verhältnis von Gruppendynamik und Gruppenpsychotherapie machen. Bereits in den USA waren hier die Grenzen verschwommen geworden und waren zum Teil ganz verschwunden. In der Bundesrepublik galt das Sensitivity Training als „Therapie für Normale" und wurde häufig als eine Art Ersatz-Lehranalyse für psychosoziale Berufe betrachtet.

Gefördert wurde und wird dies dadurch, daß viele der Trainer auch eine psychotherapeutische Ausbildung besitzen. Dadurch, daß v.a. unstrukturierte T-Gruppen auch eine bedeutsame psychische Belastung besitzen und gelegentlich zu krisenhaften Erlebnissen führten, gewinnt dies eine gewisse Berechtigung. Andererseits trägt dies auch dazu bei, daß therapeutische Ansprüche und Zielsetzungen in gruppendynamische Veranstaltungen hereingenommen werden. Dies geschieht auf Seiten der Trainer und auf Seiten der Teilnehmer manchmal mehr, manchmal weniger bewußt und ausdrücklich; ich halte dies jedoch immer für problematisch. Die Bearbeitung psychotherapeutischer Anliegen setzt nach meiner Ansicht voraus, daß dies explizit und mit voller und bewußter Zustimmung aller Beteiligten geschieht. In einer gruppendynamischen Veranstaltung ist das in aller Regel nicht der Fall (falls Trainer und *alle* Teilnehmer therapeutische Zielsetzungen verfolgen, handelt es sich um Gruppentherapie!); Prozesse in Therapiegruppen laufen unter anderen Gesichtspunkten ab als gruppendynamische Trainings (einer dieser Gesichtspunkte ist das kurative Moment, was einer „Therapie für Normale" nicht innewohnt) und die Aufgaben- und Rollendefinitionen eines Psychotherapeuten sind demzufolge andere.

Literaturverzeichnis

Allport, F.H. (1924): Social psychology. Boston: Mifflin.

Anger, H. (1979): Die historische Entwicklung der Sozialpsychologie. In Heigl-Evers, A.; Streeck, U.: Die Psychologie des 20. Jahrhunderts. Band VIII. Lewin und die Folgen. Zürich: Kindler. 29-50.

Antons, K. (1973): Praxis der Gruppendynamik. Übungen und Techniken. Göttingen: Hogrefe.

Antons-Volmerg, K. (1989): 20): Nachdenkliches zu einem scheinbar abge-kühlten Dauerbrenner. Gruppendynamik, 12. 11-28.

Bach, G.R. (1966): The Marathon Groups: Intensive Practice of Internate Interaction. Psychological Report, 18. 995-1102.

Back, K.W. (1972): Beyond words. The story of sensitivity training and the encounter movement. New York: Russell Sage Foundation.

Bales, R.F. (1950): A set of categories for the analysis of small group interaction. Am. Sociol. Review, 15. 146-159.

Barnard, C. (1938): Functions of the executive. Cambridge/Mass.: Harvard University Press.

Benne, K.D. (1948): Principles of training method. The Group, 10. 17-18.

Benne, K.D. (1972): Geschichte der Trainingsgruppe im Laboratorium. In: Bradford, L.P.; Gibb, J.R; Benne, K.D. (Hg): Gruppen-Training, T-Gruppentheorie und Laboratoriumsmethode. Stuttgart: Klett. 95-154.

Bennis, W.G. (1966): Theory and method in applying behavioral science to planned organizational change. In Lawrence, J.R. (ed): Operational Research and the social sciences. London. 33-76.

Bennis, W.G. (19 69): Organization development: Strategies and models. Reading/Mass.: Addison-Wesley.

Berg, W. (1974): Eine Untersuchung zur Modellwirkung von Gruppentrainern im Bereich des Sprachverhaltens. (Dipl.Arb) Münster: Universität Münster.

Binbaum, M. (1975): The clarification group. In K. Benne, L. P. Bradford & R. O. Lippitt (eds): The laboratory method of changing and learning: Theory and application. S. 341-364. Palo Alto, CA: Science and Behavior Books.

Bion, W.R. (1961): Experiences in groups. London: Tavistock Publications Ltd.

Blake, R.R. (1954): Who shall survive? Book Review. Sociometry 20. 77-91.

Blake, R.R. (1958): Group training vs. group therapy. Beacon: Beacon House.

Blake, R.R.; Mouton, J.S. (1968): Corporate excellence through grid organizational development. Houston: Gulf Publishing.

Bödicker, M.-L.; Lange, W. (1975): Gruppendynamische Trainingsformen. Techniken, Fallbeispiele, Auswirkungen im kritischen Überblick. Reinbek: Rowohlt.

Boria, J. (1983): Tele-manuale di psicodramma classico. Milano: Franco Angeli Editore.

Boring, E.G. (1929): A history of experimental psychology. New York: Appleton Century Crafts.

Bornemann, E. (1981): Gruppendynamik und Encounterbewegung. Anmerkungen zum Konformismus in der Psychotherapie. In Bachmann, C.H. (Hg): Kritik der Gruppendynamik. Frankfurt: Fischer. 84-117.

Bradford, L.P.; Gibb, J.R.; Benne, K.D. (1972): Gruppentraining. T-Gruppentheorie und Laboratoriumsmethode. Stuttgart: Klett.

Brocher, T. (1967): Gruppendynamik und Erwachsenenbildung. Braunschweig: Westermann.

Brocher, T.; Deichmann, C.; Fürstenau, P. (1972): Zur Konzeption berufsbezogener gruppendynamischer Laboratorien. Gruppendynamik 3. 400-406.

Bünte-Ludwig, C. (1984): Gestalttherapie - Integrative Therapie. Leben heißt Wachsen. Petzold, H. (Hg): Wege zum Menschen. Methoden und Persönlichkeiten moderner Psychotherapie. Paderborn: Junfermann.

Chase, S. (1951): Roads to agreement. New York: Harper & Bros.

Chein, I.; Cooks, S.W.; Harding, J. (1948): The field of action research. American Psychologist 3.

Cohn, R. (1974): Zur Grundlage des themenzentrierten interaktionellen Systems. Axiome, Postulate, Hilfsregeln. Gruppendynamik 3. 150-159.

Cohn, R. (1975): Von der Psychoanalyse zur Themenzentrierten Interaktion. Stuttgart: Klett.

Cohn, R. (1981): Das Thema als Mittelpunkt interaktioneller Gruppen. In Kutter, P. (Hg): Gruppendynamik der Gegenwart. Darmstadt: Wissenschaftliche Buchgesellschaft. 156-165.

Comelli, G. (1985): Training als Beitrag zur Organisationsentwicklung. München: Hanser.

Cooley, C.H. (1909): Social organization. A study of the larger mind. New York: Scribner.

Däumling: A.M. (1970): Die Herausforderung des Sensitivitäts-Trainings. Gruppenpsychotherapie und Gruppendynamik 4. 1-16.

Däumling, A.M. (1973): Sensitivity Training. In Heigl-Evers, A. (Hg): Gruppendynamik. Göttingen: Vandenhoek & Ruprecht. 7-24.

Däumling, A.M. (1986): Sensitivity Training. Gruppenpsychotherapie und Gruppendynamik 2. 113-123.

Däumling, A.M. Fengler, J. Nellessen, L.; Svensson, A. (1974): Angewandte Gruppendynamik. Selbsterfahrung - Forschungsergebnisse - Trainingsmodelle. Stuttgart: Klett.

Doppler, K. (1983): Arbeitsfeldbezogene Gruppendynamik. Ein sozialpsychologischer und systemtheoretischer Ansatz zur Veränderung von Verhalten. Diss. Salzburg.

Doppler, K. (1987): Intrumentelle versus reflexive Gruppendynamik - ein falsche Dichotomie? Gruppendynamik 18. 133-140.

Dorst, B. (1977): Situatives Verhaltenstraining. Ein -lerntheoretischer Ansatz zur Optimierung gruppendynamischer Lernverfahren. Münster: Westfäl. Wilhelms-Univers.

Dorst, B. (1981): Das Problem der Qualifikation und der Kompetenz in der Gruppendynamik. Gruppendynamik 12. 49-58.

Edding, C. (1987): Editorial: Instrumentelle vs. reflexive Gruppendynamik - Alf Däumling zum 70. Geburtstag. Gruppendynamik 18. 107-108.

Egan, G. (1970): Encounter: Group process for interpersonal growth. Belmont.

Etzioni, A. (1967): Soziologie der Organisation. München.

Farau, A.; Cohn, R. (1984): Gelebte Geschichte der Psychotherapie. Zwei Pespektiven. Stuttgart: Klett.

Fengler, J. (1975): Verhaltensänderung in Gruppenprozessen. Heidelberg: Quelle & Meyer.

Fengler, J. (1979): Die Geschichte der Gruppendynamik in Deutschland. In Heigl-Evers, A.; Streeck, U. (Hg): Die Psychologie des 20. Jahrhunderts. Band VIII. Lewin und die Folgen. Zürich: Kindler. 625-634.

Fengler, J. (1981): Grenzen der Gruppendynamik. In Bachmann, C.H. (Hg): Kritik der Gruppendynamik. Frankfurt: Fischer. 118-156.

Fengler, J. (1989): Indikation und Kontraindikation für den Einsatz gruppendynamischer Übungen. Gruppendynamik 20. 141-153.

Fittkau B. (1977): Kommunikationstraining. In Meyer, E. (Hg): Handbuch Gruppenpädagogik - Gruppendynamik. Heidelberg: Quelle & Meyer. 53-54.

Fittkau, B.; Müller-Wolf, H.-M.; Schulz von Thun, F. (1977): Kommunizieren lernen (und umlernen). Braunschweig: Westermann.

French, D. (1956): Social psychology and group processes. Annual Review of Psychology. 63-94.

Freudenreich, D.: (1986) Gruppendynamik und Schule. Darmstadt: Wissensch. Buchgemeinschaft.

Friedman, S. (1995): Beyond white and other: Relationality and narratives of race in feminist discourse. Signs, 21, 1-49.

Friedriszik, R. (1982): Ein Gitter hilft, wenn es um Führen geht. In Koch, U.; Meuers, H.; Schuck, M. (Hg): Organisationsentwicklung in Theorie und Praxis. Zürich: Verlag Industrielle Organisation. 99-111.

Fritz, J. (1974): Emanzipatorische Gruppendynamik. Erkenntnistheoretische und methodologische Überlegungen. München: Paul List.

Fürstenau, P. (1970): Institutionsberatung. Gruppendynamik 3. 219-233.

Gebert, D. (1974): Organisationsentwicklung. Stuttgart: Kohlhammer.

Gebert, D.; von Rosenstiel, L. (1981): Organisationspsychologie. Stuttgart: Kohlhammer.

Geißler, K.H. (Hg) (1979): Gruppendynmik für Lehrer. Was Lehrer verändern können. Reinbek: Rowohlt.

Geißler, K.A. (1981): Gruppendynamik: Ende einer Hoffnung oder Hoffnung ohne Ende? Zehn Thesen zum Versuch eines Fazits von Gruppendynamik in Schule und Lehrerbildung. Gruppendynamik 12. 30-34.

Geißler, K.A. (1987): Wer hat an der Uhr gedreht - ist es wirklich schon so spät? (Rosaroter Panther). Über instrumentellen und reflexiven Umgang mit der Zeit in gruppendynamischen Veranstaltungen. Gruppendynamik 18 . 121-131.

Geißler, K.H.; Hege, M.: Konzepte sozialpädagogischen Handelns. München: Urban & Schwarzenberg 1981.

Gibb, J.R. (1970): Sensitivity Training as a medium for personal growth and improved interpersonal relationship. Interpersonal Development 1. 6-31.

Giere, W. (1970): Gruppendynamik - ein Spiel ohne Folgen. Gruppendynamik 3. 282-302.

Graumann, C.F. (1972): Interaktion und Kommunikation. In Graumann, C.F. (Hg): Handbuch der Psychologie, Bd. 7: Sozialpsychologie. 2. Halbbd.: Forschungsbereiche. Göttingen: Hogrefe. Sp. 1109-1262.

Hager, J. (1984): „Führung" in gruppendynamisch inspirierten Fortbildungsveranstaltungen. Gruppendynamik 15. 13-27.

Heigl-Evers, A. (1973): Gruppendynamik - lehr- und lernbar?, In Heigl-Evers, A. (Hg): Gruppendynamik. Göttingen: Vandenhoek & Ruprecht. 25-29.

Heigl-Evers, A.; Heigl, F. (1973): Gruppenposition und Lernmotivation. In Heigl.Evers, A. (Hg): Gruppendynamik. Göttingen: Vandenhoek & Ruprecht. 37-48.

Heigl-Evers, A.; Heigl, F. (1983): Zum Interventionsstil in der analytischen Gruppenpsychotherapie. Gruppenpsychotherapie und Gruppendynamik 19. 218.

Hoepfner, F.G.; Munzinger, W. (1977): Formen gruppendynamischen Trainings. In Hoepfner, F.G. (Hg): Gruppendynamik. Motivation durch maßgeschneidertes Training. München: Moderne Industrie. 23-35.

Hofmann, M. (1980): Organisationsentwicklung - ein Weg zur Mitbestimmung? In Trebesch, K. (Hg): Organisationsentwicklung in Europa. Bd. 1A: Konzeptionen. Bern: Paul Haupt. 235-250.

Hofstätter, P.R. (1957): Gruppendynamik. Kritik der Massenpsychologie. Reinbek: Rowohlt.

Holvino, E. (1998): Lewins Sinn für soziale Veränderung wieder aufleben lassen: Die Entwicklung neuer Theorien für Gruppen *und* soziale Gerechtigkeit. Gruppendynamik. Zeitschrift für Angewandte SozialpsychologieGruppendynamik, 29(1), 37-59.

Hörmann, G. (1977): Encountergruppen. In Meyer, E. (Hg): Handbuch Gruppenpädagogik - Gruppendynamik. Heidelberg: Quelle & Meyer. 14-15.

Horn, K. (1969): Politische und methodologische Aspekte gruppendynamischer Verfahren. Das Argument 10. 261-283.

Horn, K. (1972): Gruppendynamik und der 'subjektive Faktor'. Repressive Entsublimierung oder politisiernde Praxis. Frankfurt: suhrkamp.

Horn, H. (1979): Aktionsforschung - Balanceakt ohne Netz. Stuttgart: Syndikat.

Huxley, A. (1961): Human potentialities. In Farber, S.M.; Wilson, R.H.L. (eds): Control of the mind. New York: MacGraw-Hill. 60-76.

Kirsten, R.E.; Müller-Schwarz, J. (1973): Gruppen-Training. Ein gruppendynamisches Übungsbuch. Stuttgart: DVA.

Koch, U.; Meuers, H.; Schuck, M. (1982): Einführung und Überblick. In Koch, U.; Meuers, H.; Schuck, M. (Hg): Organisationsentwicklung in Theorie und Praxis. Zürich: Verlag Industrielle Organisation. 9-17.

Krämer, K. (1987): Autorität, Emanzipation und Kunst. Gruppendynamik 18. 141-157.

Krege, W. (1977): Begriffe der Gruppendynamik. Stuttgart: Klett.

Kubiceck, H.; Leuck, H; G.: Wächter, H. (1980): Organisationsentwicklung: entwicklungsbedürftig und entwicklungsfähig. In Trebesch, K. (Hg): Organisationsentwicklung in Europa. Bd. 1A: Konzeptionen.Bern: Paul Haupt. 281-319.

Küchler, J. (1979): Gruppendynamische Verfahren in der Aus- und Weiterbildung. München: Kösel.

Laucken, U. (1974): Naive Verhaltenstheorie. Stuttgart: Klett.

Lauterburg, Ch. (1982): Organisationsentwicklung - Strategie der Evolution.
In Koch, U.; Meuers, H.; Schuck, M. (Hg): Organisationsentwicklung in
Theorie und Praxis. Zürich: Verlag Industrielle Organisation. 51-62.

Lehmenkühler, A.; Roscher, H.; Theis, W. (1976): Feedback: Anmerkungen zu
Funktion und Form. In Sader, M.; Schäuble, W.; Theis, W. (Hg.):
Verbesserung von Interaktion durch Gruppendynamik. Münster:
Aschendorff. 85-128.

Lewin, K. (1935): Psycho-sociological problems of a minority group. Character
and Personality 3. 175-187.

Lewin, K. (1936): Principles of topological psychology. New York: McGraw-
Hill.

Lewin, K. (1938): Experiments on autocratic and democratic atmospheres.
The Social Frontier 4. 316-319.

Lewin, K. (1939): Experiments in social space. Educational Review. 21-32.

Lewin, K. (1943): Defining the field at a given time. Psychological Review 3.
292-310.

Lewin, K. (1946): Action research and minority problems. J. of Social Issues.
2. 34-64.

Lewin, K. (1947): Subjective and objective elements in the social field: the
three step procedure. Human Relations 1.

Lewin, K. (1953): Die Lösung sozialer Konflikte. Bad Nauheim: Christian
Verl.

Lewin, K. (1978): Das Forschungszentrum für Gruppendynamik am Institut
für Technologie von Massachusetts. Gruppendynamik. Forschung und
Praxis 9. 379-390.

Lewin, M. (1998): Kurt Lewin: Sozialpsychologe. Gruppendynamik. Zeitschrift für Angewandte Sozialpsychologie, 29(1), 9-18.

Liebermann, M.A.; Yalom, I.D.; Miles, M.B. (1973): Encounter Groups: first
facts. New York.

Lindner, T. (1990): Editorial: Gruppendynamik und systemtheoretische Re-
flexionen. Gruppendynamik 21. 3.

Lindner, T.; Vater, G. (1986): Organisationsentwicklung durch integrative
Entscheidungen. Gruppendynamik 17. 147-157.

Lippitt, R. (1947): Kurt Lewin, 1890-1947. Adventures in the exploration of
interdependence. Sociometry 1. 87-97.

Lippitt, R. (1949): Training in Community relations. New York: Harper &
Bros.

Lippitt, R. (1979): Kurt Lewin und die Anfänge der Gruppendynamik. In
Heigl-Evers, A.; Streeck, U.: (Hg): Die Psychologie des 20. Jahrhunderts. Band VIII. Lewin und die Folgen. Zürich: Kindler. 621-624.

Lohaus, A. (1984): Perspektivenübernahme im Rollenspiel: Auswirkung auf
die Wahrnehmung und Beurteilung fremder Personen. Gruppendynamik 15. 213-224.

Lomranz, G.; Lakin, M.; Schiffmann, H.A. (1973): A three valued typology for
sensitivity training and encounter groups. Human Relations 26.

Lück, H.E. (1984): Psychologie der sozialen Beeinflussung (Fernstudienkurs 3272). Hagen: Fernuniversität.

Lück, H.E. (1987): Einführung in die Psychologie sozialer Prozesse. (Fernstudienkurs 3251/67). Hagen: Fernuniversität.

Lück, H.E.; Rechtien, W. (1989): Freud und Lewin. Historische Methode und Hier-und-Jetzt. In Nitzschke, B. (Hg): Freud und die akademische Psychologie. Beiträge zu einer historischen Kontroverse. München: Psychologie Verlags Union. 137-160.

Lück, H.E.; Rechtien, W. (1991): Kurt Lewin and psychoanalysis. Manuskript für das Journal of Social Issues. unveröffentlicht.

Lück , H.E.; Grünwald, H.; Geuter, U.; Miller, R.; Rechtien, W. (1987): Sozialgeschichte der Psychologie (Fernstudienkurs3253/68). Hagen: Fernuniversität.

Lück, H.E.; Rippe, H.J., Timaeus, E. (1982): Einführung in die Psychologie (Fernstudienkurs 3250/57). Hagen: Fernuniversität.

Luft, J. (1972): Einführung in die Gruppendynamik. Stuttgart: Klett.

Luft, J.; Ingham, H. (1955): The Johari window, a graphic model for interpersonal relations. Los Angeles: Western Training Laboratory in group Development. University of California.

Lutz, M.; Ronellenfitsch, W. (1971) Gruppendynamisches Training in der Lehrerbildung. Ulm: Süddeutsche Verlagsgesellschaft.

Mandel, A.; Mandel, H.; Stadter, E.; Zimmer, D.C. (1971): Einübung in Partnerschaft durch Kommunikationstherapie und Verhaltenstherapie. München: Pfeiffer.

Marrow, A. (1977): Kurt Lewin - Leben und Werk. Stuttgart: Klett.

Massarik, F. (1997): Notes toward a theory of sensitivity training. F. Massarik (Hrsg.), Lewin's legacy/Lewin's potential: Next Steps for group process, consultation, and social justice, (S. 87-92). Bethel/Maine

Massarik, F. (1998): Geleitwort. Gruppendynamik. Zeitschrift für Angewandte Sozialpsychologie, 29(1), 3-4.

Matzdorf, P.; Cohn, R. (1983): Themenzentrerte Interaktion. In Corsini, R. (Hg): Handbuch der Psychotherapie, Bd. 2.Weinheim: Beltz. 1272-1314.

Metzger, W. (1979): Der Einfluß von Kurt Lewin auf die Entwicklung der Sozialpsychologie. In Heigl-Evers, A.; Streeck, U. (Hg): Die Psychologie des 20. Jahrhunderts. Band VIII. Lewin und die Folgen. Zürich: Kindler. 7-16.

Meyer, E.(Hg) (1977): Handbuch Gruppenpädagogik - Gruppendynamik. Heidelberg: Quelle & Meyer.

Miller, E.J.; Rice, A.K. (1970): Systems of Organization. London: Tavistock.

Minssen, F. (1965): Gruppendynamik und Lehrerverhalten. Intern. Ztschr. für Erziehungswissenschaften 11. 305-325.

Minssen, F.; Künzler, E.; Behncke, C. (1966): Gruppendynamik. Ein pädagogisches Experiment. Manuskript für eine Sendung in Sender Freies Berlin, III. Programm, 2.1.1966. Berlin 1966.

Moreno, J.L. (1934): Who shall survive? A new approach to the Problem of human interrelations. Washington: Nerv. and Mental Disease Publ.Comp.

Moreno, J.L. (1937): Sociometry in relation to other social sciences. Sociometry 3. 206-219.

Moreno, J.L. (1942): Foundation of the Sociometric Institute. Sociometry 8.

Moreno, J.L. (1943): Sociometry and the cultural order. Sociometry 9. 299-344.

Moreno, J.L. (1955): Preludes to my autobiography. Beacon: Beacon House.

Moreno, J.L.; Jennings, H.H. (1938): The statistics of social configuration. Sociometry 4. 342-374.

Mühlen, R. (1976): Langzeitwirkung gruppendynamischer Trainings. Diss. Bonn.

Nelles, W.; Beywl, W. (1982): Selbstorganisation: Alternativen für den Verbraucher. Frankfurt: Campus.

Nellessen, L. (Hg) (1977): A.M. Däumling zum 60. Geburtstag. Zwölf Jahre Gruppendynamik in Deutschland. Gruppenpsychotherapie und Gruppendynamik 12.

Nellessen, L. (1987): Der Preis der Konsolidierung. Gruppendynamik 18. 109-119.

Neumann, J. (1998): Kurt Lewin und das Tavistock Institut. Gruppendynamik. Zeitschrift für Angewandte Sozialpsychologie, 29(1), 19-35.

Nylen, D.; Mitchell, R.J.; Stout, A. (1967): Handbook of staff development and human relations training. Washington: NTL Institute for Applied Behavioral Science.

Ockel, A.; Cohn, R. (1981): Das Konzept des Widerstandes in der themenzentrierten Interaktion. In Petzold, H. (Hg): Widerstand. Ein strittiges Konzept in der Psychotherapie. Paderborn: Junfermann. 255-282.

Ohm, C. (1973): Ziellosigkeit als Lernziel der Gruppendynamik. Das Argument 15. 94-122.

Pagés, M. (1974): Das affektive Leben der Gruppen. Stuttgart: Klett.

Parloff, M.B. (1973): Gruppentherapie und die Kleingruppen. In Sager, C; J.; Kaplan, H; S.; Heigl-Evers, A. (Hg): Handbuch der Ehe-, Familien- und Gruppentherapie. Bd 1. München: Kindler. 217-255.

Petzold, H. (1977): Gegen den Mißbrauch von Körpertherapie - Risiken und Gefahren bioenergetischer, primärtherapeutischer und thymopraktischer Körperarbeit. In Petzold, H. (Hg): Die neuen Körpertherapien. Paderborn: Junfermann. 478-490.

Petzold, H. (1980): Moreno - nicht Lewin - der Begründer der Aktionsforschung. Gruppendynamik 11. 142-166.

Petzold, H.G. (1981): Das Hier-und-Jetzt-Prinzip und die Dimension der Zeit in der psychologischen Gruppenarbeit. In Bachmann, C.H. (Hg): Kritik der Gruppendynamik. Grenzen und Möglichkeiten sozialen Lernens. Frankfurt: Fischer. 214-299.

Petzold, H. (1984): Die ganze Welt ist eine Bühne. Das Psychodrama als Methode der klinischen Psychotherapie. In Petzold, H. (Hg): Wege zum Menschen. Methoden und Persönlichkeiten moderner Psychotherapie. Bd. 1. Paderborn: Junfermann. 111-216.

Pfeiffer, J.W.; Jones, J.E. (1974): Arbeitsmaterial zur Gruppendynamik. Berlin: Burckhardthaus.

Porter, L.W.; Lawler, E.E. III; Hackman, J.R. (1975): Behavior in organizations. New York: McGraw-Hill.

Pratt, H.J. (1907): The class method of treating consumption in the homes of the poor. Journ. Amer. Med. Ass. 49. 755.

Rechtien, W. (1982): Zur Bedeutung der Theorie für die Beratungsarbeit. Gruppendynamik 13, 105-114.

Rechtien, W. (1983): Editorial: Tätigkeitsfeldbezogene Gruppendynamik. Gruppendynamik 14. 125-126.

Rechtien, W. (1987): Das nicht-professionell beratende Gespräch. (Fernstudienkurs 3273/83). Hagen: FernUniversität.

Rechtien, W. (1988): Beratung im Alltag. Psychologische Konzepte des nichtprofessionell beratenden Gesprächs. Paderborn: Junfermann.

Rechtien, W. (1991): Selbstsicherheit II. In Schneider, D. (Hg): Rhetorik. Studienheft 3. Hamburg: ILS.

Rechtien, W. (1997): Sozialpsychologie. Ein einführendes Lehrbuch. München, Wien: Profil Verlag.

Reck, S. (1990): Metakommunikativer Ebenenwechsel. Gruppendynamik 21. 305-318.

Rehn, G. (1982): Grundlagen und Problemstellung der Organisationsentwicklung. In Koch, U.; Meuers, H.; Schuck, M. (Hg): Organisationsentwicklung in Theorie und Praxis. Zürich: Verlag Industrielle Organisation. 19-30.

Ricciardi; A. (1981): Das Tavistock-Modell des Human Relations Trainings. In Kutter, P. (Hg): Gruppendynamik der Gegenwart. Darmstadt: Wissenschaftliche Buchgesellschaft. 376-392.

Rice, A.K. (1971): Führung und Gruppe. Stuttgart: Klett (1965).

Richter, H.E. (1972): Die Gruppe. Hoffnung auf einen neuen Weg, sich selbst und andere zu befreien. Psychoanalyse in Kooperation mit Gruppeninitiativen. Reinbek: Rowohlt.

Rogers, C.R. (1957): The necessary and sufficient conditions of therapeutic personality change. J. Consult. Psychol. 21. 95-103.

Rogers, C.R. (1968): Interpersonal Relationships. J. of Appl. Behav. Sc. 4. 265-280.

Rogers, C.R. (1970): Carl Rogers on encounter groups. New York: Harper & Row.

Rogers, C.R. (1971): Freundliche und unfreundliche Bemerkungen über die Psychologen. Gruppendynamik 2. 67-70.

Rogers, C.R. (1974): Encounter Gruppen. München: Kindler.

Rogers, C.R.; Rosenberg, R.L. (1980): Die Person als Mittelpunkt der Wirklichkeit. Stuttgart: Klett.

Sader, M. (1972.): Psychologische Anmerkungen zur Theorie der Gruppendynamik. Gruppendynamik 3. 111-122.

Sader, M. (1976): Psychologie der Gruppe. München: Juventa.

Sader, M.; Clemens-Lodde, B.; Keil-Specht, H.; Weingarten, A. (1973): Kleine Fibel zum Hochschulunterricht. München: Beck.

Sader, M.; Sieland, B.; Theis, W. (1976): Ein Grundkonzept für ein Interaktionstraining. In Sader, M.; Schäuble, W.; Theis, W. (Hg): Verbesserung von Interaktion durch Gruppendynamik. Münster: Aschendorff. 1-58.

Sager, C.J.; Kaplan, H.S.; Heigl-Evers, A. (Hg) (1973): Handbuch der Ehe-, Familien- und Gruppentherapie. Bd 1. München: Kindler.

Sbandi, P. (1971): Zur Entwicklung gruppendynamischer Laboratorien im deutschen Sprachraum. Gruppenpsychotherapie und Gruppendynamik 1. 1-16.

Sbandi, P. (1973): Feedback im Sensitivity-Training. In Heigl-Evers, A.: Gruppendynamik. Göttingen: Vandenhoek & Ruprecht. 77-92.

Sbandi, P. (1975): Gruppenpsychologie. Einführung in die Wirklichkeit der Gruppendynamik aus sozialpsychologischer Sicht. München: Pfeiffer.

Sbandi, P. (1981): Feedback im Sensitivity-Training. In Kutter, P. (Hg): Gruppendynamik der Gegenwart. Darmstadt: Wissenschaftliche Buchgesellschaft. 188-206.

Schäffter, O. (1984): Gruppendynamik und die Reflektionsfunktion der Erwachsenenbildung. Gruppendynamik 15. 249-271.

Schmidt, J. (1983): Design und Intervention in berufsbezogenen gruppendynamischen Trainings. Gruppendynamik 14. 127-151;305-321.

Schmidt, J. (1989): Unspezifische Gruppendynamik. Gruppendynamik 20. 297-312.

Schrader, E.; Gottschall, A.; Runge, Th. E. (1984): Der Trainer in der Erwachsenenbildung. Rollen, Aufgaben und Verhalten. In Jeserich, W. u.a. (Hg): Handbuch der Weiterbildung für die Praxis in Wirtschaft und Verwaltung. Bd. 5, München: Hanser.

Schreyögg, G. (1981): Organisationsentwicklung im Zielkonflikt: Umweltanpassung versus Selbstverwirklichung. Gruppendynamik 12. 315-322.

Schulz von Thun, F. (1977): Psychologische Vorgänge in der zwischenmenschlichen Kommunikation. In Fittkau, B.; Müller-Wolf, H.M.; Schulz von Thun, F.: Kommunizieren lernen (und umlernen). Braunschweig: Westermann.

Schutz, W. C. (1958): Firo: A three-dimensional theory of interpersonal behavior. New York: Holt, Rinehart & Winston.

Schutz, W.C. (1971): Joy. New York: Grove Press.

Schutz, W.C. (1975): Elements of Encounter. New York: Bantam Books.

Schutz, W. C. (1987): Guide to element B behavior: Latest version of Firo B. Mill Valley, CA: Will Schutz Assoc.

Schwäbisch, L.; Siems, M. (1974): Anleitung zum sozialen Lernen für Paare, Gruppen und Erzieher. Reinbek: Rowohlt.

Sherif, M. (1935.): A study of some social factors in perception. Archives of Psychology. 1. 87.

Sherif, M. (1936): The psychology of social norms. New York .

Sherif, M. et.al. (1961). Intergroup conflict and cooperation: the robbers cave experiment. Norman/Okl.: University of Oklahoma.

Sherif, M.; Sherif, C.W. (1953): Groups in Harmony and tension. New York: Harper & Row.

Sieland, B. (1976): Methodologie der Trainingskontrollen. In Sader, M.; Schäuble, W.; Theis, W. (Hg): Verbesserung von Interaktion durch Gruppendynamik. Münster: Aschendorff. 171-199.

Sievers, B. (1982): Aktionsforschung, ein Verlaufsmodell der Organisationsentwicklung. In Koch, U.; Meuers, H.; Schuck, M. (Hg): Organisationsentwicklung in Theorie und Praxis. Zürich: Verlag Industrielle Organisation. 63-74.

Skinner, B.F. (1953): Science and human behavior. New York: Macmillan.

Slavson, S.R. (1966): Die historische Entwicklung der analytischen Gruppenpsychotherapie. In Preuss, H.G. (Hg): Analytische Gruppenpsychotherapie. München: Urban & Schwarzenberg. 3-12.

Spangenberg, K. (1969): Chancen der Gruppenpädagogik. Gruppendynamische Modelle für Erziehung und Unterricht. Weinheim: Beltz.

Stoller, F.H. (1974): Accelerated interaction: A collective presentation by
members of 'swing', a professional ccoperative of group psychotherapists.
Hektographie. (nach Däumling u.a. 236).

Stoller, F.H. (1973.): Beschleunigte Interaktion: eine zeitlich begrenzte
Methode, basierend auf der kurzdauernden Intensivgruppe. In Sager,
C.J.; Kaplan, H.S.; Heigl-Evers, A. (Hg): Handbuch der Ehe-, Famili-
en- und Gruppentherapie. Bd 1. München: Kindler. 256-272.

Struck, E. (1976): Interpersonalisation und Partnerschaft. Diss. Bonn.

Tausch, R.; Tausch, A. (^{3}1979): Erziehungspsychologie. Göttingen: Hogrefe.

Thorndike, E.L. (1932): Fundamentals of Learning. New York: AMS Press.

Ulrich, P.; Fluri, E. (1975): Management. Bern: Paul Haupt.

Verba, S. (1961): Small groups and political behavior. A study of leadership.
Princeton.

Voigt, B.; Antons, K. (1987): Systematische Anmerkungen zur Intervention
in Gruppen. Gruppendynamik 18. 29-46.

Volmerg, U. (1989): Spiele in der Trainerausbildung. Gruppendynamik 20.
137-140.

Vopel, K. (1976): Handbuch für Gruppenleiter. Hamburg: Isko Press.

Watzlawick, P.; Beavin, J.H.; Jackson, D.D. (1969): Menschliche Kommunikation. Formen, Störungen, Paradoxien. Bern: Huber.

Weschler, I.; Massarik, F.; Tannenbaum, R. (1962): The self in process: A
sensitivity training emphasis. In Weschler, I.; Schein, E. (ed): Issues in
human relations training. Washington: NTL.

Wiener, N. (1968): Kybernetik. Reinbek: Rowohlt.

Wieringa, C.F. (1981): Feedback ist nicht »die Wahrheit«. In Bachmann, C.H.
(Hg): Kritik der Gruppendynamik. Grenzen und Möglichkeiten sozialen Lernens. Frankfurt: Fischer. 300-311.

Wiesmann, M. (1982): Das Szenario-Verfahren als Instrument der ersten
Phase des Organisationsentwicklungsprozesses. Gruppendynamik 13.
275-284.

Withauer, K.F. (1981): Menschen führen. Grafenau: Expert Verlag, Taylorix
Fachverlag, Verlag Industrielle Organisation.

Wolf, W. B. (1989): Das Rätsel um Kurt Lewins Einfluß auf das Management,
die Management-Beratung und die Organisationsentwicklung. Gruppendynamik. Zeitschrift für Angewandte Sozialpsychologie, 29(1),
61-74.

Yablonsky, L. (1924): Synanon, the tunnel back. New York: McMillan 1965
Allport, F.H.: Social psychology. Boston: Mifflin.

Yalom, I D.; Liebermann,M A. (1973): Eine Studie über negative Auswirkun-
  gen bei Encounter-Gruppen. In Sager, C J.; Kaplan, H S.; Heigl-Evers,
  A. (Hg): Handbuch der Ehe-, Familien- und Gruppentherapie. Bd 1.
  München: Kindler. 273-308.
Zink, K J. (1979): Arbeitswissenschaftliche Forderungen an ein modernes
  Konzept der Organisationsentwicklung. Zeitschrift für Arbeits-
  wissenschaft 33. 1-6.

Personenverzeichnis

Stichwortverzeichnis

Bücher für die Arbeit mit Gruppen

In diesem Lehr- und Praxisbuch werden annähernd 100 verhaltenstherapeutische Gruppenkonzepte konkret und ausführlich beschrieben. Dieses umfassende Kompendium bietet allen, die sich in Forschung und Praxis mit Gruppenarbeit befassen, zuverlässige Informationen und Handlungsanweisungen.

"Das vorliegende Buch von Fiedler ist im deutschen Sprachraum konkurrenzlos. Es handelt sich um die erste umfassende, alle Aspekte gruppentherapeutischer Arbeit beinhaltende Faktoren. Besonders hervorzuheben sind die gute didaktische Aufbereitung der Information sowie eine Vielzahl von direkten, in der praktischen Arbeit nutzbaren Hinweisen."
Spektrum der Psychiatrie, Psychotherapie und Nervenheilkunde

Peter Fiedler
Verhaltenstherapie in und mit Gruppen
Psychologische Psychotherapie in der Praxis
1996. XII, 608 Seiten. Gebunden.
ISBN 3-621-27334-4

Das Autorenteam zeigt, wie man Gruppen auf den Weg bringt: Von den Kontraktgesprächen über Planung und Vorbereitung, die eigentliche Durchführung bis zur Beendigung erläutern sie Schritt für Schritt, was zu tun ist.

"Das Buch gibt ... eine Fülle von praktischen und organisatorischen Hinweisen darauf, wie man Veranstaltungen, Seminare, Tagungen, die auf Kleingruppenarbeit basieren, richtig vorbereitet. Nicht nur für Anfänger, sondern auch für alte Hasen der Gruppenarbeit ein informatives und anregendes Buch."
Psychosoziale Umschau

Barbara Langmaack/Michael Braune-Krickau
Wie die Gruppe laufen lernt
Anregungen zum Planen und Leiten von Gruppen
6. Auflage 1998. X, 190 Seiten. Broschiert.
ISBN 3-621-27172-4

Psychologie Verlags Union
Postfach 100154, 69441 Weinheim
Telefon: 06201/60070, Telefax: 06201/17464
e-mail: info@beltz.de, http://www. beltz.de